초등공부,
독서로 시작해
글쓰기로 끝내라

초등공부,
독서로 시작해
글쓰기로
끝내라

김성효 지음

해냄

전교 꼴찌가 전교 꼴찌에게,
읽고 쓰면 삶이 바뀐단다

"선생님, 저는 머리가 나빠서 공부 못해요."

잔뜩 주눅 든 재현이의 목소리였습니다. 초등학교 6학년인데도 구구단을 6단 이상 못 외우고, 전교에서 공부 못하기로 손꼽히는 재현이 얼굴에 오래전 제 모습이 겹쳐졌습니다. 재현이에게 속삭였습니다.

"괜찮아. 선생님은 네 마음 알아."

엉뚱하게 들리시겠지만 고등학교 때 제 꿈은 무협지 작가였습니다. 공부는 뒷전이고 매일같이 책만 끼고 살았습니다. 많게는 한 달에 100권이 넘는 책을 읽으면서 야간 자율학습 시간에는 무협지를 열심히 썼습니다. 선생님에게 들킬 때마다 '커서 뭐가 될래!' 야단맞기 일쑤였지만 말입니다.

사춘기 마지막 반항이었을까요. 고2 마지막 모의고사에 당당하게 백지 답안지를 냈습니다. 결과는 372명 가운데 368등. 전지훈련을 갔던 양궁부 친구 넷을 빼면 완벽한 꼴찌였습니다. 전교 꼴찌 성적표를 앞에 두고 엄마는 눈물을 글썽거리면서 한숨을 쉬셨지요. 그때 저에게 대학에 갈 수 있을 거라고 말한 이는 아무도 없었습니다.

그랬던 제 인생에 터닝 포인트가 찾아왔습니다. 그해 대학 입학시험이 하 필이면 수능으로 바뀐 겁니다. 수험생 대부분이 갑작스레 길어진 지문으로 당황했지만 독서를 지독하게 해왔던 저에게 긴 지문은 상대적으로 이점이 되었습니다. 이런 시험이라면 해볼 만하겠다고 마음먹었습니다. 숨 쉬는 시 간을 빼면 공부만 하면서 마지막 고등학교 시절을 보냈습니다. 그리고 모두 를 놀라게 하며 이듬해 교대에 갔습니다.

시간이 흘러 상담 기간에 재현이 엄마를 만났습니다. 재현이 엄마는 뜻밖 에도 아이가 공부 머리가 아니니, 공부를 시키지 말라는 부탁 아닌 부탁을 하셨습니다. 단호하게 안 된다고 말씀드렸습니다. 1년 안에 재현이가 얼마나 달라질 수 있는지 보여드리겠다고 장담했습니다. 그동안 학생들을 변화시켰 던 경험으로 이번에도 해낼 수 있다는 자신이 있었으니까요.

재현이 이야기는 그해 촬영했던 EBS 다큐프라임 〈교육대동여지도 교사 고수전〉에 고스란히 담겼습니다. 재현이는 조금씩 점수를 올려 학년 말 수 학시험에서는 기어이 백점을 맞았습니다. 재현이 엄마가 얼마나 좋아하셨을 지는 상상에 맡기겠습니다. 마침 촬영 오셨던 담당 피디님이 시험지 채점을 막 마쳤을 때 물어보셨습니다.

"선생님, 지금 기분이 어떠신가요. 재현이가 작년까지만 해도 공부를 못했 다고 하던데요. 재현이뿐 아니라 다른 아이들도 선생님 수업시간에 굉장히 행복해 합니다. 아이들을 이렇게 변화시킨 선생님만의 비법이 있나요."

아이들을 가르치며 해왔던 수많은 노력을 과연 '비법'이란 두 글자로 답할 수 있을까, 잠시 망설였지만 답은 오래전에 정해져 있었습니다.

"독서와 공책 정리(글쓰기)입니다."

점심시간에 『논어』 읽기, 핀란드 수학 교과서 풀기, 아침 10분 암산하기, 셀프 학습 체크리스트로 학습 습관 기르기, 10만 쪽 함께 읽기, 1,000자 에

세이 쓰기, 단·중·장기 프로젝트 학습하기, 과목별 학습일지 쓰기, 공책 정리하기, 개념어 사전 만들기, 학급문고 700권 읽기. 이런 1년을 보낸 아이들은 인터뷰에서 "공부가 쉽고 재미있어졌어요"라고 입을 모았습니다.

그때 아이들이 공부가 쉬워졌다고 말한 것에는 다른 비밀이 있지 않습니다. 저희 교실은 공부의 본질에 집중해 있었습니다. 읽고 쓰고 외우고 셈하기. 저는 이것이 공부의 본질이라고 생각합니다. 공부하는 힘을 기르는 데 '독서'와 '글쓰기'는 필수입니다. 공부의 본질에 다가가는 노력은 느리지만 반드시 성과가 있습니다. 그걸 저 자신이 먼저 경험했고, 아이들을 가르치면서 더욱 깊이 깨달았습니다.

세상 모든 지식은 언어로 정리돼 있습니다. 수학은 수학적 언어로, 과학은 과학적 언어로, 외국어는 다른 나라의 언어로 표현돼 있습니다. 교과서는 아이들이 꼭 배워야 할 많은 지식을 체계적으로 정리해 놓은 '책'입니다. 이 책을 얼마나 잘 이해하는지 '넷 중 하나를 골라라, 맞는 것을 모두 골라라, 짧은 단어로 써라, 자신의 생각과 비교하여 써라, 1,000자 이상 의견을 써라'처럼 다양한 유형으로 묻는 것을 우리는 '시험'이라고 부릅니다. 읽고 쓰기에 능숙한 아이가 공부에 자신감이 붙는 것은 당연한 일입니다.

이런 까닭에 이 책은 독서 교육과 글쓰기 교육을 모두 다루었습니다. 1부 '초등 독서의 힘'에서는 아이가 커가면서 글자를 읽고, 낱말을 배우고, 문장을 구사하고, 책을 읽으면서 독해를 하는 과정이 결코 쉽게 이루어지지 않는다는 것을 이야기하려 애썼습니다. 모든 과정 하나하나에 깊은 의미가 있으며, 그 단계들을 자세히 살피고 이해하려는 노력이 있어야 독서 교육도 제대로 할 수 있습니다.

저는 책을 좋아하는 열혈 독자이자 두 딸을 키우는 엄마입니다. 딸들을 키우면서 아이가 글자를 깨치고 글을 읽고 말하고 이해하는 과정에서 궁금했던 것이 많았습니다. 양육서를 숱하게 읽으면서 공부했지만 그래도 풀리지 않는 질문이 남더군요. 이 책에서는 아이를 키우는 엄마라면 누구나 궁금해 하는 독서 교육과 관련한 질문을 주로 다뤘습니다.

글자를 깨치는 과정은 특히 복잡하여 부록으로 따로 다루었습니다. 저는 큰 아이는 한글을 전혀 안 가르치고 학교에 보냈고, 둘째는 입학 직전 한 달 동안 이 책에 소개한 내용대로 가르쳤습니다. 글자를 깨친 아이가 학교에서 어떤 모습으로 생활하는지 교사로서는 잘 알지만 엄마로서 아는 것은 또 다른 이야기라서 이 부분도 다루었습니다.

자녀가 아직 초등학교 입학 전인 경우는 부록도 찬찬히 읽어보세요. 아이가 글을 읽고 이해하는 것은 참으로 놀랍고 신비한 일입니다. 이 책을 다 읽고 나면 아이들이 책 읽는 모습을 경이롭게 바라보실 거라고 믿습니다.

2부 '초등 글쓰기의 힘'에서는 가정에서 어떻게 글쓰기를 가르칠 수 있을지 실질적인 지도 방법들을 세세하게 다뤘습니다.

크고 작은 규모의 초등학생 글쓰기 대회에서 학생들을 지도했던 글쓰기 동아리 지도교사로서, 수년간 수많은 초등학생 논술을 첨삭한 도교육청 사이버 논술 강사로서, 전국 교사들에게 글쓰기를 가르치는 예비작가모임 대표로서, 교사들을 위한 책 다섯 권과 공저 세 권을 쓴 작가로서, 전라북도교육청 스피치라이터 장학사로서 제가 아는 가장 쉬운 글쓰기 노하우와 지도 방법을 차근차근 정리했습니다. 책에서 소개한 연꽃기법은 긴 글을 쓸 때 유익한 방법으로 글을 쓰고 싶어 하는 성인에게도 큰 도움이 될 것입니다.

2부 내용은 초등학생에게 가르치기 쉽고 실질적인 효과가 있는지 검증을 마쳤습니다. 글쓰기라면 지루하고 재미없다고 생각하는 평범한 초등학교 6학년, 4학년, 3학년 남학생 세 명에게 6개월 동안 일주일에 한 번씩 글쓰기를 가르쳤습니다. 그 결과를 책에 모두 담았습니다. 막내였던 아이는 올해 전국 규모 글짓기 대회에서 상을 탔습니다. 이제는 집에서 혼자 토론대회를 준비한다고 합니다. 아이들 글을 책에서 직접 만나보세요.

독서 교육과 글쓰기 교육을 모두 다루느라 기획에서부터 집필하고 출간하기까지 꼬박 2년이 걸렸습니다. 여태까지 썼던 모든 책 가운데 가장 길고 힘들었습니다. 좋은 책을 만들 수 있도록 곁에서 조언하고 도와주신 해냄출판사 편집부와 책을 기다려주신 독자들께 마음 깊이 감사드립니다. 많이 고생했지만 귀한 책으로 남아 세상을 오래도록 밝혀주리라 믿습니다. 고맙습니다.

2019년 7월

성효샘 씀

차례

1부 초등 독서의 힘

1장 읽기, 제대로 알고 시작하자

2장 독서 수준별 솔루션 1단계 글자 읽기

2부 초등 글쓰기의 힘

1부 초등 독서의 힘

인간의 독서 능력은 여러 단계를 거쳐서 서서히 발달합니다. 처음에 아이는 부모가 하는 말을 들으면서 어휘를 배웁니다. 수많은 단어를 그저 듣는 것만으로 알아가던 아이는 글자를 깨치면서 단어와 소리를 연결하고, 단어와 의미를 연결하는 문해력 단계로 넘어갑니다. 글자를 깨치면 스스로 다양한 글을 읽고 이해하면서 어휘와 문장을 익히는 독해력을 키우게 됩니다. 이런 과정을 거쳐 아이는 글을 술술 읽고 이해하는 숙련된 독서가의 길로 나아갑니다. 아이의 독서 능력이 발달하는 과정에서 부모들이 자주 하는 고민과 그 해법은 무엇일까요? 먼저 우리 아이의 독서 능력이 어느 단계에 있고, 아이가 어떤 도움을 필요로 하는지 정확하게 아는 것이 중요합니다.

1장

읽기,
제대로 알고
시작하자

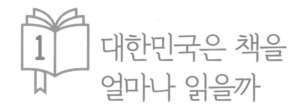

대한민국은 책을 얼마나 읽을까

해마다 문화체육관광부는 국민 독서 실태를 조사합니다. 초등학생 독서 교육을 이야기하기 앞서 성인 독서 실태도 살펴보아야 합니다. 2017년 한 해 대한민국 성인은 평균 8.3권을 읽었고 초등학생은 성인의 8배인 67.1권을 읽었습니다. 중학생 독서량은 초등학생보다 한참 뒤처지는 18.5권이었고, 고등학생은 성인과 비슷한 8.8권이었습니다.

조사에서 성인은 '일이나 공부 때문에 시간이 없어서'(32.2%), '휴대전화 이용이나 인터넷 게임 때문에'(19.6%) 책을 못 읽는다고 답했습니다. 성인 가운데 1년 동안 교과서, 수험서, 잡지, 만화 따위를 제외한 일반 도서를 한 권이라도 읽은 비율은 59.9%입니다. 뒤집어 보면 대한민국에서 지난 1년간 일반 도서를 한 권도 안 읽은 성인은 40%나 됩니다.

성인이 책을 읽지 않는 것이 우리 사회에 어떤 결과를 가져올까요. 2013년 국제성인역량조사(PIAAC)의 대한민국 성인(16~65세) 문해력 평가 결과를 보면 답을 짐작할 수 있습니다. 여기서 문해력은 주어진 자료를 읽고 이해하고 해석하는 능력을 말합니다.

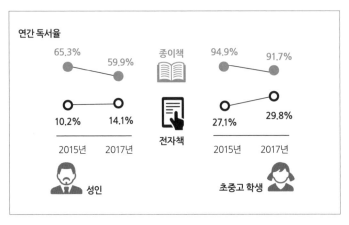

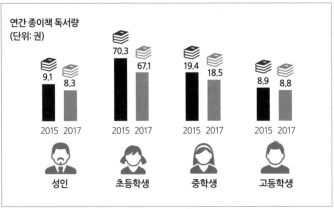

문화체육관광부가 조사한 2017년 대한민국 독서율과 독서량

성인 문해력은 크게 산문 문해, 문서 문해, 수량 문해로 나누어 평가합니다. 산문 문해는 논설, 기사, 시, 소설을 읽고 이해하는 지식을 봅니다. 문서 문해는 열차 시간표, 지도, 표, 그래프 같은 다양한 형태의 정보가 담긴 문서를 이해하는지 봅니다. 수량 문해는 금전 출납, 주문양식 완성, 대출이자 계산처럼 숫자와 계산으로 자료를 이해하고 해석하는지 봅니다.

이해를 돕기 위해 문제를 하나 소개합니다.

문제) 다음의 날씨 생활 지수를 참고하면 오늘 어떤 일을 하는 것이 가장 좋겠습니까?

〈2008년 6월 11일 날씨 생활 지수〉

빨래지수 -20
잘 마르지 않아요

외출지수 -30
가급적 외출을 피하세요

세차지수 -20
세차 효과가 오래 가지 않아요

우산지수 -70
휴대 편리한 우산을 준비

출처: 한국교육개발원

① 이불 빨래를 한다 　　　　② 친구를 만나서 가까운 산에 오른다

③ 먼지가 쌓인 차를 구석구석 닦는다 　　④ 학교 가는 아이에게 우산을 챙겨준다

이 평가에서 한국 성인 문해력은 273점으로 OECD 평균과 같았습니다 (22개국 중 12위). 한국 학생들은 국제학업성취도평가인 PISA에서 읽기 능력이 5위권 밑으로 내려온 적이 없지만 한국 성인 문해력 평균은 최하 수준인 1등급에서 한 등급 위인 2등급이었고, 비판적 사고가 가능한 3등급 이상 비율은 50%가 안 됐습니다.[1] 한국에선 자료를 읽고 해석해서 토론할 수 있는 성인이 채 반이 안 된다는 뜻입니다.

성인 문해력 등급

1등급: 문해에 매우 취약. 약 설명서를 보고 정확한 투약량을 결정할 수 없음.

2등급: 인터넷 문서를 읽고 정보를 둘 이상 비교 및 대조할 수 있음.

3등급: 주어진 자료를 이해하고 토론이 가능함.

4, 5등급: 고도의 정보 처리 및 기술 능력을 구사함. 고도의 지식 노동 가능.

이보다 앞서 한국교육개발원이 조사한 2004년 한국의 교육·인적자원지

표도 비슷합니다. 조사에 따르면 반상회 공고문을 보고도 반상회가 누구 집에서 열리는지 파악하지 못한 사람은 100명 중 38명이었습니다. 글을 읽고 원하는 정보를 찾아내지 못하는 성인이 40% 가까이 된다는 뜻입니다.

문해력이 떨어지는 이유는 간단합니다. 책을 읽지 않기 때문입니다. 성인 문해력 평가에서 1위(296점)를 한 일본은 우리보다 1인당 독서량이 3.5배나 많았습니다. 이렇게 가다가는 우리 사회에 OECD 평균 이하 지적 수준의 성인이 가득 차는 것은 시간문제일 겁니다.

아이들에게 독서 교육을 말하기 전에 어른이 먼저 책을 읽어야 할 때입니다. 지금부터라도 술 대신 책을 권하는 사회를 만들면 어떨까요. 참고로 한국인 음주량은 2014년 아시아 1위, 세계 15위였습니다.

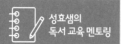

책 좋아하는 아이로 키우고 싶다면 함께 읽으세요

수영이(가명)는 온갖 토론 대회에서 상을 휩쓸었습니다. 수업 시간에도 몹시 똑똑해 보였습니다. 수영이에게 비결을 물었습니다.

"집에서 책을 많이 읽니?"

"아니요."

많이 읽는다고 말할 줄 알았는데, 뜻밖에도 답은 '아니요'였습니다.

"많이 읽지는 않는데, 엄마, 아빠, 언니랑 같은 책을 읽고 일주일에 한 번씩 책으로 토론해요."

나중에 수영이 엄마에게 자세한 이야기를 들었습니다. 수영이네는 '우리 집 북데이(Book Day)'를 일주일에 한 번씩 연다고 했습니다. 수영이가 어릴 때부터 책을 한 권 정해 일주일 동안 가족이 돌아가면서 읽고 주말 저녁에 느낀 점을 자유롭게 이야기 나누었다는 겁니다.

수도꼭지에서 물이 한 방울씩만 떨어져도 언젠가는 욕조를 가득 채우고 흘러넘칩니다. 독서도 똑같습니다. 오랜 관심과 노력만이 책을 좋아하는 아이로 만들어준답니다.

가정에서 아이와 함께 책을 읽는 방법

1. 매일 일정한 시간에 모여서 함께 독서하기

2. 같은 책을 읽고 일주일에 한 번 이야기 나누기

3. 가족이 책의 주인공이 되어 인터뷰하기

4. 우리 가족 릴레이 독서하기

5. 좋아하는 책 홍보 포스터 함께 만들기

6. 우리 가족이 정한 '이 달의 작가' 책 읽기

7. 작은 보드판을 걸어두고 가족 독서 활동 기록하기

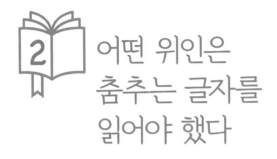

2 어떤 위인은 춤추는 글자를 읽어야 했다

아인슈타인, 처칠, 레오나르도 다빈치, 에디슨, 피카소……. 우리가 흔히 위인이라고 부르는, 위대한 업적을 남긴 사람들입니다. 이들에게는 인류를 위해 공헌을 했다는 사실 말고도 공통점이 하나 더 있습니다. 이들 모두 난독증(dyslexia)을 앓았고 극복했다는 것입니다. 난독증은 지능, 시각, 청각 모두 문제가 없음에도 글자를 읽고 이해하는 데 어려움이 있는 증세를 말합니다.

역사 속 위인들이 난독증을 앓았다는 사실이 놀라운가요? 학자들은 인구의 15~20%가 난독증일 것이라고 봅니다. 한글은 쉽고 과학적인 글자이기 때문에 난독증 비율이 낮을 걸로 예상하는 이가 많지만 전문가들은 조사가 제대로 이루어지지 않아서 그렇지 한국도 난독증 학생 비율이 다른 나라와 비슷할 거라고 말합니다.

난독증이 있는 아이는 체계적이고 섬세하게 지도해야 합니다. 아이에게 무턱대고 책을 많이 읽도록 강요하거나, 때가 되면 알아서 글자를 깨치겠지 하면서 내버려두면 난독증을 극복하기 어렵습니다.

난독증 학생은 다른 아이들이 쉽게 해내는 일도 어려워하고 과제를 수행하는 데에도 시간이 오래 걸립니다. 교사나 부모가 '이건 이렇게 하고 저건 저렇게 해서 언제까지 가지고 와' 하고 복잡하게 지시하면 이해하기 어렵습니다. 단추 잠그기, 신발 끈 묶기 같이 다른 아이에겐 간단한 동작도 난독증 학생에겐 어려운 일입니다.

난독증이 있는 2학년 지형이(가명)를 담임했던 적이 있습니다. 지형이 머리는 항상 헝클어져 있었고, 단추를 잠그지 못했습니다. 책상과 사물함은 폭탄이라도 맞은 듯 지저분했습니다. 수업 시간에는 ㄷ과 ㄹ을 헷갈려 했고, 숫자 6과 9를 바꿔 쓰곤 했습니다. 친구들은 지형이와 같은 모둠이 되길 꺼려했습니다. 학습 부진인 줄 알았던 지형이는 사실 난독증 학생이었습니다.

다음은 정신과 의사들이 말하는 난독증 아이의 행동 특징입니다.

- 비슷한 발음을 구별하기 어려워한다.
- 긴 이름으로 된 단어를 말하거나 쓰기 어려워한다.
- 단어를 정확하게 읽기 어려워한다.
  예 '스파게티'를 '파스게티'라 읽는다.
- 과제를 순서대로 기억하지 못한다.
  예 방에 가서 물병을 가지고 와서 꽃을 꽂아 식탁에 두렴.
  방에 간다 - 물병을 들고 나온다 - 꽃을 꽂는다 - 식탁에 놓는다
  네 가지 행동을 한 번에 지시하면 순서대로 수행하기 어려워한다.
- 받아쓰기를 어려워한다.
- 정리정돈을 잘 못한다.
- 읽거나 듣고 요약하지 못한다.
- 책을 읽고 이해하지 못한다.

- 동작이 굼뜨고 생각이 느리다.
- 운동 순서를 혼동한다.
- 적절한 단어를 떠올리지 못한다.

학자들은 난독증이 있는 학생은 학습에 큰 어려움을 겪지만 대개는 똑똑하고 능력이 있다고 말합니다. 정리정돈이나 정확한 의사 표현은 어려울지 몰라도 앞에서 말한 여러 위인들처럼 직관적 사고, 고급 수학, 기하학, 디자인, 건축 등 여러 분야에서 뛰어난 능력을 보인다고 말입니다.

학교와 가정에서는 난독증 학생을 어떻게 도울지 고민하고 세심하게 배려해야 합니다. 난독증을 잘 모르는 교사가 없도록 연수하고, 학부모에게도 자녀가 난독증인지 알 수 있도록 자세하게 안내해야 합니다. 무엇보다 아이 스스로 자신을 형편없는 아이라 낮추어 생각하지 않도록 다양하게 지도해야 합니다.

다음은 한국학습장애학회에서 학자들이 개발한 난독증 특성 체크리스트입니다. 전문가용 체크리스트이므로 해당 문항에 모두 그렇다고 응답하거나 그렇다는 응답의 비율이 높을 때는 전문가와 상담할 것을 추천합니다.

난독증 특성 체크리스트[2]

문항	아니다	약간 그렇다	그렇다
1. 지능은 정상(지적 장애가 없고, 학습 이외 활동이 또래와 비슷함)으로 보이나, 읽기/쓰기(철자)를 또래 학년 수준만큼 잘하지 못한다.			
2. 지능이 정상으로 문제를 읽어주면 잘하나, 혼자 읽고 문제를 푸는 것은 잘하지 못한다.			
3. 들은 내용을 즉시 전달하거나 자신의 말로 바꾸어 말하는 데 어려움이 있다.(예: 말 전하기 등)			
4. 말을 할 때 단어를 잘못 발음하거나 음절, 단어, 구의 순서를 바꾸어 말한다.(예 : 로그인-그로인, 노점상-점노상 등)			
5. 말을 할 때 많이 머뭇거리거나 적절한 단어를 찾지 못한다. (예 : 음, 아, 저기 등의 잦은 사용)			
6. 특정 받침 발음에 문제를 보인다. (예 : '밝아'를 '박아'로 말함)			
7. 구어적 지시를 이해하는 데 어려움이 있다.			
8. 읽을 때 단어에서 글자를 빠뜨리거나 첨가하여 읽는다.			
9. 여러 음절로 이루어진 단어, 낯설고 복잡한 단어들을 발음하는 데 어려움이 있다.(예: '콘 푸로스트'를 '콘 프로'로 읽거나 복합명사인 '켄터키 후라이드 치킨' 등을 발음하기 어려움)			
10. 글자에서 낱자와 소리 간의 관계를 모른다.(예: 가에서 ㄱ을 '그', ㅏ 를 '아'로 소리 내는 것을 모름)			
11. 단어를 소리나는 대로 읽지 못한다.(예: 값이를 '갑시'로, 국물을 '궁물' 등 소리나는 대로 읽지 못하고 값이를 '갑이'로, 국물을 '국물' 등 글자 그대로 발음함)			
12. 단어를 쓸 때 글자를 생략, 대체, 첨가, 중복 또는 순서를 바꿔 쓴다.			
13. 단어 내에서 소리의 조합, 대치 및 분리에 문제를 보인다.(조합: ㅋ+ㅗ+ㅇ=콩, 대치: 가지에서 ㄱ 대신 ㅂ을 넣으면 '바지', 분리: '차'가 ㅊ+ㅏ 로 된다는 것 등을 모름)			

14. 같은 소리로 시작하거나 끝나는 단어를 잘 찾지 못한다. (예: '리' 자로 끝나는 말은?)			
15. 글을 읽기 위한 음운(자음과 모음) 인식에 문제가 있다.			
16. 또래에 비해 글을 소리 내어 유창하게 읽지 못한다.			
17. 짧은 단락(문단)을 읽고 이해하지 못한다.			
18. 국어 성적이 아주 낮다.			
19. 새로운 어휘를 배우고 기억하는 데 어려움이 있다.(예: 무령왕릉처럼 어려운 단어를 배우고 기억하는 데 어려움이 있음)			
20. 흔히 보는 어휘들을 빨리 파악하지 못한다. (예: 당기시오, 미시오, 계단주의, 우측 통행 등)			
21. 좌우, 상하 등 방향 감각 및 공간 지각에 어려움이 있다.			
22. 책을 읽을 때 어지러움, 두통, 배 아픔 등을 호소한다.			
23. 읽는 것을 꺼려하고 어려워하거나 공포를 나타낸다.			
24. 책을 잘(많이) 읽을 수가 없어서 또래에 비해 배경지식이 부족한 것 같다.			
25. 듣기 이해력이 읽기 이해력보다 더 나은 것 같다.			
26. 가족 중에 읽기 학습이 어려웠던(난독증) 사람이 있다.			
27. 음악, 미술, 연기/연극, 스포츠, 조작 활동 등 한 영역 이상에 소질이 있어 보인다.			

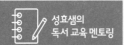
난독증 아이를
어떻게 도울 수 있을까?

인도 영화 〈지상의 별처럼〉(2012)은 난독증 아이가 주인공입니다. 난독증이 무엇인지 이해하기에 좋습니다. 영화에서 난독증을 앓는 주인공 이샨에게 미술 선생님 니쿰브가 숫자와 글자를 가르친 방법을 추렸습니다. 글자와 숫자를 배우는 학습 초기 단계에서도 유익하니 다양하게 응용해 보세요.

1. 구두 평가하기

난독증 아이는 머리로는 이해해도 글로 쓰려면 무척 어려워합니다. 이런 경우 구술 평가로 대체하는 게 좋습니다. 받아쓰기처럼 정교한 철자 쓰기 대신 문장을 따라서 말해 보거나 의견을 말로 표현해 보게 하세요.

2. 질문은 하나씩 하기

'그림을 보면 전깃줄에 참새가 앉아 있는데, 다섯 마리가 앉아 있다가 세 마리가 날아 갔어. 몇 마리가 남았니?'처럼 물어보면 난독증 아이는 무슨 말인지 이해하기 어렵습니다. 질문할 때는 하나 묻고 하나 답하는 식이어야 합니다.

1. 엄마랑 같이 그림 볼까?

2. 이게 무슨 그림이니?

3. 전깃줄에 참새가 몇 마리 앉았니?

4. 몇 마리가 날아갔니?

5. 엄마랑 같이 세어볼까?

6. 몇 마리 남았니?

난독증 아이는 모양이 비슷한 숫자 6, 9, 8 등을 헷갈려 합니다. 이럴 때 모눈을 이용하면 숫자를 직관적으로 이해하기 쉽습니다.

1. 스케치북 한 장을 꽉 채울 만큼 커다랗게 모눈(4*4)을 그립니다. 모눈에 크레파스나 분필로 숫자를 큼직하게 몇 번이고 써보게 하세요.

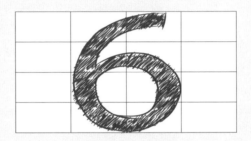

2. B4 크기 용지에 모눈(3*3)을 그립니다. 몇 번이고 잘할 때까지 숫자를 그려보게 하세요.

3. 용지를 A4 크기로 줄입니다. 작아진 모눈에 숫자를 써보게 합니다.

4. 모눈을 작은 칸 하나만 남깁니다. 작은 칸에 숫자를 잘 쓰면 다음 숫자로 넘어갑니다.

4. 헷갈리는 글자 익히기

난독증 학생은 글자 모양이 비슷하면 헷갈려 합니다. ㄱ과 ㄴ, ㄹ과 ㄷ, ㅅ과 ㅈ처럼 모양이 비슷한 글자는 눈으로 외우기보다 손과 냄새, 촉감으로 익히는 게 좋습니다. 다양한 방법과 재료를 이용하세요.

- 모래놀이 판에 손가락으로 글자 쓰기
- 점토로 글자 만들기
- 물감으로 글자 쓰기

난독증 아이가 자주 헷갈리는 글자들은 ㄱ은 파란색, ㄴ은 빨간색처럼 전혀 다른 색으로 쓰게 합니다. 이 방법은 모양은 비슷해도 두 글자가 다르다는 것을 아이가 직관적으로 깨닫게 합니다.

5. 글자를 정확하게 소리 내기

글자는 반드시 큰 소리로 읽게 하세요. 아이가 더듬거리면서 읽을 때는 천천히 시범독(示範讀)을 하고 따라 읽게 합니다. 소리 내서 읽는 것은 난독증 지도에서 가장 중요한 부분이기도 합니다. 글자와 소리가 서로 연결되는 관계를 이해하는 음운 인식력의 부족은 난독증에서 중요한 원인 가운데 하나로 꼽힙니다.[3]

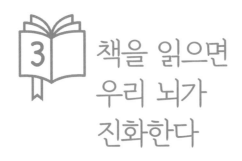

3 책을 읽으면 우리 뇌가 진화한다

아이가 말을 배우는 과정은 참으로 신비합니다. 무의미한 옹알이가 말이 되고 문장이 되고 어느새 어른처럼 자연스럽게 말합니다. 인간이 언어를 배우는 뇌를 가졌기 때문입니다.

듣는 뇌(베르니케 영역)는 태아 때부터 발달합니다. 독일 신경정신과 의사 칼 베르니케(Carl Wernicke)가 발견한 베르니케 영역은 뇌 좌반구에서 청각 피질과 시각 피질에서 전달된 언어를 해석합니다. 의미 없는 소음을 들으면 소리를 구분하는 청각 영역이 활성화되지만 의미 있는 단어를 들으면 베르니케 영역이 깨어납니다.

말하는 뇌(브로카 영역)는 프랑스 외과의사 폴 브로카(Paul Broca)가 발견했습니다. 폴 브로카는 언어 문제를 겪던 환자가 죽으면 뇌를 부검했는데 그때마다 좌반구 특정 부위가 손상돼 있었다고 합니다. 브로카가 발견한 부위가 음성 언어를 담당한다고 해서 이 영역을 브로카 영역이라고 부릅니다. 브로카 영역은 만 3세 이후 발달을 시작해서 만 6세가 돼야 발달을 마무리합니다. 즉 아기가 듣고 이해해도 말로 표현하기까지는 한참 시간이 걸립니다.

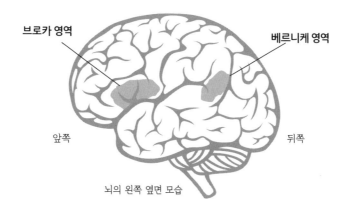

브로카 영역

베르니케 영역

앞쪽

뒤쪽

뇌의 왼쪽 옆면 모습

듣고 말하기를 담당하는 뇌의 영역

글자를 알기 전까지 아기에게는 듣는 것이 유일한 학습 수단입니다. 다양한 단어를 많이 들려줄수록 아이가 학습하는 어휘 수도 늘어납니다. 양육자가 수다쟁이가 될수록 아기는 더 많은 단어를 배웁니다. 말을 많이 하는 유치원 교사와 함께 지낸 아이들이 그렇지 않은 아이들보다 1년 사이 습득한 어휘가 2배 이상 차이가 난다는 연구 결과도 있습니다.

그렇다면 이 시기 아이들에게 어떤 말을 어떻게 얼마나 들려줘야 할까요. 양육자가 쓰는 일상 어휘인 구어(口語)는 수준이 낮고 다양하지 않습니다. 반면 책에 쓰인 문어(文語)는 수준이 높고 다양합니다. 그러므로 아이가 어릴 때 구어와 문어가 섞인 그림책을 많이 읽어주면 어휘를 배우는 데 효과적입니다.

양육자가 책을 읽어주면 아이의 뇌는 소리와 문자를 연결 짓고, 단어와 뜻을 배우는 학습을 시작합니다. 그러다가 글자를 깨치면 아이의 뇌는 단어와 뜻을 연결 짓고 이해하는 문해력 단계로 넘어갑니다.

전문가들은 문해력 단계에 접어들면 글자를 읽기 위해 뇌가 변화한다고 말합니다. 『책을 읽으면 왜 뇌가 좋아질까? 또 성격도 좋아질까?』에서 한상무 교수는 "읽기를 처음 배우는 아이들에게 독서는 그들의 삶에서 매우 중요하고 획기적인 사건이다. 아이가 문해력을 습득해서 독서하는 능력을 갖추기 시작하면, 그의 뇌는 문자 그대로 큰 변화를 겪는다"고 했습니다.

신경과학자 스타니슬라스 드앤(Stanislas Dehaene)은 독서가 후두엽(시각적 정보와 상상력을 처리), 두정엽(문자를 단어로, 단어를 사고로 전환, 쓰기 기능을 증가시키고 독해를 도움)을 활성화시킬 뿐 아니라 측두엽과 협력하여 정보를 저장한다고 했습니다. 그는 책을 읽으면 뇌의 거의 모든 부분이 활성화되면서 협력하고 상호 보완한다고 말합니다.

처음에는 누구나 책을 읽는 것이 어렵지만 우리 뇌는 숙달되면 어려운 일을 쉽게 해낼 수 있습니다. 신경과학자들이 말하는 뇌의 가소성(可塑性, neural plasticity) 덕분[4]입니다. 이들은 "뇌는 플라스틱(유연한 상태)하다. 뇌는 자주 경험하는 일을 신경 회로를 변형시켜 더 쉽고 빠르게 처리해낸다"고 말합니다.

런던의 택시 운전사 이야기[5]가 좋은 예입니다. 런던은 길이 너무 복잡해서 택시 운전을 하려면 내비게이션 없이 수천 개가 넘는 길을 모두 외워야 합니다. 학자들은 런던 택시 운전사들의 뇌에서 기억을 담당하는 해마 부위가 특별히 커진 것을 발견했습니다. 놀라운 점은 택시 운전을 그만두면 커졌던 해마가 원래 크기로 돌아간다는 것입니다.

뇌는 이렇게 필요에 따라 스스로 변화합니다. 처음에는 수천 개의 길을 외우는 것이나 책을 읽는 것이나 어렵기는 똑같습니다. 그러나 반복하면 결국 아무리 복잡한 수천 갈래 길이어도 모두 외워버리듯이 독서도 하면 할수록 유창해집니다.

스타니슬라스 드앤에 따르면 초보 독서가는 독서할 때 그림처럼 뇌 영역

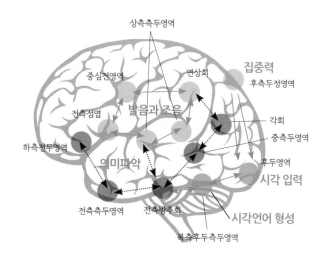

중심전영역
상측측두영역
연상회
집중력
후측두정영역
전측섬엽
발음과 조음
각회
하측전두영역
중측두영역
의미파악
후두영역
시각 입력
전측측두영역
전측방추회
시각언어 형성
복측후두측두영역

책을 읽을 때 활성화되는 뇌의 부위

을 넓게 활성화합니다.

　뇌는 서서히 독서에 익숙해지면서 좌반구만 활성화하는 식으로 효율을 높입니다.[6] 유창한 독자가 되면 독해 과정이 거의 자동화되면서 읽는 시간을 1,000분의 1초씩 단축시킨다고 합니다. 이 조금씩 벌어놓은 시간이 쌓이면 뇌는 더 효율적이고 빠르게 책을 읽게 됩니다.[7] 그렇게 숙련된 독서가가 되면 약 0.6초 만에 인지, 언어, 감정 모두가 융합하면서 수십억 개 뉴런이 한 번에 움직인다고 합니다.[8] 정말 대단하지요.

　인지과학자인 매리언 울프(Maryanne Wolf) 교수는 독서를 "새로운 것을 배우기 위해 스스로를 재배치하는 뇌의 독특한 능력에서 비롯된 기적 같은 현상이다"라고 말합니다. 아이가 책을 읽을 때 사랑과 격려로 보듬어준다면 아이의 뇌는 긍정적인 기억과 경험을 보태어 독서라는 기적을 가속화하겠죠.

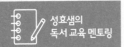

읽기와 보기,
뇌에서는 어떻게 다를까?

오래전에 동료 선생님에게 들은 이야기입니다. 한 아이가 국어 시간에 묻더랍니다.

"선생님, 국어 교과서에 읽기, 쓰기, 말하기, 듣기는 있는데 왜 보기는 없어요?"

얼핏 생각하면 보기도 국어 교과서에 있어야 할 것 같습니다. 그런데 보기는 읽기와 달리 아주 단순한 행위입니다. 보기는 뇌가 활자를 시각적으로 인지할 뿐입니다. 책이 있을 때 "저기에 책이 있구나" 하는 정도입니다.

읽기는 시각적으로 활자를 보는 것과 동시에 청각적으로 글자 소리를 떠올리는 음운 과정을 포함합니다. 이를테면 읽기는 '소' 글자를 보면 아주 짧은 순간에 /소/ 소리를 떠올리고 정확하게 발음해서 읽는 것까지 포함합니다.

읽기는 글자와 소리를 연결 짓고, 낱말을 해석하고, 앞에서 얻은 정보와 현재 들어오는 정보를 비교하고, 문장을 맥락에서 이해하는 모든 행위를 아우릅니다. 우리 뇌에서 글을 읽을 때 일어나는 복잡한 사고 과정을 생각한다면 읽기와 보기는 같은 수준으로 생각할 수 없지요.

일본 도호쿠대학 가와시마 류타(川島隆太) 교수는 아이에게 책 읽기, 만화책 보기, 게임하기 등 몇 가지 과제를 주고 fMRI(기능성 자기공명영상)로 뇌를 살펴보았습니다. 결과는 놀랍습니다. 뇌는 게임할 때 거의 활성화되지 않았습니다. 만화책을 '볼 때'도 일정 부분만 활성화됐습니다.

책을 읽자 뇌는 광범위하게 활성화됐습니다. 특히 주의력, 창조력, 이해력, 커뮤니케이션 등과 관련이 깊은 것으로 알려진 전두엽 부위가 크게 활성화됐습니다. 뇌는 게임하거나 만화책을 볼 때는 캄캄한 방이지만 책을 읽으면 불이 환하게 켜지는 겁니다.

우리 뇌는 수많은 신경다발이 서로 연결될 때 비로소 능력을 발휘합니다. 아이의 뇌도

협력하고 보완하여 어려운 일을 함께 해결하면서 발달합니다. 책을 읽으면 뇌가 광범위하게 활성화되면서 뇌 영역 일부만으로 해결할 수 없는 복잡한 읽기 과제를 해냅니다. 게임하기, 만화책 보기가 일부 영역만 활성화되는 것과는 달리 여러 영역을 가동하는 것입니다.

이런 까닭에 음악을 들으면서 공부하거나 독서하는 것은 좋은 선택이 아닙니다. 앞에서 살펴본 것처럼 우리 뇌는 책을 읽는 동안 아주 복잡한 일들을 동시에 수행해야 합니다. 아무 언어적 정보가 없는 음악이라면 모를까 의미를 담은 노래 가사가 있는 경우에 뇌는 그 의미를 해석하느라 주의집중을 분산하고 맙니다.

따라서 시각적으로 주의집중이 흐트러지지 않는 환경이나 청각적으로 다른 언어 정보에 방해받지 않는 환경에서 책을 읽는 게 좋다는 것을 알 수 있지요.

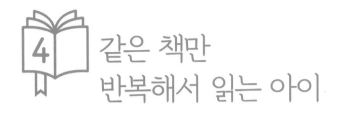

4 같은 책만
반복해서 읽는 아이

조선 시대에 '책만 읽는 바보'로 불렸던 이가 있습니다. 김득신입니다. 그는 어릴 때 천연두를 앓아서 열 살이 돼서야 글을 겨우 깨우쳤다고 합니다.

아버지 김치(金緻)는 유명한 학자였습니다. 그는 글 깨치는 것이 늦는 아들에게 "학문의 성취가 늦다고 성공하지 말라는 법은 없다. 읽고 또 읽으면 반드시 대문장가가 될 것이니 공부를 게을리하지 마라"라고 말했다고 합니다.

이때부터 김득신은 책을 몇 번이나 읽었는지 기록하는 『독수기(讀數記)』를 썼습니다. 『독수기』에는 1만 번 이상 읽은 책만 기록했는데, 1만 번 이하 읽은 책은 아예 기록조차 하지 않았다고 합니다. 『독수기』에 쓴 책만 무려 36권입니다. 김득신이 가장 많이 읽은 책은 『사기』에 나오는 「백이전」으로 11만 3,000번을 읽었습니다.

결국 김득신은 남들보다 한참 늦은 나이인 59세에 과거에 급제했습니다. 명시를 남긴 대시인의 반열에 오르기도 했고요. 그렇게 80세까지 살았다고 하니, 김득신은 우리에게 자신의 삶을 교훈으로 남긴 셈입니다. 어릴 때 바보라고 불리던 김득신은 포기하지 않고 반복하는 책 읽기로 끝내 삶을 바꾸는 데 성공했습니다.

'반복해서 읽기'는 김득신처럼 같은 책을 몇 번이고 느리게 읽는 독서를 말합니다. 김득신만 반복해서 읽은 게 아닙니다. 영국의 소설가 데이비드 로런스(David Lawrence)는 독서의 참다운 기쁨은 같은 책을 몇 번이고 다시 읽는 것이라고 했습니다.

세계적인 미래학자 앨빈 토플러(Alvin Toffler)는 새로운 분야에 도전할 때 관련된 책을 모두 사서 완벽하게 내용을 익힐 때까지 반복해서 읽는다고 합니다.[9] 세종대왕은 백 번 읽는 것에서 한 걸음 더 나아가 백 번을 써서 익혔다고 합니다.

모름지기 진정한 독서가라면 반복하는 독서가 얼마나 유용한지 잘 압니다. 아무렴 한글을 직접 만든 세종대왕이 머리가 나빠서 같은 책을 백 번 읽고 백 번 썼을까요. 앨빈 토플러가 시간이 남아서 같은 책을 외울 때까지 반복해서 읽었을까요. 당연히 아닙니다. 그만큼 유익하니까 반복해서 읽었던 겁니다.

좋은 책을 몇 번이고 반복해서 읽는 동안 우리 뇌는 책의 단어와 문장과 생각을 흡수해 버립니다. 책을 반복해서 읽으면 처음에는 보지 못한 것을 보게 됩니다. 처음에는 놓치고 지나간 어휘도 보고, 문장도 보고, 그림도 봅니다.[10] 이 과정에서 어휘가 늘고 좋은 문장을 알고 언어 경험이 차곡차곡 쌓입니다.

지금 중3인 큰딸 성연이는 어릴 때 『해님 달님』을 무척 좋아해서 앉은 자리에서 스무 번을 읽어준 적도 있습니다. 어느 날 글자를 모르는 성연이가 방에서 혼자 『해님 달님』을 읽었습니다. 깜짝 놀라 가보니 표지가 너덜너덜해진 책을 거꾸로 들고 동화 구연을 하고 있었습니다. 성연이는 책을 통째로 외워버렸던 겁니다.

아이가 같은 책을 반복해서 읽으면 걱정하기보다 아직 책에 흡수할 게 남았다고 생각하면 됩니다. 좋은 책을 많이 읽어주세요. 반복해서 읽기는 새로운 지식을 내 것으로 만드는 유익한 독서랍니다.

성효샘의
독서 교육 멘토링

아이가 같은 책을 반복해서
읽을 땐 이렇게 도와주세요

같은 책을 반복해서 읽는 것은 책을 내 것으로 만드는 가장 좋은 독서 방법입니다. 그럼에도 아이가 같은 책만 읽는 게 걱정되는 부모님을 위해서 가정에서 할 수 있는 활동들을 정리했습니다.

1. 수십 번씩 읽어도 좋은 책인지 살펴보세요. 어휘, 문장, 맞춤법, 꾸미는 말, 그림까지 모두 중요합니다. 부드럽고 따뜻한 그림이면서 아이가 읽기에 적당한지 꼼꼼하게 살펴보세요.

2. 책을 읽을 때마다 바를 정(正) 자로 책 표지 안쪽에 표시합니다.

3. 책에서 재미있는 부분이나 인상 깊은 장면 등을 물어보고 포스트잇에 써 붙입니다.

4. 30번 이상 읽은 책은 아이가 좋아하는 책인 만큼 손이 잘 닿는 곳에 꽂습니다.

5. 책에서 인상 깊은 장면을 물어보고 함께 그림으로 그려보거나 엄마와 역할을 나누어 역할 놀이를 합니다.

6. 글을 쓸 수 있다면 주인공에게 일기나 편지를 쓰는 등 글쓰기와 연계하면 좋습니다. 아직 글을 쓸 수 없다면 책 이야기를 함께 나눕니다.

7. 아이가 특별하게 좋아하는 책은 표지를 사진 찍어서 스크랩해 두고, 나중에 자서전을 쓸 때 자료로 활용하면 좋습니다.

2장

독서 수준별 솔루션 1단계

글자 읽기

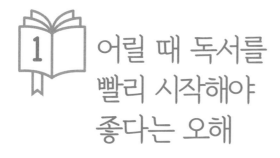

어릴 때 독서를
빨리 시작해야
좋다는 오해

아이가 책을 빨리 읽게 되면 독서 능력도 더 우수할까요. 영국의 독서학자 우샤 고스와미(Usha Goswami)는 다섯 살에 독서를 시작한 아이와 일곱 살에 독서를 시작한 아이의 독서 능력을 비교하는 연구를 했습니다. 일찍 책을 읽기 시작한 다섯 살 아이가 더 우수할 것 같지만 일곱 살에 독서를 시작한 아이가 독서 능력이 더 뛰어났습니다.[11]

책을 읽을 때 뇌는 거의 모든 영역을 가동합니다. 글자 해독, 문장 해석, 종합 그리고 판단을 해야 하기 때문입니다. 책을 읽을 때 뇌는 이런 다양한 영역에서 쏟아져 들어오는 정보를 빠르게 처리해야 합니다. 그런데 정보 처리와 통합에 필요한 뇌 영역이 발달하려면 시간이 걸립니다.

뇌에는 여러 영역에서 모여 수많은 정보를 주고받는 거대한 신경섬유가 고속도로처럼 얽혀 있습니다. 이 신경섬유를 미엘린(myelin)이 둘러싸는데, 미엘린이 두터울수록 정보를 더 빠르게 주고받습니다. 정보를 빠르게 주고받으면 그만큼 일을 더 능숙하게 처리하게 되지요. 세계적인 음악가나 운동선

수의 미엘린이 평범한 사람의 미엘린보다 굵다고 합니다.[12)

뇌는 영역마다 미엘린이 성숙하는 시기가 다릅니다. 감각과 운동 정보를 처리하는 뇌 부위는 5세 이전에 성숙하지만, 독서에 필요한 시각, 청각, 언어 정보를 빠르게 통합하는 인지 능력과 관련된 뇌 구조들은 5~7세에도 완전히 미엘린화되지 않습니다. 이런 이유로 뇌 신경과학 관점에서 많은 연구자들이 독서 조기 교육을 반대합니다.[13)

KBS 특집 다큐멘터리 〈책 읽는 대한민국 읽기혁명〉을 책으로 엮은 『뇌가 좋은 아이』에 어느 독서 영재 이야기가 나옵니다. 아이는 생후 8개월부터 책을 읽기 시작해서 약 20개월 동안 1만 권가량 책을 읽었습니다. 독서에 관심이 많은 학부모라면 솔깃할 이야기겠지만 영유아 발달 검사 결과, 아이의 지능은 또래보다 낮았고, 사회성 지수는 마이너스 8점이 나왔습니다. 심지어 자폐성까지 나타났다고 합니다.

유럽 선진국은 일정 연령까지 읽기 교육을 금지하고 있습니다. 독일, 영국, 이스라엘, 핀란드 등은 7세 이전 아이들에게는 읽기 교육을 못 하게 합니다.[14) 적어도 7세까지는 놀이와 사랑이 무엇보다 중요하다고 생각하기 때문입니다.

어린아이에게 글자를 가르치는 것은 신중하고 조심스러워야 합니다. 아이마다 뇌가 발달하는 속도가 다르고 성숙하는 시기도 다릅니다. 아이의 뇌가 책 읽을 준비가 충분히 되어 있는지 섬세하게 살피고 깊이 고민해야 합니다. 독서 전 단계인 '독서 준비기'에는 책을 많이 읽어주고 아이와 재미있게 놀아주는 게 좋습니다. 잘 놀고 잘 먹고 잘 자야 건강하고 똑똑한 아이로 자란답니다.

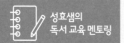
빠르게 훑어 읽기보다
천천히 정확하게 읽기

"선생님, 다 읽었어요."

"벌써?"

"네. 저는 원래 책 빨리 읽어요."

"그러면 이 책의 주인공이 왜 그런 선택을 했는지 설명해 볼래?"

"아, 그게…… 잘 모르겠어요."

재훈이(가명)는 큰 줄거리 말고는 잘 몰랐습니다. 재훈이의 약점을 금방 알아차렸습니다. 저도 재훈이와 똑같은 버릇이 있었으니까요.

저는 어릴 때 속독 학원을 다녔습니다. 학원에서는 책을 대각선으로 훑어 읽게 했습니다. 속독을 배운 다음 친구들보다 책 읽는 속도가 몇 배나 빨라졌고, 독서량은 급증했습니다.

그런데 빠르게 훑어 읽는 것이 습관이 되면서 눈은 읽는데 머리가 미처 못 따라가는 일이 생겼습니다. 읽은 내용을 해석하고 판단하기도 전에 눈이 다음 문장으로 넘어가 버렸습니다. 대충 훑어 읽는 버릇은 수능 시험처럼 어렵고 긴 지문을 읽어야 할 때 걸림돌이 됐습니다. 내용이 쉽지 않은데도 깊이 생각하지 않고 넘어가는 바람에 실수가 잦았던 겁니다.

앞에서 봤듯이 우리 뇌는 같은 일을 반복하면 유창해집니다. 굳이 빨리 읽기를 강요하지 않아도 책을 꾸준히 읽다 보면 독서 속도가 저절로 빨라집니다. 그런데도 자꾸만 주변에서 빨리, 많이 읽도록 요구하면 아이는 잘 이해하지도 못하면서 책을 많이 읽어야 하니 상대적으로 이해하기 쉬운 책만 찾게 됩니다.

학자들은 인터넷에서 글을 읽을 때 독자들이 F자 형태로 읽는다고 말합니다.

맨 위 두어 줄만 제대로 읽고 나머지는 필요한 정보를 찾기 위해 건너뛰면서 대충 읽는다는 것입니다. 인터넷에 올라온 잡다한 글만 읽다보면 나중에는 책을 읽을 때도 집중해서 읽기가 어렵습니다.

대충 빠르게 훑어 읽는 습관은 독서 교육에서 가장 경계해야 할 부분입니다. 초등학생이 내용을 잘 이해하지 못하는 상태로 무턱대고 빨리 읽을 까닭은 없습니다. 책을 적게 읽더라도 천천히 음미하듯이 읽는 게 좋습니다. 어차피 책 읽는 속도는 시간이 갈수록 자연스럽게 빨라집니다. 속도에 연연할 필요가 전혀 없습니다.

재훈이는 천천히, 정확하게 읽는 것을 다시 배웠습니다. 저는 재훈이에게 사탕 먹듯이 책을 읽으라고 말했습니다. 처음에는 이전보다 느린 독서가 될 수밖에 없었지만 나중엔 스스로 완급을 조절해 가면서 세부적인 것과 큰 줄기 모두를 챙길 수 있었습니다.

사탕 먹듯이 음미하며 책을 읽도록 도와주는 다섯 가지 질문

1. 마음에 드는 문장 열 개 이상 찾아볼까?
2. 중요한 장면을 세 개 이상 골라보렴.
3. 주인공이 왜 그런 선택을 했는지 설명할 수 있겠니?
4. 핵심 장면을 네 개 고르고 왜 골랐는지 말해 보렴.
5. 내용에 밑줄 치기, 동그라미 그리기, 핵심 단어 찾기를 해보렴.

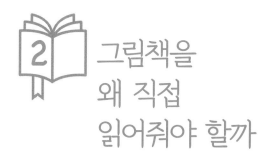

2 그림책을 왜 직접 읽어줘야 할까

저는 아이를 낳기 전만 해도 그림책에 관심이 없었습니다. 학생들에게 어려운 『논어』 책은 읽어줘도 그림책 읽어줄 생각은 하지 않았습니다. 아이를 키우면서 그림책을 처음 펼쳤을 때 깜짝 놀랐습니다. 이게 웬걸, 그림만 있고 글은 몇 줄 없더군요. 어떻게 읽어줄지 막막했습니다.

저 같은 엄마들이 많을 겁니다. 대한민국 3040세대에게 그림책은 낯섭니다. 그도 그럴 것이 100년 넘게 그림책을 만들어온 일본과 달리 우리는 그림책 역사가 10여 년밖에 되지 않습니다.[15] 인터넷에 '그림책 읽어주기', '책 읽어주기' 등에 대한 질문이 많은 것도 그래서이지 않을까 싶습니다.

저처럼 그림책 읽어주기를 어려워하는 엄마들에게 전문가들은 엄마가 먼저 즐기라고 조언합니다. 어차피 정답이 없으니 읽고 싶은 대로 읽어주면 된다고 말입니다.

"어른들은 그림을 보지만 아이들은 그림을 읽어낸다."

일본에서 100년 전통을 자랑한다는 후쿠인칸 서점 대표 마쓰이 다다시

(松居直)가 한 말입니다. 어른은 그림책을 보면 어떻게 읽어줘야 할까 궁리하지만 그럴 필요가 없습니다. 아이들은 알아서 그림을 읽어내니까요.

독서 초기 단계에 그림책은 어휘를 배우고 상상력을 키우기 좋습니다. 이야기 나눌 거리가 많아서 '대화하는 책 읽기'에도 좋습니다. 책을 싫어하는 아이가 책에 흥미를 갖게 할 수도 있습니다. 글자가 적으니 부모나 교사가 책을 읽어주기에도 좋습니다.

그림책은 그림이 글을 대신합니다. 하고 싶은 말은 최소한으로 줄이고 나머지는 그림으로 말하기 때문에 어떤 그림이 그려져 있는지, 어떤 색감과 질감을 표현했는지, 그림 분위기는 어떠한지, 주인공 표정은 어떤지를 아이와 이야기 나누면서 그림책의 여백을 채우는 독서를 즐기면 됩니다.

저는 성연이가 백일이 됐을 무렵부터 그림책을 읽어줬습니다. 책을 많이 읽어주고 싶었지만 육아에 지치고 피곤한 날은 아이가 책을 읽어달라고 하는 게 귀찮았습니다. 그러다가 오디오북이 있다는 사실을 알고는 어찌나 반갑던지.

오디오북은 다양한 목소리로 전문 성우가 재밌게 읽어주고 효과음과 배경 음악까지 있었습니다. 제가 읽어주던 것과는 하늘과 땅 차이였습니다. 처음엔 성연이도 오디오북을 재미있어했습니다. 그러나 얼마 못 가 종이책을 다시 가져왔습니다.

시카고 대학 재닐런 허텐로처(Janellen Huttenlocher) 교수는 양육자의 언어 구사를 연구했습니다. 말이 많은 엄마와 생활한 20개월 아기와 말수가 적은 엄마와 생활하는 20개월 아기가 사용하는 어휘 수가 얼마나 차이 나는지 살펴본 연구였습니다.

연구 결과 수다스러운 엄마와 생활한 아이가 그렇지 않은 아이보다 평균 131개 더 많은 어휘를 사용했습니다. 두 돌이 넘어가면 어휘 격차는 295개로 더 벌어졌습니다. 놀랍게도 이 차이는 엄마 목소리를 '육성'으로 들었을 때만 나타났습니다. 텔레비전이나 비디오처럼 일방적으로 들려오는 소리는 의미가 없었습니다.

책을 읽어주면 아이 뇌에서는 거울신경세포가 활성화됩니다. 거울신경세포는 우리 뇌에서 거울처럼 다른 사람의 말과 행동을 모방해서 학습하는 일을 합니다. 아이는 엄마가 책을 읽어주면 입 모양을 흉내 내고 음성 언어와 문자 언어를 듣고 이해하는 식으로 꾸준히 학습합니다.

오디오북은 궁금해도 물어볼 수 없습니다. 다시 읽어달라고 조를 수도 없습니다. 아무리 좋은 오디오북이어도 엄마가 읽어주는 책보다 못한 것은 상호작용이나 피드백이 불가능하기 때문입니다. 힘들어도 사람이 직접 읽어주면서 궁금한 것을 묻고 답하고 설명하고 가르치는 과정이 필요하답니다.

아이에게 책을
재미있게 읽어주는 방법

독서 교육 학부모 강의에서 이런 질문을 하신 분이 있습니다.

"집에 오면 아무리 바쁘고 힘들어도 책을 읽어주려 해요. 저희 아이는 아직 책을 혼자 못 읽거든요. 그런데 책을 읽어주면 금방 지루해하면서 도망가요. 재미있게 읽어주는 방법이 없을까요?"

저는 하루에 한두 권만 재미있게 읽어주되, 문장이 아닌 그림 위주로 아이와 이야기하라고 조언해 드렸습니다. 이야기 나누기를 목적으로 두면 엄마가 책을 설사 재미있게 못 읽어줘도 괜찮습니다. 그림, 단어, 문장, 분위기 모든 것을 이야기 나눌 수 있지요. 그래도 초보 엄마들은 책을 재미있게 읽어주고 싶으실 겁니다. 저도 그랬습니다. 아직 혼자서 책을 읽기 어려운 아이에게 재미있게 책을 읽어주는 몇 가지 방법을 소개합니다.

1. 길거나 높게 목소리에 변화를 주세요

아이는 '옛날에'보다 '옛~~~날에'를 더 좋아합니다. 또박또박 책 읽어줄 때보다 더 귀를 쫑긋 세우고 듣습니다. 여기에 높낮이 변화까지 주면 더 재미있어합니다.

옛~~날에 √아기 별님이 살았습니다아아~~~

2. 의성어와 의태어는 큰 소리로 읽으세요

아이들 책은 의성어나 의태어가 많습니다. 의성어와 의태어만 힘주어 읽어도 느낌이 사뭇 다릅니다. 의성어와 의태어만 큰 소리로 읽으세요.

사과가 쿵!(큰 목소리로) 하고 떨어졌습니다.

3. 책장 넘기는 것을 놀이처럼

아이가 어리면 책장도 아무 때나 넘깁니다. 엄마가 다 읽기도 전에 자꾸 책장을 넘기려 합니다. 이럴 때는 아이 호기심을 먼저 채워주세요. 넘기고 싶은 만큼 맘껏 책장을 넘겨보게 하세요. 물론 책장 넘기기를 놀이처럼 가르칠 수도 있습니다.

1단계 신호 가르치기

유진아, 엄마랑 놀이할까. 엄마가 띵동 소리를 내면 그때 책장을 넘겨보렴. 땡! 띵! 딩동! 안 속네. 띵동! (아이와 함께 책장을 넘기면서) 잘했어.

2단계 신호 예측하기

(마지막 문장을 가리키며) 엄마가 여기까지 읽으면 띵동 소리를 낼게. 엄마가 진짜로 '띵동' 하는지 귀를 쫑긋 세우고 들어봐.

3단계 윙크로 신호하기

지금부터는 엄마가 띵동 소리를 내지 않고 윙크만 할게. 엄마가 윙크하면 책장을 넘기는 거야.

4단계 신호가 없어도 기다리기

이제 엄마는 아무 소리도 안 내고 윙크도 안 할 거야. 대신 잠깐 책을 읽지 않고 멈출게. 엄마가 소리 내지 않고 마음속으로 셋을 셀 거야. 유진이도 기다렸다가 책장을 넘겨줘.

4. 같은 책도 반복해서 읽어주세요

아이가 유난히 좋아하는 책이 있다면 몇 번이고 읽어주세요. 반복해서 듣는 동안 책에 있는 모든 걸 흡수합니다. 낱말, 의성어와 의태어, 자주 쓰는 관용구, 문장, 모든 걸 말입니다.

5. 정확한 발음으로 천천히

책은 천천히 부드럽게 읽어주세요. 아이는 부모의 발음을 흉내 내면서 말과 글을 배웁니다. 책을 읽어줄 때 정확하고 분명한 발음으로 천천히 읽어주어야 말이 주는 재미와 리듬을 배울 수 있습니다.

6. 아이가 어리면 큰 그림책이 좋아요

영아는 시력이 발달하지 않아서 30cm 떨어진 사물도 정확하게 구별하지 못합니다. 아기가 많이 어릴 때는 단순한 그림이 좋습니다. 그림을 손가락으로 가리켰을 때 알아볼 만큼 크고 단순한 책을 고르세요.

7. 아이를 품에 안고 읽어주세요

책을 읽어줄 때는 아이를 품에 안으세요. 엄마가 책을 읽어줄 때 아이는 어휘만 학습하지 않습니다. 엄마 냄새, 따뜻한 품, 말투와 눈빛까지 모두 기억합니다. 아이를 품에 안고 책을 읽어주면 아이는 독서를 긍정적이고 기분 좋은 언어 경험으로 오래도록 기억합니다.

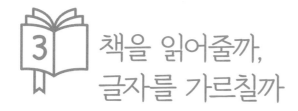

3 책을 읽어줄까, 글자를 가르칠까

'**좋**은교사운동'이 2015년 전국 영유아 사교육 실태를 조사했습니다. 조사 결과 학부모 대부분이 아이가 세 살(84.5%), 네 살(89.7%)에 한글 공부를 시작한다고 답했습니다. 이유는 '당연한 것 같아서'(31%), '학교에서 제대로 가르치지 않아서'(25%), '다른 아이보다 뒤처질 것 같아서'(25%)였습니다. 이렇게 서둘러 시작하는 한글 교육은 아이에게 어떤 영향이 있을까요.

모니크 세네샬(Monique Sénéchal)은 유치원 때 책을 읽어주는 것이 초등학교 4학년이 될 때까지 아이들에게 어떤 영향을 미치는지 연구했습니다.[16] 그는 가정에서 책을 읽어주고 글자를 가르치는 유형이 크게 네 가지로 나뉜다고 말합니다.

- 책을 적게 읽어주고 글자를 적게 가르친 아이
- 책을 적게 읽어주고 글자를 많이 가르친 아이
- 책을 많이 읽어주고 글자를 많이 가르친 아이

• 책을 많이 읽어주고 글자를 적게 가르친 아이

연구 결과는 흥미롭습니다. 책을 적게 읽어주고 글자를 가르치지 않은 아이는 초등학교 저학년 때는 물론이고 초등학교 4학년 때에도 어휘력이 낮고 유창성과 독해력이 떨어졌습니다.

반대로 책을 많이 읽어주고 글자를 많이 가르친 아이는 초등학교 저학년 때부터 초등학교 4학년 때까지 어휘력, 유창성, 독해력 모두 우수했습니다. 둘째 유진이는 집에서 책을 많이 읽어줬고 학교 들어가기 직전에 글자를 가르쳤습니다. 유진이는 저학년 때부터 글을 매끄럽게 읽었고 4학년이 된 지금도 독해력과 어휘력이 좋습니다.

책을 적게 읽어주고 글자를 많이 가르친 아이는 어떨까요. 가정에서 책은 적게 읽어줘도 학습지나 단어 카드로 글자 공부를 빨리 시작한 아이는 초반에 어휘력과 유창성, 독해력 모두 우수했습니다. 초반에는 이 아이들이 가정에서 책을 많이 읽어주고 글자를 따로 가르치지 않은 아이를 앞질러 나갔습니다.

큰딸 성연이는 책은 많이 읽어줬지만 글자를 따로 가르치지 않았습니다. 때마침 교육부가 유치원에서 글자 교육을 못 하게 했기 때문에 성연이는 글자를 따로 배우지 않고 학교에 갔습니다. 쓸 줄 아는 거라고는 이름 석 자뿐이었던 성연이는 초반에 많이 고생했습니다.

성연이처럼 책을 많이 읽어주고 글자를 따로 가르치지 않은 아이들은 글자 해독이 어렵기 때문에 학습 초반에 매끄럽게 읽을 수 없고, 유창하게 읽지 못하니 독해력도 떨어졌습니다. 이 유형 아이들은 저학년 때 평균 이하 수준으로 독해했습니다.

그런데 이 연구에는 반전이 있습니다. 책을 많이 읽어주고 글자를 적게 가르친 집단은 독해력이 점점 올라가 초등학교 4학년이 됐을 때 평균 수준 독해력에 도달했습니다. 나중에는 독해력이 평균을 넘어 더 상승했고요. 이 아이들은 어릴 때부터 독서 경험을 쌓아왔기 때문에 혼자 책을 즐겨 읽으면서 뒤처졌던 어휘력, 독해력을 따라잡았습니다.

처음에 글자 공부를 따로 하지 않아서 많이 고생했던 성연이도 똑같았습니다. 읽고 쓰는 것이 편해지면서부터는 엄마가 읽어주지 않아도 혼자서 책을 많이 읽었습니다. 성연이는 두꺼운 『나니아 연대기』, 『황금나침반』 시리즈도 거뜬히 읽었습니다. 뒤처졌던 글자 공부며 교과 학습 모두 언제 그랬냐는 듯 가뿐하게 따라잡았습니다.

설사 어릴 때 책을 많이 읽어주지 못했어도 괜찮습니다. 지금부터 시작하면 됩니다. 책 읽기는 늦게 시작해도 반드시 효과를 봅니다. 하루에 15분씩만 꾸준히 읽어도 아이가 언어의 숲을 울창하게 가꾸도록 도와줍니다.

글자를 깨친다는 것은 문자의 세계로 들어가는 문을 여는 것입니다. 너무나 소중한 경험이지만 성연이는 이 문을 여는 것이 정말 힘들었습니다. 글자를 재미있는 놀이처럼 흥미롭게 배우게 하되 정확하고 올바른 발음을 함께 가르치세요. 자세한 방법은 부록에 설명했습니다.

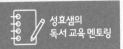

한글 교육 때문에
대한민국이 늘 시끄러운 까닭

좋은교사운동에서 2015년 전국 초등교사 440여 명에게 교육대학에서 한글 기초 문해 교육과 관련한 체계적인 지도 방법을 배웠냐고 물었습니다. 이 질문에 교사 78%가 배우지 못했다고 답했습니다.[17)]

한글 기초 문해 교육은 독서 교육으로 가는 첫 번째 관문입니다. 우리가 생각하는 것보다 몇 배로 중요합니다. 그러나 한글이 배우기 쉽고 가정에서 이미 배우고 오는 아이가 많다는 이유로 공교육에서 한글 교육을 쉽게만 생각하는 것도 사실입니다. 교육부는 교육과정에서 한글 교육 시수를 여러 번 바꿨습니다. 고무줄처럼 줄였다가 늘렸다가 제멋대로였죠.

그동안 말을 자주 바꾼 탓일까요. 교육부가 말하는 한글 교육 강화 정책은 현실 앞에선 무용지물입니다. 앞에서 살펴봤듯이 대한민국 학부모 대부분이 아이가 서너 살만 되어도 한글 사교육을 시작합니다. 언제부터, 어떻게 가르쳐야 할지 아무도 안 알려주니 일단 시키고 보는 겁니다.

이런데도 교육부는 무작정 한글 공부를 시키지 말라고만 합니다. 학부모 고민은 제대로 들어주지 않으면서 말입니다. 교육대학은 교육대학대로 예비교사가 한글 기초 문해 교육을 체계적으로 배울 기회를 주지 않습니다. 교사들은 현장에서 한글을 깨우치지 못한 다양한 유형의 학생을 만나면 당황할 수밖에 없습니다.

2017년 한국교육과정평가원에서 '학교 수업만으로 학생이 한글을 깨칠 수 있을 것인가' 설문했을 때 그렇다고 답한 초등학교 1학년 교사는 10.6%였습니다. 한글을 전혀 모르는 상태로 입학해서 학교 수업만으로 한글을 배울 수 있다고 생각하는 학부모도 30%에 불과했습니다.[18)]

이것이야말로 대한민국 한글 교육이 숨겨둔 진짜 민낯이라고 생각합니다. 한글 교육은 이런 문제들이 복잡하게 얽혀 있습니다. 세심하게 하나씩 풀어나가지 않으면 안 됩니다. 모두가 관심을 갖고 한 걸음씩 함께 나가는 수밖에 없습니다. 지금이야말로 교사는 공부하고, 학부모는 학교를 믿고, 교육부는 현장의 목소리를 듣고, 교육대학은 이를 교과목으로 개설해야 할 때입니다.

3장

독서 수준별 솔루션 2단계

읽기 이해력
기르기

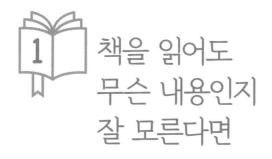

1 책을 읽어도
무슨 내용인지
잘 모른다면

언어학자들은 책을 읽고 이해하는 힘을 '읽기 이해력'이라고 합니다. 문장을 읽고 무슨 뜻인지 이해하거나 책을 읽고 작가의 의도를 파악하는 것도 읽기 이해력에 들어갑니다. 우리들은 이를 흔히 독해력이라고 일컫습니다.

읽기 단순 이론(simple view of reading)은 읽기 이해력을 설명하는 가장 대표적인 이론입니다. 읽기 단순 이론에 따르면 읽기 이해력은 글자를 소리 내서 읽는 '낱말 읽기'와 낱말과 뜻을 아는 어휘력, 문장을 읽고 이해하는 구문력, 여러 문장을 이해하는 덩이말(text) 이해력을 포괄하는 '언어 이해력'으로 나눕니다. 즉, 책을 읽고 잘 이해하려면 소리 내서 읽기도 잘해야 하고 낱말 이해, 문장 이해도 잘해야 합니다.

텍사스 대학 필립 고프(Philip Gough) 명예교수는 읽기 단순 이론에서 읽기 이해력을 낱말 읽기와 언어 이해력의 곱으로 나타냅니다.

"읽기 이해력 = 낱말 읽기 × 언어 이해력"

정재석 정신건강의학과 전문의는 《정신의학신문》에서 이를 다음과 같이 설명합니다.

예를 들어 아이가 낱말을 유창하게 읽기는 하는데(1), 언어를 이해하는 능력이 떨어지면(0.6) 읽기 이해력도 0.6(1×0.6)으로 낮아집니다. 반대로 낱말은 더듬거리면서 읽지만(0.7) 뜻을 잘 이해하면(1) 읽기 이해력은 0.7(0.7×1)이 됩니다. 읽기 이해력이 우수하려면 유창하게 소리 내어 읽을 수 있으면서 뜻도 잘 이해해야 합니다.

다음은 읽기 단순 이론에 따라 읽기 이해력을 분류한 것입니다.

A. 낱말 읽기는 잘하나 언어 이해력이 낮은 경우	**B.** 낱말 읽기를 잘 못하고 언어 이해력도 낮은 경우
C. 낱말 읽기를 잘하고 언어 이해력도 높은 경우	**D.** 낱말 읽기는 잘 못하나 언어 이해력은 높은 경우

읽기 단순 이론은 수준에 따라 읽기 이해력을 어떻게 지도해야 할지 보여줍니다. 낱말 읽기가 문제라면 자모글자부터 차근차근 가르치고 언어 이해력이 떨어지면 어휘력, 구문력, 덩이말 이해력 등을 함께 가르쳐야 합니다. 낱말 읽기는 잘하는데 언어 이해력이 떨어지면 언어 이해력을 높이도록 하고, 낱말 읽기는 잘 못하는데 언어 이해력이 높으면 낱말 읽기를 지도해야겠지요.

표에서 눈여겨 볼 것은 A, B, D 유형입니다. A 유형은 소리 내서 읽는 것은 잘하지만 세부적인 내용이나 문장 뜻을 다시 설명하는 것은 어려워합니다. 이런 유형은 소리 내서 글을 읽을 수 있기 때문에 언어 이해력에 문제가 있다는 것이 눈에 잘 띄지 않습니다. 지도가 늦어지는 경우도 많습니다.

B 유형은 소리 내서 읽는 것도 잘 못하고 언어 이해력도 떨어집니다. 더듬거리면서 읽고 문장을 잘 이해하지 못하기 때문에 읽기 능력에 문제가 있다는 것이 비교적 눈에 잘 띕니다. 이 유형은 읽기 능력이 떨어져서 다른 교과 학습을 못 따라가는 경우가 많습니다. 따라서 교과 학습만 가르쳐서는 안 됩니다. 저도 수학만 가르쳤을 때는 전혀 나아지지 않던 아이가 문장을 읽고 이해하는 언어 이해력이 좋아지자 자연스럽게 수학 부진에서 벗어나는 것을 본 적이 있습니다. 학교와 가정 모두 읽기 이해력이 교과 학습과 직접 연결된다는 것을 놓치지 말아야 합니다.

D 유형은 언어 이해력은 높은데 소리 내서 읽는 것을 잘 못하는 경우입니다. 이 유형은 책을 더듬거리면서 읽지만 말로 생각을 표현하는 것은 제법 잘합니다. 언어 이해력이 좋기 때문에 소리 내서 읽는 지도를 꾸준하게 하면 읽기 이해력도 함께 나아집니다.

언어학자 바버라 푸어먼(Barbara Foorman)의 연구[19]에 따르면 초등학교 1학년 초기에 읽기 능력이 뒤처진 아이가 1학년이 끝날 때까지 읽기 능력이 뒤처질 확률은 88%입니다. 초등학교 3학년 때 읽기 능력이 뒤처진 아이가 중학교 3학년까지 뒤처질 확률은 74%입니다. 한번 벌어진 읽기 능력 격차는 좀처럼 따라잡기 어렵다는 뜻입니다.

읽기 능력에 문제가 있으면 글을 매끄럽게 읽지 못합니다. 책을 읽는 속도가 느리고 처음 보거나 자주 쓰지 않는 낱말은 더듬거리면서 읽습니다.[20] 읽은 내용이 무엇이었는지 기억하거나 일이 일어난 순서대로 내용을 추리는 것 모두 어려워합니다. 언어 표현 능력이 부족해서 하고 싶은 말을 정확하게 표현하는 것도 힘들고[21] 문장을 잘못 읽기도 합니다.

읽기를 어려워하는 아이의 오독 사례

1. 누락: 낱말 일부를 생략해서 읽기

   예 나는 고양이 한 마리를 보았다. → 나는 고양이를 보았다.

2. 삽입: 없는 낱말을 추가해서 읽기

   예 나는 도시락을 가져왔다. → 나는 도시락을 싸가지고 왔다.

3. 대치: 다른 낱말로 바꿔서 읽기

   예 햇볕이 뜨겁습니다. → 해가 뜨겁습니다.

4. 반복: 같은 낱말을 반복해서 읽기

   예 강아지가 꼬리를 흔든다. → 강아지가 꼬리를… 꼬리를… 흔든다.

우리가 아는 것보다 더 많은 아이들이 읽기에서 어려움을 겪습니다. 읽기 능력에 문제가 있는 아이를 제때 도와주지 않으면 아이는 푸어먼의 연구처럼 시간이 흘러도 별다른 진전 없이 학년을 마치게 됩니다.

학년이 올라가면 교과 내용도 어려워집니다. 어려운 낱말이 많아지기 전에 지도를 시작하는 게 좋습니다. 지금부터라도 읽기 능력이 뒤처지는 아이를 정확하게 문장 읽기, 어휘력 기르기, 자신감 길러주기 등 다양한 방면으로 도와주어야 할 것입니다.

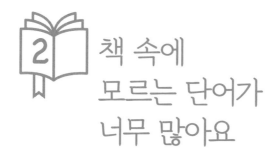

2 책 속에 모르는 단어가 너무 많아요

" **무** 릇 있는 자는 받아 넉넉하게 되고 없는 자는 있는 것 도 빼앗기리라."

『신약성서』「마태복음」에 나오는 구절입니다. 다른 말로는 '빈익빈 부익부'라고 하지요. 이 말은 1969년 사회학자 로버트 머튼(Robert Merton)이 마태 효과(matthew effect)라는 말로 사회학에 처음 인용했고, 심리학자 키스 스타노비치(Keith Stanovich)가 언어학에서 다시 인용했습니다.

키스는 읽기 교육에도 마태 효과가 있다고 말합니다. 그에 따르면 어휘를 많이 아는 아이는 새로운 어휘를 익히기 쉽고 어휘를 조금 아는 아이는 새로운 어휘를 익히기 어렵습니다. 아이들은 나무가 가지를 치듯이 이미 아는 단어에 새로운 단어를 대입하고 비교해서 이해 및 학습해 나갑니다. 아는 단어가 많을수록 어휘 나무에도 새로운 곁가지가 붙기 쉽습니다.

어휘력을 기르는 데에는 두 가지 방법이 있습니다. 어른이 가르치는 것과 아이 스스로 학습하는 것입니다. 아동발달학자 앤드루 비에밀러(Andrew Biemiller)는 일반적으로 아이는 초등학교 6학년까지 매년 약 800개에서 1,000개 정도 기초 어원을 익힌다고 말합니다.[22] 학습을 하는 데 특별한 문제가 없다면 학교에 다니면서 한 주에 8개에서 10개 정도 새로운 어휘를 배우는 셈입니다.

아이는 가정에서도 어휘를 배웁니다. 주로 부모가 쓰는 어휘를 들으면서 말입니다. 미국의 교육 연구가인 베티 하트(Betty Hart)와 토드 리즐리(Todd Risely)는 가정에서 부모와 아동의 어휘구사력 상관관계를 연구했습니다.[23] 이들은 만 1세부터 만 3세까지 아동 가정에 한 달에 한 번씩 방문해서 부모와 아이가 나누는 대화를 분석했습니다. 연구 결과, 교육을 받은 고소득층 가정에서 자란 아동은 만 3세까지 약 4,000만 번 정도 어휘에 노출됐고, 극빈층 아동은 약 1,000만 번 노출됐다고 합니다.

가정에서 언어에 자주 노출될수록 아이가 아는 어휘 수도 많아져 만 3세 때 극빈층 아동이 아는 어휘는 약 500개였고 고소득층 아동이 아는 어휘는 약 1,100개였습니다. 이 연구에서 고소득층 부모는 문어체와 고급 어휘를 자주 사용하고 자세하고 긍정적인 설명을 덧붙였다고 합니다. 어휘력이 좋은 아이로 키우고 싶다면 부모가 최선을 다해 자세하고 긍정적인 설명을 다양한 어휘를 이용해서 해주어야겠지요.

아이가 글자를 깨치면 책을 읽으면서 스스로 어휘를 학습할 수 있습니다. 이때부터는 초반에 뒤떨어졌던 어휘력을 독서를 통해 아이 혼자서도 극복할 수 있습니다. 독서 교육 초기 단계에서는 문어체와 구어체가 섞인 그림책이나 쉬운 책을 부모가 자주 읽어주고 책과 관련된 이야기를 자주 나누는 식으로 접근하면 됩니다.

독서 능력이 발달하면 아이 수준에 맞는 다양한 책을 많이 읽게 하세요. 쉬운 책보다는 아이 수준에 맞거나 조금 어려운 정도가 좋습니다. 독서할수록 어휘력이 점점 늘어 언제 그랬냐는 듯 수준 높은 어휘를 구사하는 아이로 자란답니다.

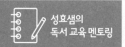

성효샘의
독서 교육 멘토링

어휘, 가정에서
이렇게 가르쳐주세요

어휘를 직접 가르칠 때는 쉽고 간결하게 설명해 주는 것이 좋습니다. 아이는 부모가 무심결에 하는 말도 곧잘 따라 하므로 아이 앞에서 무심코 나쁜 말을 하지 않도록 주의해야 합니다.

1. 너는 어떻게 생각하니?

아이가 어려운 말을 물어보면 바로 답을 알려주지 말고 아이 생각을 먼저 물어보세요. 생각할 틈 없이 답을 알려주면 모르는 단어가 나올 때마다 엄마에게만 물어보려 합니다.

저는 수업 시간에 어려운 단어를 가르칠 때 아이들 생각을 모두 듣고 나서야 뜻을 알려주었습니다. 한참 고민한 끝에 답을 듣는 아이들에게선 '아~ 그렇구나'라는 소리가 터져 나오곤 했습니다.

2. 쉽고 짧게 설명하기

아이가 단어의 뜻을 물어볼 때는 쉽고 짧게 답해 주세요.

유진: 엄마, 인과가 무슨 말이야?

엄마: 원인과 결과라는 두 낱말을 줄여서 만든 말이야.

유진: 원인은 뭔데?

엄마: 일이 왜 일어났는가 하는 거지.

유진: 결과는 뭔데?

엄마: 일이 어떻게 됐나 하는 거지.

3. 다른 예 찾아보기

새로운 어휘를 가르친 다음은 다른 예를 찾아보게 합니다.

엄마: 우리 주변에서 인과라고 볼 수 있는 것은 무엇일까?

유진: 태풍이 불어서 사과가 떨어졌어. 태풍이 분 것이 원인이고, 사과가 떨어진 것은 결과야.

4. 한자어는 한 글자씩 풀어주기

우리말에는 한자어가 많습니다. 국어 시간에만 한자어가 나오는 게 아닙니다. 정수, 유리수, 분수 같은 수학 개념도 모두 한자어입니다. 사회 시간에 배우는 근대화, 민주화, 항쟁도, 과학 시간에 배우는 중화, 산성, 염기성도 마찬가지입니다. 한자를 잘 알면 수업 시간에 처음 배우는 낯선 개념도 이해하기 쉽습니다. 그렇다고 해서 한자를 억지로 가르칠 필요는 없습니다. 어른이 한자어를 한 글자씩 풀어서 설명하면 됩니다.

한자어는 같은 글자에서 파생하는 단어가 많습니다. 학생, 학급, 학부모, 학교, 모두 학(學)에서 파생됐습니다. 이런 식으로 파생하는 단어들을 찾게 하면 아이의 어휘 나무에 가지를 치는 일이 더 쉽습니다. 얼마 전 유진이와 『삼국유사』의 「비형랑」 편을 읽을 때였습니다.

유진: 엄마, "모자가 궁에 들어와서 살아라" 할 때 모자가 무슨 뜻이야?

엄마: 너는 무슨 뜻인 것 같아? (아이에게 먼저 묻기)

유진: 그림 보니까 엄마하고 아들을 합해서 모자라고 한 것 같아.

엄마: 모는 엄마라는 뜻의 한자야. 자는 아들이란 뜻의 한자고. 엄마라는 뜻의 모가 들어가는 다른 말은 뭐가 있을까?

유진: 모유(母乳), 부모(父母).

엄마: 아들 자가 들어가는 다른 말은 뭐가 있을까.

유진: 자식(子息), 손자(孫子).

5. 비슷한 말과 반대말 찾아보기

비슷한 말과 반대말을 찾으면 어휘를 확장하는 데 도움이 됩니다. 사전처럼 정확한 답을 말하지 않아도 됩니다. 아이가 말로 표현해 보는 것이 중요합니다.

엄마 : 하얗다와 비슷한 말에는 뭐가 있을까?

유진 : 희끄무레하다, 허옇다, 새하얗다.

엄마 : 하얗다와 반대말에는 뭐가 있을까?

유진 : 검다, 새카맣다, 거무스레하다.

6. 나쁜 말은 안 돼요

자주 듣는 어휘를 학습하듯 아이는 나쁜 말도 학습합니다. 아이 주변에 나쁜 말을 하는 이가 있는지 먼저 살펴보세요. 우스개라도 외모를 비하하는 말, 욕, 비속어, 은어 등을 쓰지 않도록 평소에 가르치세요. 말은 습관이기 때문에 꾸준하게 가르쳐야 합니다.

7. 칭찬하고 격려하기

아이를 가르칠 때는 칭찬과 격려를 자주 해야 합니다. 글자에 관심을 보이고 어려운 단어를 깨치는 것은 칭찬받고 격려받아야 할 일입니다. 사랑과 관심으로 친절하게 가르치면 어휘도 쑥쑥 성장합니다.

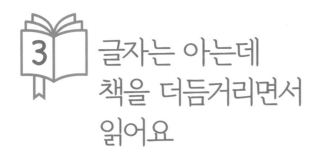

**글자는 아는데
책을 더듬거리면서
읽어요**

다음 기호는 무엇을 나타내는 것일까요?

ᴈ ᴈ Ж
е

몽골어로 '엄마'라는 낱말입니다. 우리가 한글로 엄마라는 낱말을 보는 것과 몽골어로 엄마라는 낱말을 보는 것은 느낌이 전혀 다릅니다. 한글의 엄마는 글자를 보자마자 엄마라는 대상과 글자가 연결됩니다. 왠지 글자만 봐도 뭉클하죠. 그렇지만 몽골어의 ᴈᴈЖ는 오래 들여다봐도 감흥이 없습니다. 우리에게 몽골어는 그저 낯선 암호이기 때문이죠.

아이가 글자를 읽게 되는 것을 해독(decoding)이라고 합니다. 해독은 글자 그대로 암호를 푼다는 뜻입니다. 글자를 알면 글자와 사물을 연결하고, 사물의 이미지가 떠오르고, 의미를 부여할 수 있게 됩니다. 그전까지는 아무 의미 없던 암호지만 이제 더 이상 암호가 아닙니다.

글자를 배우면 '고양이'를 읽고 털이 복슬복슬하고 "야옹" 하고 우는 귀여운 동물을 떠올릴 수 있습니다. 이것이 해독입니다. 물론 해독을 한다고 해서 독해까지 한 번에 잘하게 되지는 않습니다.

독해에는 해독 말고도 다양한 인지 능력과 언어 능력이 필요합니다. 앞에서 살펴본 어휘력, 구문력, 덩이말 이해력은 물론이고 집중력, 추론 능력, 언어 능력, 기억력, 언어 이해력을 모두 갖춰야 독해를 할 수 있습니다.

학자들은 아이가 글을 읽기까지 여러 발달 단계를 거친다고 말합니다. 처음은 글자를 그림처럼 인지하는 단계입니다. 이때는 글자를 잘 몰라도 뽀로로 캐릭터 아래에 글자가 있으면 /뽀로로/로 읽습니다. 다음은 음절을 하나씩 읽는 단계로 '뽀로로'를 보고 /뽀/, /로/, /로/ 한 글자씩 읽습니다. 다음 단계에서는 'ㅃ+ㅗ ㄹ+ㅗ ㄹ+ㅗ'가 뽀로로라는 글자가 된다는 것을 알고, 자음자와 모음자 조합이 달라지면 글자가 달라진다는 것도 압니다. 마지막 단계에서는 글자를 보자마자 읽습니다. 굳이 자음자와 모음자를 분석하지 않아도 '뽀로로'를 보면 /뽀로로/라고 읽습니다.

마지막 단계까지 오려면 수많은 언어 경험이 쌓여야 합니다. 읽기가 유창하지 않으면 더듬거리느라 독해에 신경 쓸 겨를이 없습니다. 글자를 보고 더듬거리지 않고 술술 읽을 수 있어야 독해도 잘할 수 있습니다.

글자를 더듬거리면서 읽느라 해독이 잘 안 되면 글에 끝까지 집중할 수 없습니다. 인간의 의지는 에너지와 같아서 앞에서 많이 쓰면 뒤에선 바닥이 나 버립니다. 집중이 흐트러지면 책을 읽으면서도 무슨 말인지 이해할 수 없습니다. 이런 일이 반복되면 아이는 책 읽기를 싫어하게 됩니다.

읽기가 유창해지는 가장 좋은 방법은 소리 내서 읽는 것입니다. 우리는 뇌가 많이 들으면 많이 들을수록 더 많은 어휘를 저장한다는 것을 앞에서 이미 다양한 연구로 살펴봤습니다.

부모가 읽어주는 것이든 아이 스스로 소리 내서 읽은 것이든 책을 읽으면서 들은 음성 언어는 언어 경험으로 차곡차곡 쌓입니다.

어휘력이 좋아진 아이는 낯선 단어가 나와도 과거의 언어 경험으로 유추하면서 읽기 때문에 더듬거리지 않고 읽게 됩니다. 해독이 쉬우면 독해도 쉽습니다. 책 읽기가 쉬워지면 아이는 더 많은 책을 찾습니다. 이것이 독서의 선순환입니다.

쉬운 글을 반복해서 낭독하면 읽기가 빠르게 유창해집니다. 읽기가 유창해지면 내용에 더 잘 집중합니다. 집중력과 의지력을 오로지 독해에만 쓰기 때문에 독해도 더 잘할 수 있습니다.

더듬거리면서 읽는 아이에게는
'서당식 읽기'를 가르치세요

책을 더듬거리면서 읽는 아이는 글자 소리를 정확하게 모르는 경우가 많습니다. 글자와 소리를 충분히 익히지 못한 상태로 대충 넘어왔을 때는 소리 내서 읽는 낭독이 좋습니다. 소리를 크게 내서 읽을수록 더 효과적입니다.

학교에서는 학기 초에 진단 평가를 합니다. 국어, 수학, 사회, 과학 등 기본적인 교과 성적이 어느 정도 되는지 전년도 문제로 확인합니다. 그런데 문제지를 푸는 것만으로는 아이가 어떻게 읽는지 알 수 없어서 저는 학기 초에 읽기 검사를 따로 했습니다. 거창한 검사는 아니고 1분 동안 교과서를 읽되, 몇 줄을 매끄럽게 읽는지, 몇 글자를 틀리게 읽는지 교사 수첩에 기록하는 것이었습니다.

저는 많이 더듬으면서 읽는 아이는 교실 맨 뒤에 앉힌 다음 큰 소리로 책을 읽게 했습니다. 서당에서 학동들이 천자문을 소리 내서 외우던 모습을 상상하면 됩니다. 이렇게 큰 소리로 읽는 연습을 꾸준히 하면 글자와 소리의 대응 관계가 서서히 뇌에 새겨집니다.

큰 소리로 읽는 연습을 할 때는 같은 문장을 반복해서 읽는 게 좋습니다. 저는 주로 읽기나 사회 교과서를 읽었습니다. 아이가 글자를 잘못 읽거나 몇 글자씩 빼놓고 읽으면 즉시 교정해 줬습니다. 이렇게 같은 문장을 반복해서 꾸준히 읽으면 더듬거리는 횟수가 서서히 줄어듭니다. 일주일 지난 다음 읽기 검사를 다시 하고 글자를 잘못 읽는 횟수를 기록했습니다.

한 달만 연습해도 대부분 잘 읽었습니다. 더듬을까 봐 친구들 앞에서 교과서를 읽지 않으려 하던 아이도 큰 소리로 낭독할 수 있었습니다. 어려운 단어가 많은 교과서를 안 틀리고 읽을 수 있으면 동화책은 더 쉽게 읽습니다. 낭독이 익숙해지면 시집, 동화책, 동시집, 신문기사 등을 다양하게 읽게 하세요. 동영상으로 촬영해 두면 얼마나 발전하는지 볼 수 있습니다.

공자는 아이가 책 읽는 소리를 군자삼락(君子三樂), 군자의 세 가지 즐거움 중 하나라고 했습니다. 이 즐거운 소리가 가정에서 끊이지 않게 하려면 어떻게 해야 할까요.

1. 인형에게 읽어주기

아이가 아끼는 인형에게 책을 읽어주게 하세요. 혼자 읽는 게 아니라 인형 친구들에게 책을 읽어주는 것이기 때문에 재미있어합니다. 유진이는 자신은 어린이용 작은 의자에 앉고 그 앞에 인형들을 둥그렇게 앉혀 책을 읽어주곤 했습니다. 유치원에서 선생님이 하듯이 책을 보여주는 시늉을 하면서 하루에도 몇 권씩 소리 내서 읽었습니다.

2. 동생에게 읽어주기

유진이는 3학년 때 1학년 동생들에게 책을 읽어주는 봉사활동을 신청했습니다. 어린 동생들에게 그림책을 읽어주느라 집에서 동화책 읽는 연습을 하기도 했습니다. 책을 읽어줄 대상이 있다고 생각하면 낭독도 지루하지 않습니다. 엄마나 선생님이 읽어주듯이 재미있게 책을 읽어주려 애쓴답니다.

3. 엄마와 번갈아가면서 읽기

문장을 번갈아 읽어도 좋고, 낱말을 번갈아 읽어도 좋습니다. 한 글자씩 읽어도 재미있습니다. 엄마가 함께 번갈아 읽으면 아이가 잘못 읽거나 더듬거릴 때 바로 피드백할 수 있습니다.

4. 시범독과 따라 읽기

어른이 먼저 책 읽는 시범을 보여주세요. 사투리를 쓴다고 해서 주저하지 않아도 됩니다. 천천히 부드럽게 읽는 시범에만 집중하세요. 시범독 다음에는 따라 읽게 합니다. 되도록 천천히 부드럽게 읽으세요.

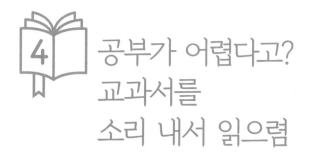

4 공부가 어렵다고? 교과서를 소리 내서 읽으렴

"**선**생님, 저는 왜 공부를 아무리 해도 성적이 안 오르죠?"

재희(가명)는 초등학교 6학년이지만 성적으로 고민이 많았습니다. 학교가 끝나면 학원을 세 개씩 도는데도 그랬습니다.

"성적이 안 오른다는 게 무슨 뜻이야? 넌 지금도 충분히 잘하고 있는데?"

"전 사회 수업이 너무 어려워요. 무슨 말인지 잘 모르겠고, 자꾸 잊어버려요. 아무래도 전 머리가 나쁜가 봐요. 어떻게 해야 잘 외울 수 있을까요."

초등학생이니까 성적으로 걱정하는 일이 없을 거라고 생각한다면 그건 잘 몰라서 하는 말입니다. 재희처럼 성적 문제로 고민하는 초등학생은 많습니다. 초등학생이 배우는 건 다 쉽지 않냐 물으면 아이들 입장에선 억울할 겁니다.

무엇보다 사회 과목은 어려운 용어가 자주 등장합니다. 저학년 수업에서는 일상 용어만 알아들어도 충분하지만 중학년 수업부터는 교과나 학습에 자주 쓰는 고효율 용어가 과목마다 등장합니다. 아이들에게 일상 용어가 아닌 말은 생소해서 억지로 외우면 금방 잊어버립니다.

어려운 개념어는 풀어서 설명하고, 아이 말로 다시 설명해 보게 하는 게 좋습니다. 그다음은 반복해서 읽게 하세요.

재희에게 교과서를 읽게 했습니다. 매일 집에서 큰 소리로 사회 교과서를 30분씩 읽게 했습니다. 일기장에 읽은 시간을 '00시 00분~00시 00분'처럼 구체적으로 쓰게 했습니다. 재희는 약속대로 매일 30분씩 사회 교과서를 읽었습니다. 몇 주 지나지 않아 재희는 사회 쪽지시험에서 가볍게 백점을 맞았습니다. 재희도 친구들도 결과에 많이 놀랐지만 재희 말고도 이 방법으로 결과가 좋았던 아이들은 아주 많습니다.

학습은 의미 있는 반복이 지속될 때 일어납니다. 낭독은 의미 있는 반복을 쉽게 하는 방법입니다. 낭독은 뇌에 긍정적이고 의미 있는 자극을 지속적으로 제공합니다. 책을 소리 내서 읽으면 문자 언어는 뇌에서 음성 언어로 변환됩니다. 뇌는 이때 청각, 시각, 언어, 공간, 기억, 집중, 추론 등을 담당하는 다양한 부위를 활성화합니다. 이 과정이 반복되면 뇌가 학습 내용을 통으로 암기합니다.

오래전에 선비들은 과거 시험을 치르는 게 평생의 과제였습니다. 그런데 과거 시험은 '사서오경'이라는 방대한 분량의 책에서 어떤 구절, 어떤 주제가 나올지 알 수 없었습니다. 많은 책을 통으로 외워야만 치를 수 있는 과거를 준비하면서 선비들은 하나같이 소리 내서 읽는 것을 선택했습니다. 특별한 학습 방법이 없어서 그랬던 게 아닙니다. 책을 외우는 데에는 소리 내어 반복해서 읽는 게 가장 효과적이었기 때문입니다.

영어권 나라에서는 아이들이 어릴 때 셰익스피어나 톨스토이처럼 세계적인 작가들의 작품을 읽게 하는 경우가 많습니다. 어려운 문장도 큰 소리로 반복해서 읽어서 통으로 외우게 하지요.

특별히 어려워하는 교과가 있다면 교과서를 소리 내어 반복해서 읽게 하세요. 교과서를 읽을 때는 아무 데나 펴서 읽으면 안 됩니다. 첫날 1쪽부터 5쪽까지 읽었으면 둘째 날은 1쪽부터 7쪽까지, 셋째 날은 1쪽부터 10쪽까지 읽는 식이어야 읽기 경험이 누적됩니다. 소리 내서 교과서를 몇 번이고 읽다 보면 나중엔 교과서를 통째로 외웁니다. 사회면 사회, 과학이면 과학, 공부가 점점 쉬워집니다.

개념어 사전 만들기로
어휘와 공부를 함께 잡자

언어학자 김영숙은 『찬찬히 체계적·과학적으로 배우는 읽기&쓰기 교육』에서 아이가 자라면서 익히는 말에는 크게 세 가지가 있다고 했습니다.

구분	설명	예
일상 용어	평소에 쓰는 일상적인 낱말	학교, 친구, 식사 등
고효율 용어	일상 용어는 아니지만 교과나 학습에 자주 쓰는 낱말	체온, 육식동물, 수정 등
전문 용어	과학, 교육, 심리 등 특수 분야에서 쓰는 낱말	추상화, 색채감각, 읽기 장애 등

일상 용어는 굳이 가르치지 않아도 아이가 뜻을 잘 압니다. 교사도 수업 시간에 따로 가르칠 필요를 못 느낍니다. 고효율 용어는 수업 시간에 자주 쓰이는 낱말로 교과 학습에서 배웁니다. 정확하게 개념을 배우지 않으면 이를 바탕으로 하는 교과 학습이 어렵습니다. 가장 높은 수준인 전문 용어는 전문가들이 주로 쓰는 용어입니다.

아이가 학교에 들어가면 고효율 용어를 얼마나 정확하게 아느냐에 따라 학습 성취도 달라집니다. 교과서에는 체온, 호흡, 육식, 초식 등 온갖 고효율 용어가 나옵니다. 일상 용어만 알고 고효율 용어를 모르면 수업을 들어도 정확히 이해하지 못합니다. 제가 가르쳤던 학습이 더딘 학생들은 대부분 고효율 용어를 잘 몰랐습니다.

교과서에서 나오는 고효율 용어는 빠짐없이 알아두는 게 좋습니다. 새로운 고효율 용어만 공책에 따로 정리하는 식으로 어휘 공책을 만들면 더 좋습니다. 이를 한 달에 한 번씩 가나다순으로 정리하면 나만의 어휘 사전을 만들 수 있습니다. 어휘 사전은 한번 만들면 두고두고 쓸 수 있습니다.

저는 학생들에게 한 달에 한 번씩 새롭게 알게 된 어휘만 모아서 '나만의 개념어 사전'을 만들게 했습니다. 개념어 사전으로 어휘를 정리하고 공부하면 낱말을 몰라서 교과 학습이 부진할 일이 없습니다.

개념어 사전을 만들 때 정확한 사전적 정의가 아니라 아이 말로 다시 표현해 보는 게 중요합니다. 내 말로 설명하지 못하면 아직 배운 것이 아닙니다. 아무 단어나 골라서 물어보고 아이가 설명을 잘 못하면 다시 가르쳐주세요.

나만의 개념어 사전 만들기

준비물) A4 용지 5장, 여러 색깔 사인펜

1. A4 용지 5장을 2cm씩 차이 나게 포갠 다음 반으로 접습니다.

2. 계단 모양으로 접힌 한쪽 끝에 ㄱ, ㄴ, ㄷ 등을 표시합니다.

3. 공책에 정리했던 개념어들을 ㄱ부터 순서대로 써나갑니다.

4. 표지에 이름을 멋지게 쓰게 하세요. 나만의 개념어 사전이 완성됩니다.

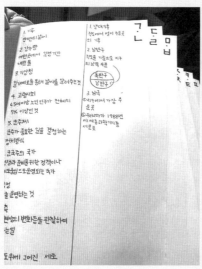

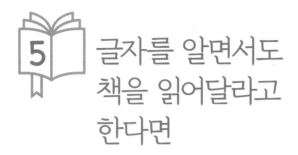

5 글자를 알면서도 책을 읽어달라고 한다면

유진이와 성연이는 글자를 깨친 다음에도 한동안 책을 읽어달라고 했습니다. 혼자 읽으면 얼마나 좋을까 생각하면서도 아이가 책을 가져올 때마다 읽어줬습니다.

글자를 깨쳤다고 해도 처음엔 혼자 책을 읽기에는 해독 능력이 떨어집니다. 이때 부모가 정확한 발음으로 읽어주면 아이는 힘들게 읽지 않아도 됩니다. 더듬거리며 책을 읽을 시간에 귀로 듣고 머리로는 마음껏 상상하면서 글을 이해합니다. 읽기가 유창해질 때까지는 해독 능력이 우수한 부모가 천천히 부드럽게 읽어줘야 아이가 글자 읽기가 아닌 내용에만 집중할 수 있습니다.

아이는 듣기 이해력이 읽기 이해력보다 앞설 때 책을 읽어달라고 합니다. 1장 '읽기, 제대로 알고 시작하자'에서 우리는 아이가 어릴수록 얼마나 열심히 듣는지 살펴보았습니다. 듣는 것으로 어휘를 배우고 언어를 습득하는 아이로서는 듣기보다 잘하는 게 없습니다.

독서 초기 단계에는 들어서 이해하는 것이 읽어서 이해하는 것보다 쉽습니다. 읽기 이해력이 듣기 이해력을 앞지를 때까지는 듣는 독서에 비중을 더 두는 것이 자연스럽습니다. 의학박사 김영훈은 『압도적인 결과를 내는 공부두뇌』에서 초등학교 6학년까지는 부모가 책을 읽어주면 효과가 크다고 말합니다. 이럴 경우 부모의 배경지식 때문에 아이 혼자 읽는 것보다 5배 이상 이해할 수 있다는 것입니다.

아이가 글자를 깨친 다음에도 책을 읽어달라고 하면 지금은 듣는 독서에 비중이 더 크다 생각하고 마음 편히 읽어주세요.

이때 아이가 글자를 아니까 어려운 내용도 곧잘 이해하겠지 생각하고 어려운 책을 읽어주면 안 됩니다. 쉬운 어휘와 간결한 문장으로 된 책이 좋습니다. 들어서 무슨 말인지 이해하지 못하는 내용은 읽어서도 이해하지 못합니다.

언어학자 리니아 에리(Linnea Ehri)는 유창성을 높이는 가장 좋은 방법으로 음성 언어로 들었을 때 이해할 수 있는 글을 스스로 읽는 것을 꼽습니다.[24] 글자가 적고 어휘가 쉬운 그림책이 독서 초기 단계에서는 효과적입니다. 아이 수준은 3학년인데 사주는 책은 4학년 수준이면 어떻게 될까요. 어휘나 문장을 이해하지 못하니 책이 재미없습니다. 책장에 안 읽은 책이 그대로 쌓일 겁니다. 그보다는 차라리 수준에 맞는 쉬운 책을 반복해서 읽는 것이 낫습니다.

대한민국 공부 멘토라고 불리는 공신 강성태는 한 강연에서 이렇게 말했습니다. "공신 멘토 가운데 영어를 아주 잘하는 친구가 있어요. 토익 만점을 맞는 친구예요. 이 친구가 영어 공부를 잘하게 된 비법이 있어요. 이 친구는 영어 소설을 아주 많이 읽었어요. 그런데 그냥 읽는 게 아니에요. 책을 펴서 모르는 단어가 많으면 집어던지고 더 쉬운 책을 찾아서 읽었다고 해요. 술술 읽을 수 없는 책이면 다시, 다시, 다시, 자기가 읽기 쉬운 책을 찾는 거죠.

그리고 그 책을 몇 번이고 읽고 완벽하게 자기 것으로 흡수했다고 해요. 그 다음엔 그보다 살짝 높은 수준의 책을 찾아서 읽었고요."

독해의 비밀을 이보다 쉽게 설명한 말도 없다고 생각합니다. 독해의 비밀은 자신의 수준에 맞는 책을 반복해서 읽는 데 있습니다. 수준에 맞는 책을 많이 읽으면 영어도 쉬워지는데 한글은 오죽할까요.

책을 많이 읽으면 관용 표현, 속담, 어려운 어휘, 맥락까지 이해할 수 있게 됩니다. 자연스럽게 어려운 문장과도 친해집니다. 줄거리를 이해하는 독서에서 상황과 맥락을 이해하는 독서로 나아갑니다. 보물찾기하듯이 작가의 의도와 생각을 파악하고 이해할 수 있는 독해력을 갖게 됩니다. 그때까지는 꾸준한 지도와 보살핌이 필요합니다.

오래전에 "침대는 가구가 아니다. 과학이다"라는 광고 카피가 크게 인기를 끌었습니다. 당시 학생들에게 이 문장이 무슨 뜻인지 물었습니다. 5학년 학생들은 "우리 회사는 침대를 과학적으로 만든다는 것을 광고하는 문장"이라고 말했지만 1, 2학년 학생들은 "침대는 가구가 아니에요"라고 답했습니다. 맥락을 이해하는 독해와 그렇지 않은 독해의 차이입니다.

독해에는 배경지식도 매우 중요합니다. 읽기에선 스키마 이론(schema theory)이라고 합니다. 스키마는 배경지식을 말하는데, 글을 읽을 때 배경지식이 많으면 쉽게 이해할 수 있고, 지식을 확장해 가는 것이 어렵지 않다는 이론입니다. 독서하는 동안 아이는 기존에 갖고 있던 지식과 정보를 바탕으로 새로 알게 된 정보와 지식을 합산합니다. 반대의 경우도 성립합니다. 배경지식이 전혀 없는 책은 한없이 어렵지요.

성연이와 유진이가 어릴 때 수학 동화 전집을 샀습니다. 그런데 두 아이 모두 수학 동화를 좋아하지 않았습니다. 책을 읽어줄 때마다 재미없다면서 다른 책을 읽어달라고 했습니다. 수학적인 기초가 없어서 이해하기 어려웠던 겁니다. 아이들이 기초적인 수 개념과 지식을 어느 정도 쌓은 다음에는 같은 책을 잘 읽었습니다. 독해를 잘하려면 폭넓은 배경지식도 꼭 필요합니다.

배경지식을 쌓으려면 여러 가지 경험과 체험을 많이 해보면 좋습니다. 박물관이나 미술관에 데리고 다니면서 많은 것을 보여주고 들려주는 게 도움이 됩니다. 책으로만 읽으면 관심 없는 내용도 직접 가서 보고 들으면 관심을 갖습니다.

이렇게 다양한 이유로 글자를 알긴 해도 아직 해독 능력, 배경지식, 맥락 이해, 추론 능력 등이 부족한 아이는 부모에게 책을 읽어달라고 합니다. 충분한 능력이 갖춰질 때까지는 곁에서 끝없이 읽어주고 또 읽어주면서 가르치고 도와주어야 하겠지요.

언제까지 읽어줘야 할지 질문하는 분도 많은데, 부모가 읽어주는 것보다 아이가 직접 눈으로 읽는 게 빨라지는 때가 옵니다. 그때는 엄마가 읽어주겠다 해도 필요 없다고 말합니다. 그때까지만 책을 읽어주면 됩니다.

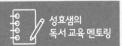
성효샘의
독서 교육 멘토링

다섯 손가락 꼽기로 아이 스스로
책을 고르게 하세요

책을 좋아하지 않는 아이라면 함께 서점 데이트를 하실 것을 추천합니다. 저는 책을 싫어하는 학생들만 모아서 독서클럽을 운영하곤 했습니다. 주말에 서점이나 도서관에 데려갔는데, 1년이 지나면 독서클럽 아이들 모두 독서광이 되었습니다.

서점이나 도서관에 자주 가면 아이 스스로 책을 고를 기회가 생깁니다. 자기 수준에 맞는 책을 직접 고르는 방법을 가르칠 수 있고 엄마도 책을 실컷 구경할 수 있으니 그야말로 일석이조입니다. 아이 혼자서 책을 고를 수 있는 방법을 3단계로 나누어 소개합니다.

1단계 흥미 있는 분야인가?

책을 고르게 하면 따로 설명하지 않아도 흥미 있는 분야를 위주로 고릅니다. 책과 친해질 때까지는 흥미 있는 책을 읽어야 합니다. 저는 아이가 좋아하는 책 다섯 권에 흥미 없는 책 하나를 살짝 끼워서 읽혔습니다.

2단계 수준에 맞는가? 다섯 손가락 꼽기

아이 스스로 책을 고르는 가장 쉬운 방법입니다. 아무 쪽이나 펼쳐서 모르는 단어가 나올 때마다 손가락을 꼽아보게 합니다. 이 '다섯 손가락 꼽기'는 초등학교 1학년 1학기 국어과 교사용 지도서에도 소개됐습니다. 구체적인 방법은 다음과 같습니다.

1. 책을 펴서 아무 쪽이나 조용히 읽습니다.
2. 어려운 단어가 나올 때마다 손가락을 꼽습니다.

3. 손가락을 하나나 두 개 꼽으면 쉬운 책입니다. 동생에게 읽어줄 책입니다.

4. 손가락을 다섯 개 넘게 꼽았다면 어려운 책입니다. 내려놓는 게 좋아요.

5. 손가락을 서너 개 꼽은 책이 아이가 읽기 적당합니다. 읽으면서 새롭게 어휘를
배우기도 하고, 모르는 어휘가 나와도 추측하면서 읽을 수 있습니다.

3단계 친구에게 추천할 만한 책인가?

친구에게 추천할 만한 책인지 생각하게 합니다. 친구와 함께 읽을 책인지 따져보면 진
짜로 좋은 책인지 한 번 더 고민할 수 있습니다. 좋은 책은 공격적이거나 폭력적이지 않
고 아름다운 가치관을 다룹니다. 다른 사람과 나눌 만큼 좋은 책을 사야 다음에 또 읽습
니다.

4장

독서 수준별 솔루션 3단계

다양하게
읽기

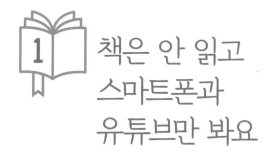

책은 안 읽고 스마트폰과 유튜브만 봐요

저는 76년생입니다. 어린 시절 저녁에 텔레비전에서 해주는 만화영화가 얼마나 재밌었는지 밖에서 놀다가도 만화 할 시간이면 집으로 달려갔습니다. 2019년 열한 살 유진이는 패드, 스마트폰, 유튜브가 일상입니다. 궁금한 게 있으면 포털 사이트에서 검색하고 초등학생 유튜버 간니닌니 자매가 올린 영상을 보면서 슬라임을 어떻게 갖고 노는지 배웠습니다.

좋아하는 대상에 푹 빠졌다는 점에서 유진이는 어린 시절의 저와 똑같습니다. 차이가 있다면 저는 다음 날까지 기다려야 만화를 볼 수 있었고 유진이는 기다리지 않아도 된다는 것입니다. 얼핏 사소해 보이는 이 차이야말로 우리가 스마트폰에 빠진 아이를 지도할 때 가장 주의 깊게 살펴야 할 부분입니다.

주의력 전문가 루시 조 팰러디노(Lucy Jo Palladino) 박사는 인간의 사고가 크게 두 가지로 나뉜다고 말합니다. 의도하지 않아도 되는 비자발 주의(involuntary attention)와 스스로 주의를 기울이는 자발 주의(voluntary attention)입니다. 인간은 그때그때 사고를 전환합니다. 이를테면 우리는 잘 아는 길을 운전할 때는 주변을 신경 쓰지 않다가(비자발 주의), 방향을 꺾어야 할 때가 오면 길을 살피기 시작합니다(자발 주의).

학습은 자발 주의와 관련 있습니다. 아이는 배우는 내용에 의도적으로 주의를 기울여야 하고 잘 배우기 위해 최선의 방법과 전략을 선택해야 합니다. 적절한 선택을 하고 필요한 일에 집중하는 힘을 가진 아이가 공부도 잘합니다.

매일 유튜브를 보면 자발 주의가 길러질까요? 물론 아닙니다. 유튜브를 아무리 열심히 봐도 조용히 사색하거나 학습하는 능력이 길러지지 않습니다. 유튜브를 보거나 만화를 보는 것은 비자발 주의에 해당하기 때문입니다. 단순한 정보를 쉽게 얻는 데에는 유튜브보다 나은 게 없지만 우리가 기대하는 논리적인 사고력과 자기 조절력은 얻을 수 없습니다.

팰러디노 박사는 『스마트폰을 이기는 아이』에서 부모와 교사가 아이에게 자발적인 주의를 기울이는 힘, 즉 자발 주의력을 길러주어야 한다고 충고합니다. "디지털 기기를 꺼야 할 때 스스로 끄는 능력이야말로 아이가 배워야 하는 가장 중요한 디지털 능력이다"라는 그의 말은 매우 의미심장합니다. 그는 자기 조절력, 만족 지연, 자기 통제력 등은 자발 주의력과 같은 뜻으로 쓰인다고 말합니다.

많은 초등학생을 가르쳐본 저는 팰러디노 박사의 말에 전적으로 공감합니다. 저는 '통제'가 다른 말로 '선택'이라고 생각합니다. 어떤 것을 선택해야 할지 알고 의도적으로 좋은 선택을 하려 애쓰는 것이 자발 주의력이자 자기 통제력입니다.

공부 잘하는 아이들은 복습하기, 독서하기, 학습일지 쓰기 같은 영리한 선택을 합니다. 그들이 좋은 선택을 하는 동안 선택하지 말아야 할 것을 선택하는 아이도 있습니다. 그런 아이들은 밤늦게까지 게임하기, PC방 꼬박꼬박 가기, 시도 때도 없이 SNS 하기, 필기하지 않고 딴 생각하기 등을 선택합니다. 공부 잘하는 아이들이 딴짓을 하다가도 해야 할 일로 금방 돌아오는 것과는 다르지요.

자발 주의를 길러주어야만 학습도 잘할 수 있습니다. 집중하는 힘을 기르지 않고서는 책을 읽을 수 없습니다. 유튜브에서 주는 쉽고 단순한 정보에만 계속 눈길을 주면 진짜 깊이 있는 사고와 통찰력 있는 지혜를 기르는 것은 불가능합니다. 손쉽게 얻는 것은 손쉽게 잃습니다. 지금부터라도 아이에게 스마트폰을 끄는 힘을 길러주어야 할 것입니다.

구본형 작가는 『구본형의 그리스인 이야기』에서 스마트폰을 판도라의 상자에 비유했습니다. 한 번 열린 판도라의 상자는 닫을 수 없습니다. 스마트폰의 강렬한 매혹을 이겨내지 못한다면 아이는 책을 읽지 않을 것입니다.

디지털 세상에서 살아가야 하는 아이가 어떻게 해야 현명하게 디지털 기기를 활용할 것인지 깊이 고민해야 합니다. 디지털 세상에서 아이가 책임감 있는 행동을 하도록 가르치는 것은 부모와 교사의 의무입니다.

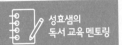

성효샘의
독서 교육 멘토링

아이 스스로
스마트폰을 끌 수 있을까?

'마시멜로 실험'이라는 매우 유명한 실험이 있습니다. 인간의 의지력을 실험한 연구입니다. 실험팀은 먼저 다섯 살 아이들이 가장 좋아하는 간식을 설문했고, 아이들은 마시멜로라고 답했습니다. 실험팀은 다섯 살 아이를 방에 들어가게 한 다음 말합니다.

"만약 이 마시멜로를 먹지 않고 15분만 참으면 두 개를 줄 거야."

어떤 아이들은 마시멜로를 보자마자 먹어버렸고 어떤 아이들은 15분을 참았습니다. 마시멜로의 유혹을 참은 아이들을 따로 추적 연구한 결과, 이 아이들은 학업 성취도가 높았고, 좋은 직장을 구하는 일에서도 그렇지 않은 아이보다 우수한 결과를 냈다고 합니다. 보통은 이 연구 결과에만 초점을 두지만 어떻게 유혹을 참을 수 있었는지도 매우 중요합니다.

마시멜로를 먹지 않고 참은 아이들은 나름의 전략을 이용했습니다. 다섯 살 아이가 생각해낼 수 있는 것이니 크게 대단한 것은 없습니다. 아이들은 발가락 꼬기, 숫자 세기, 다른 곳 쳐다보기, 노래 부르기 같은 전략을 써서 15분을 참았습니다. 다섯 살 아이가 전략적으로 유혹을 이겨냈다면 초등학생도 할 수 있습니다. 자기 통제력을 길러 스스로 스마트폰을 끄도록 지도하는 전략들을 소개합니다.

1. 디지털 규칙을 정해라

가족 모두가 동의하는 디지털 규칙을 세워보세요. 정해진 시간 말고는 디지털 기기를 사용하지 않기로 함께 노력해 보세요.

특히 아이가 공공장소에서 떠들어도 디지털 기기를 주면 안 됩니다. 초등학생이라면 1학년 입학 때부터 귀에 못이 박히게 공중도덕을 지키도록 학교에서 가르칩니다. 도서관

86 1부 초등 독서의 힘

이나 식당처럼 여럿이 함께 이용하는 장소에서 떠들면 안 된다는 건 아이들도 잘 압니다. 학교에선 당연하게 혼나는 일이 가정에선 디지털 기기를 사용할 구실이 돼버리면 안 됩니다. 공중도덕을 학교와 일관되게 지도한다는 점에서도 아이에게 양보하면 안 되는 부분입니다.

2. 땀 흘리는 일을 하라

『운동화 신은 뇌』에는 아침마다 헐떡거릴 정도로 달리기를 시킨 다음 성적이 눈에 띄게 향상된 미국 고등학교 사례가 나옵니다. 땀 흘릴 정도로 뛰고 달리는 것은 스마트폰과 멀어지는 가장 좋은 방법입니다. 부모님도 아이와 산책을 나갈 때는 스마트폰을 집에 두고 가세요. 걸려오는 전화를 못 받을까 염려하지 마세요. 아쉬운 전화는 다시 오게 돼 있습니다.

3. 구체적인 목표를 상기하라

아이 스스로 해야 할 일이 있는데도 하지 않고 있다는 걸 깨닫는 게 중요합니다. 부모가 지적하는 것보다 스스로 떠올리도록 돕는 게 좋습니다. "스마트폰 하지 말고 숙제부터 하라고 했지?" 하는 식으로 다그치는 것보다 "오늘까지 네가 해야 할 일이 뭐라고 했지?"라고 물어보세요.

4. 불만이 생길 수 있다는 걸 인정하라

디지털 기기의 강한 자극에 길들여진 아이가 하루아침에 책을 읽지는 않습니다. 참고 인내해야 하는 상황이 얼마든지 불만스럽고 짜증스러울 수 있습니다. 아이가 짜증낼 때 화내는 대신 "엄마가 스마트폰 못 하게 해서 짜증났구나. 그럴 수 있어. 괜찮아. 그렇지만 약속대로 엄마는 스마트폰을 허용하지 않을 거야. 어떻게 하면 좋을지 네가 먼저 말해 봐"라고 하세요. 아이가 울면서 스마트폰을 하고 싶다고 해도 흔들리면 안 됩니다. 원칙을 세웠으면 그대로 지켜야 원칙이 됩니다.

5. 욕구를 말로 표현하라

아이들은 유튜브를 보고 싶다고 말하는 대신 "아, 지루해. 진짜 심심하다"라고 말합니다. 이때 스마트폰을 내어주면 지도는 원점으로 돌아갑니다. 지루한 것도 견딜 수 있어야 한다고 말하세요.

지루하지만 유익한 일은 아이 삶에 아주 많습니다. 독서, 공부, 선생님 말씀, 글쓰기 모두 익숙해질 때까지는 지루합니다. 지루함을 디지털 기기로 해결하는 것은 "마시멜로를 먹고 싶은 대로 먹으렴"이라고 말하는 것과 똑같습니다. "지루하니? 그럼 다른 일을 찾아봐. 찾아내면 엄마한테도 말해 줘"라고 이야기하세요.

6. 스크린 타임 총량제를 실천하라

패드, 스마트폰, 컴퓨터, 텔레비전 등의 스크린을 들여다보는 시간을 스크린 타임(screen time)이라고 합니다. 아이들과 일주일치 스크린 타임 총량을 정해보세요. 일주일간 스크린 타임으로 쓸 시간을 정한 다음 어떻게 분배할지 스스로 계획하고 지키게 하세요.

예를 들어 스크린 타임으로 일주일에 10시간(월~목요일 1시간, 금요일 2시간, 토요일 4시간)을 쓰겠다고 하면 약속한 시간만큼 인터넷이든 유튜브든 허용해 줍니다. 아이가 시간 약속을 잘 지키면 총량을 줄여갑니다. 아이들은 시간 개념이 어른처럼 확실치 않아서 시간 총량을 조금씩 줄이면 체감하는 충격이 덜합니다.

가족이 함께 스크린 타임 총량제를 실천하면 더 많은 일을 함께할 수 있습니다. 가족들 각자 스마트폰을 들여다보거나 인터넷에만 빠져 있지 말고, 총량제에서 모은 시간으로 함께 이야기 나누고 산책하는 시간을 가져보세요.

예) 유진이네 스크린 타임 총량제

목표 시간	월	화	수	목	금	토	합계	반성
아빠 (10시간)	1시간	1시간	1시간	1시간	2시간	4시간	10시간	잘함
엄마 (11시간)	2시간	2시간	2시간	1시간	1시간	1시간	9시간	아주 잘함
언니 (7시간)	1시간							
나 (13시간)	2시간 반							
우리 가족 총량(41시간)	6시간 반							

예) 우리 가족 약속 : 이번 주 우리 가족 스크린 타임은 총 41시간이고, 다음 주 목표는 40시간입니다. 아낀 시간으로 가족이 함께 산책을 하겠습니다.

7. 유혹을 견뎌내면 함께 기뻐하라

약속대로 스크린 타임을 통제했다면 꼭 칭찬해 주세요. 스마트폰 대신 책을 폈다면 그 날은 고기반찬이라도 해주셔야 합니다. 아이가 스스로 통제했다는 건 앞으로 무슨 일이든 해낼 준비가 됐다는 뜻입니다. 몇 번 지도하고 알아서 잘하겠지 마음 놓아도 안 되지만, 아이가 보인 좋은 변화가 당연하다고 생각해도 안 됩니다. 기특하게 여기고 꾸준히 격려해 주세요.

어른도 스마트폰을 적절하게 통제하기 어렵습니다. 극단적인 사례지만 게임 중독에 빠진 이십 대 부부가 아기를 방치해서 굶겨 죽인 사례도 있습니다. 어른도 너무 재미있어서 손에서 못 놓는 스마트폰을 초등학생이 약속대로 껐다는 것은 대단한 발전입니다.

초등학생 자녀에게 독서를 하라고 말하고 싶다면 부모가 먼저 책을 펴야 합니다. 부모는 스마트폰을 보면서 아이에게 스마트폰을 보지 말라고 하면 아이는 말을 안 듣습니다. 제가 스마트폰을 보면 유진이는 진지한 표정으로 말합니다. "엄마 스마트폰 보니까 나도 간니닌니 볼래." 그 말을 들으면 저는 스마트폰을 얼른 덮습니다. 얼굴도 모르는 간니닌니 자매에게 질 수는 없으니까요.

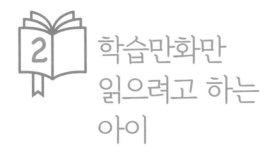

2 학습만화만 읽으려고 하는 아이

아이가 학습만화만 읽는다고 걱정하는 학부모들을 많이 보았습니다. 학습만화를 읽는 아이들에게 왜 읽는지 물어보면 하나같이 재미있어서 읽는다고 말합니다. 정말로 아이들은 학습만화가 재미있어서 읽을까요?

한 연구에서 초등학생들에게 학습만화를 읽는 이유를 물었습니다.[25] 초등학생들은 학습만화가 '지식과 상식에 도움을 주고'(52.1%) '재미있어서' (41.8%) 읽는다고 답했습니다. 일반 도서를 읽지 않는 이유로는 재미가 없고, 시간이 많이 걸리고, 글이 너무 많아서 귀찮다고 답했습니다. 아이들이 학습만화를 좋아하는 이유가 유익하고 재미있어서고, 상대적으로 일반 도서를 읽지 않는 이유는 재미가 없어서라는 것을 알 수 있습니다.

같은 연구에서 교과서식 자료와 학습만화의 학습 효과를 비교했습니다. 교과서식 자료와 만화식 자료를 주고 일정 시간이 지난 다음 얼마나 내용을 잘 기억하는지 비교한 것입니다.

놀랍게도 중학교 3학년, 고등학교 1학년, 초등학교 6학년 학생 모두 교과서식 자료를 읽은 쪽이 학습 효과가 더 좋았습니다.

이 연구에서 흥미로운 부분은 그다음입니다. 초등학생들이 평가한 심리적 학습 효과는 학습만화가 더 좋았습니다. 아이들은 스스로가 학습만화를 읽었을 때 더 많이 이해하고, 더 잘 알게 됐다고 생각한다는 뜻입니다. 진짜 학습은 학습만화보다 교과서식 자료가 효과적이었지만 재미를 중요하게 생각하는 아이들은 학습만화의 손을 들어준 것입니다.

아이들에게 재미는 너무나 중요한 동기입니다. 아이들은 컴퓨터 게임도 재미있어서 하고, 축구도 재미있어서 합니다. 책도 재미있어야 읽습니다. 아이들에게 가장 재미있는 책은 학습만화겠지요. 무작정 읽지 말라고 할 게 아니라 어떻게 활용할지 고민하는 것이 바람직합니다.

세계적인 외국어 교육학자 스티븐 크라센(Stephen Krashen)은 그의 책 『크라센의 읽기 혁명』에서 아이들이 흔하게 쓰는 단어와 흔하게 쓰지 않은 단어를 배우는 비율을 이야기합니다. 그의 연구에 따르면 오른쪽 표에서와 같이 아이들은 만화책(53.5%)을 읽으면 책(52.7%)만큼이나 흔하지 않은 단어를 배웠습니다. 반면 아이들이 주로 읽는 아동 도서에는 흔하지 않은 단어가 30.9% 쓰였습니다. 흔하지 않은 단어를 배우기 위해서라면 아동 도서보다 오히려 만화책이 더 효과적입니다.

크라센은 만화책이 줄글로 넘어가는 다리와 같다고 말합니다. 만화책을 활용하면 어려운 학습 내용을 쉽게 이해할 수 있고, 책을 싫어하는 아이가 책과 친해질 수 있다고도 합니다. 책 싫어하는 아이도 학습만화는 즐겨 읽습니다. 이 부분이 학습만화가 가진 최고의 장점입니다.

3학년을 담임할 때 반에 곤충을 좋아하는 학생이 있었습니다. 처음 들어보는 희한한 곤충 이름을 줄줄 읊기에 어디서 배웠냐고 물어보니까 아이가 책을 한 권 보여주었습니다. 그 유명한 'Why?' 학습만화 시리즈였습니다. 읽

	흔하게 쓰는 단어	흔하게 쓰지 않는 단어
어른이 아이에게 하는 말	95.6%	9.9%
성인이 성인에게 하는 말	93.9%	17.3%
텔레비전	94.0%	22.7%
아동 도서	**92.3%**	**30.9%**
만화책	**88.6%**	**53.5%**
신문	84.3%	68.3%
책	**88.4%**	**52.7%**

아이들이 흔하게 쓰는 단어와 흔하게 쓰지 않는 단어를 배우게 되는 비율

어보니 저도 재미있었습니다. '이래서 아이들이 좋아하는구나'라고 감탄했습니다.

같은 내용을 일반 도서로 읽었다면 어땠을까요. 읽다가 어려워서 중간에 포기했을 겁니다. 초등학생은 생각만큼 인내심이 많지 않습니다. 내용이 어려우면 책을 그대로 내려놓습니다. 그러나 내용이 어려워도 시각 자극을 적절하게 주면 아이는 눈길을 줍니다. 만화책은 이미지 위주라 어려운 내용도 상대적으로 쉽게 전달할 수 있습니다.

학습만화를 읽힐 때는 유익함과 재미를 모두 잡은 좋은 만화책을 찾는 것이 중요합니다. 좋은 책을 고르듯이 좋은 학습만화도 아이가 고를 수 있어야 합니다. 부모님이 아이와 함께 고르세요. 학습만화도 다른 책처럼 함께 읽고 이야기 나누는 식으로 독서 교육을 해야 합니다.

성연이가 어릴 때는 학습만화를 못 읽게 했습니다. 학교에서 학생들에게도 학습만화를 못 읽게 했습니다. 하지만 유진이는 학습만화를 읽습니다. 즐겨 읽는 시리즈가 있고 집에도 여러 권 있습니다. 유진이를 키울 때는 교실에서도 학습만화를 허용했습니다. 학습만화의 유익한 점을 살리고 독서 교

육을 잘하면 된다고 생각을 바꿨기 때문입니다.

다만 오로지 만화책만 읽지 않도록 단서를 달았습니다. 일반 도서 다섯 권을 읽으면 만화책 한 권을 읽는 식이었습니다. 이를 위해 독서 체크리스트를 만들어서 나눠줬고, 체크리스트 세로 한 줄을 채우면 학습만화도 한 권 읽을 수 있게 했습니다.

학습만화를 제대로 읽히려면 다음과 같은 방법을 사용하면 좋습니다.

첫째, 교과서로 공부한 다음 학습만화로 복습하게 하세요. 보통은 만화로 학습 내용을 익히면 된다고 생각하지만 거꾸로 할 것을 추천합니다. 우리 뇌는 쉽게 얻은 것은 쉽게 잊습니다. 학습 효과가 높은 교과서식 자료로 공부를 먼저 하고 같은 내용을 다룬 학습만화로 복습하면 살짝 어렵게 공부하고 쉽게 복습할 수 있어서 더 효과적이지요.

둘째, 읽은 다음 감상평을 나누세요. 좋은 동화책을 읽은 다음 책 이야기를 나누듯이 학습만화도 어떤 점이 유익했는지, 얻은 것은 무엇이고, 읽으면서 무슨 생각을 했는지 자세하게 이야기 나누세요. 그래야 학습만화에서도 귀하고 좋은 것을 찾아내면서 읽습니다.

셋째, 같은 주제를 다룬 일반 도서를 먼저 읽히세요. 예를 들어 드론에 관련된 학습만화를 읽고 싶어 하면 드론을 다룬 일반 도서를 먼저 읽게 합니다. 그다음 같은 주제를 다룬 동시집, 동화책, 위인전, 학습만화처럼 다양한 방식으로 표현한 책을 읽게 하는 확장형 독서를 하는 것입니다. 이렇게 다양한 갈래의 책들을 읽다 보면 학습만화에만 치우치지 않을 수 있습니다.

넷째, 재미를 위한 만화책 읽기도 꼭 나쁘지는 않습니다. 만화책도 종류가 다양합니다. 따뜻하고 아름다운 가치관을 담은 좋은 만화책도 많습니다. 오락형 독서가 나쁜 것은 아닙니다. 때로는 마음껏 만화책을 읽는 것도 괜찮습니다. 저는 만화 카페에 아이들과 같이 가서 몇 시간이고 만화만 읽기도 합니다.

성연이는 아침에 일어나면 웹툰을 봅니다. 매일 인터넷 포털 사이트에 새로 올라오는 웹툰을 훑은 다음에야 학교 갈 준비를 합니다. 그런데 저녁에는 『청소년 토지』를 읽습니다. 웹툰을 자주 본다고 쌓아둔 독서 능력이 어디로 가는 게 아니고, 필요하면 언제든지 책을 꺼내들 것을 알기 때문에 전처럼 잔소리하지 않습니다.

다만 학습만화를 시리즈째 사는 것은 말리고 싶습니다. 만화책이든 아니든 전집을 사는 것은 신중해야 합니다. 평소에 만화책만 많이 읽는 아이에게 시리즈로 된 학습만화를 쥐어준다면 일반 도서는 거들떠보지도 않을 겁니다. 세상 모든 것은 잘 쓰면 약이고, 잘못 쓰면 독입니다. 어떻게 쓸 것인지 많이 고민하고 아이에게 맞는 방법을 찾아야겠지요.

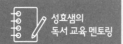

좋아하는 분야만 파는 아이, 책을 고르게 읽히고 싶다면

독서가 습관이 되려면 다양하게 많이 읽어야 합니다. 저는 학생들에게 독서 체크리스트를 만들어주었습니다. 독서 체크리스트를 쓰면 한 분야에 치우치던 독서에 균형이 잡힙니다. 습관이 되면 나중에는 체크리스트가 없어도 이것저것 가리지 않고 잘 읽습니다. 학습만화는 체크리스트 세로 한 줄을 다 채우면 한 권을 읽는 식으로 제한했습니다.

독서 체크리스트 지도하기

내 마음에 물을 주는 ○○이의 독서 체크리스트

동화(20원)	동시(200원)	학습만화(10원)	역사(100원)	위인전(50원)

준비물) 독서 체크리스트, 동그라미 스티커(지름 1cm)

1. 동그란 스티커에 10원, 50원, 100원, 200원이라고 씁니다.

2. 아이와 함께 분야마다 금액을 정합니다. 좋아하지 않는 분야는 높게, 좋아하는 분야는 낮게 매깁니다.

예 좋아하는 학습만화 – 10원

잘 안 읽는 역사책 – 100원

거들떠보지 않는 동시 – 200원

3. 한 장을 다 채워야 뒷장으로 넘어갑니다.

4. 일정 시간이 지나면 스티커를 돈으로 바꿉니다.

5. 모은 돈으로 아이와 서점 데이트를 합니다.

초등학교 3학년 건율이의 독서 체크리스트입니다. 어떤 책을 주로 읽는지 한눈에 들어옵니다. 체크리스트 덕분에 안 좋아하던 분야도 찾아서 읽게 됐지요. 건율이는 색이 있는 동그란 스티커에 날짜를 썼습니다.

내 마음에 물을 주는 서건율의 독서 체크리스트

동화		동시		과학		역사		위인전	
	7/25								7/17
6/23	7/8			7/14	7/14		7.23	7/7	7/17
6.13	6.13	7/8	7/7	7/14	7/9	5.16	6.17	6.16	6.15
5.21	5.29	5.30	7/7	5.22	5.26	5.16	5.25	5.21	5.27
5.17	5.22	5.5	5.30	5.20	5.26	5.15	5.25	5.20	5.22

독서 체크리스트는 뒤에서 소개하는 셀프 학습 체크리스트와 병행하면 효과가 더욱 큽니다. 독서량이 부족한 아이는 셀프 학습 체크리스트와 함께 지도하고, 한 분야 책만 읽어서 걱정이 되는 아이라면 독서 체크리스트만 활용해도 됩니다.

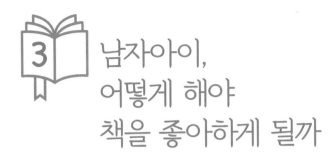

3 남자아이, 어떻게 해야 책을 좋아하게 될까

제가 딸만 둘이라고 하면 다들 부러워합니다. 아들만 둔 분은 더 그렇습니다. 학부모들에게 남자아이는 몸으로 노는 걸 좋아해서 한 자리에서 진득하게 책을 읽기 어렵다는 말도 자주 들었습니다. 정말 남자아이는 활동적이어서 책을 안 읽는 걸까요?

저는 활동적이지만 독서를 좋아하는 남학생을 많이 봤습니다. 반대로 내향적이지만 독서와 거리가 먼 여학생도 많이 봤습니다. 성별이나 성격이 평계가 될지는 몰라도 독서를 안 하는 직접적인 원인은 아닙니다. 관심을 갖고 지도하면 남학생 여학생 할 것 없이, 내향적이거나 외향적이거나 할 것 없이 누구나 책을 좋아하고 잘 읽습니다. 책 읽기는 성별이 아니라 습관의 문제입니다.

독서가 습관이 되면 엄마가 읽지 말라고 해도 읽습니다. 성연이는 어릴 때 책을 못 읽게 하면 이불에 숨어서 플래시를 켜놓고 읽었습니다. 유진이도 읽으라 안 해도 알아서 책을 읽습니다. 이미 독서가 습관이 됐으니까요.

남자아이에게 독서 습관을 들이려면 흥미 있는 책을 먼저 건네세요. 남자

아이는 모험담, 탐험 이야기, 탐정과 추리, 마법과 신화, 영웅 시리즈 등을 좋아합니다. 흥미로운 소재를 다룬 책이라면 남자아이도 책에 빠져듭니다. 실제로 역사 속 위인도 그러했습니다.

존 F. 케네디 대통령은 미국인에게 가장 존경받는 정치인 중 한 사람입니다. 그는 명연설가로 유명했지만 어릴 때는 책을 싫어했다고 합니다. 그런 케네디 대통령에게 어머니 로즈 케네디 여사가 『아서 왕과 원탁의 기사들』을 권했다고 합니다. 케네디 대통령은 아서 왕 이야기를 몹시 좋아해서 그다음부터 책에 푹 빠졌다고 합니다.

로즈 여사는 케네디 대통령을 포함해 아들 넷, 딸 다섯을 두었습니다. 아홉이나 되는 아이들을 기르면서도 로즈 여사는 아이들이 어릴 때부터 독서교육에 힘썼습니다. 책을 읽으면 반드시 경청하면서 토론하게 했고, 중요한 고전은 빠짐없이 읽도록 독서 리스트를 관리했다고 합니다. 다음은 로즈 여사가 아이들에게 읽힌 독서 리스트[26]입니다.

『아라비안 나이트』
『톰 아저씨의 오두막』
『시튼 동물기』
『신드바드의 모험』
『천로역정』
『아서 왕과 원탁의 기사들』
『보물섬』

로즈 여사의 독서 리스트에 남자아이가 좋아할 책이 많지요? 로즈 여사는 남자아이가 좋아할 만한 모험담과 영웅 이야기를 책을 싫어하는 어린 케네디 대통령에게 소개했던 것입니다. 그뿐 아니라 로즈 여사는 밖에서 노는 것을 유난히 좋아하는 어린 케네디 대통령과 함께 정원을 거닐면서 책 내용으로 퀴즈를 내거나 게임을 했다고 합니다. 책을 읽으라고 다그치기보다는 아이가 좋아하는 스타일로 같이 놀면서 독서에 자연스럽게 관심을 이끌어 주었던 겁니다.

독서 교육 전문가인 김은하 작가는 『독서교육, 어떻게 할까?』에서 남자아이가 좋아하는 책으로 다음과 같은 책을 꼽습니다. 챙겨서 읽히면 좋을 것 같아 소개합니다.

- 자신이 원하는 이미지와 역할 모델을 찾을 수 있는 남성이 주인공인 책
- 동일한 등장인물과 비슷한 이야기 전개 방식으로, 익숙하고 독해하기 편안한 시리즈물
- 남자아이 특유의 유머와 엉뚱함, 말썽이 들어가 있는 이야기책
- 감정보다는 행위 묘사에 초점을 둔 이야기책
- 사진이나 그림, 도표, 그래프, 만화 등 시각적 요소가 곁들여진 책
- 남자아이가 친구와 대화에 활용할 수 있는 전문가적 지식이 간결하게 제시된 책
- 서로 다른 관점이 대치하는 논쟁적 주제를 담은 책
- 잡지, 만화, 카드, 매뉴얼, 웹사이트 등 학교에서 진지한 독서로 여기지 않는 책
- 공상과학소설이나 판타지 분야 책
- 문제해결에 초점을 맞춘 추리물
- 비판과 해학이 담긴 책

남자아이 독서 교육에서 흥미 다음으로 중요한 것은 '역할 모델'입니다. 아이 곁에 책을 즐겨 읽고 함께 읽는 사람이 있어야 한다는 뜻입니다. 심리학자들은 남자아이는 어릴 때는 아버지를 닮고 싶어 하고 커서는 영웅을 닮고 싶어 한다고 말합니다. 영웅담이 남자아이에게 특별히 인기 있는 것도 영웅이 아이에겐 역할 모델이기 때문입니다. 독서 교육에서도 곁에서 책을 읽어주는 모델이 꼭 필요합니다.

케네디 대통령에게는 아버지 조지프 케네디가 있었습니다. 조지프 케네디는 루스벨트 대통령 후원회장과 영국 주재 미국 대사를 지낼 정도로 매우 바빴지만 매일 밤 아이들에게 책을 읽어줬다고 합니다. 책을 좋아하고 자주 읽어주는 역할 모델이 있었기 때문에 케네디 대통령은 책을 가까이 하면서 자랐습니다.

남자아이라면 아버지가 곁에서 책을 읽어주는 게 무척 중요합니다. 남자아이에게 가장 닮고 싶은 모델은 아버지이니까요. 아버지가 부드럽고 따뜻하게 아이를 안고 자주 책을 읽어준다면 남자아이도 책을 사랑하는 아이로 자랄 것입니다.

책을 안 읽는 남자아이에게 책을 권할 때는 좋아하는 분야와 관련된 책을 주세요. 아이가 곤충을 좋아하면 곤충 책이나 곤충을 연구한 위인 이야기, 곤충이 주인공인 동화책, 곤충을 소재로 쓴 동시집 등을 읽게 합니다. 아이가 책과 친해지면 서서히 다른 분야로 관심을 넓혀갑니다.

전에 야구를 좋아하는 남자아이를 가르친 적이 있습니다. 책은 한 권도 안 읽는데, 야구는 어찌나 좋아하는지 야구공 실밥 개수가 몇 개인지 알 정도였습니다. 야구를 너무 좋아해서 야구와 관련된 것은 모조리 외웠다고 하더군요.

아이에게 야구 선수 장훈에 대한 이야기 책을 추천했습니다. 아이는 책이

너덜너덜해질 때까지 몇 번이고 읽었습니다. 아이는 이어서 베이브 루스 이야기를 읽었고, 박찬호 선수 이야기도 읽었습니다. 그렇게 야구에 관련된 책을 찾아서 읽더니, 나중에는 스포츠 분야 책을 읽기 시작했고 책과 친해진 다음에는 다른 분야 책도 읽었습니다.

남자아이 중에는 독서가 여성스러운 일이라고 생각하는 아이도 더러 있습니다. 남자답지 못한 일이라고 생각해서 책 읽기를 싫어하는 경우는 편견을 깰 필요가 있습니다. 저는 그런 남학생에게는 위인전을 읽혔습니다. 위대한 인물 가운데 책을 좋아한 남성 위인은 아주 많으니까요. 아이에게 책을 좋아한 남성 위인을 소개해서 책을 읽는 일이 결코 여성스러운 일이 아니라는 것을 가르쳐주세요.

남자아이를 위한
독서 습관 기르기

1. 게임 친구 말고 책 친구 만들기

아이들이 하는 게임은 대부분 일정 시간 노력하면 레벨이 올라가거나 아이템을 얻습니다. 일종의 보상이 주어지는 겁니다. 여기에 함께 게임하는 친구까지 있으면 더 큰 보상이 됩니다. 아이들이 게임을 좋아하는 데에는 이런 심리적인 측면이 강합니다.

저는 책을 안 읽는 학생에게는 책 친구를 붙여주었습니다. 책을 안 읽던 아이도 친구를 따라서 책을 많이 읽었습니다. 함께 도서관 가기, 친구와 같은 책 읽기, 책 바꿔 읽기, 책 퀴즈하기, 누가 많이 읽나 내기하기 등 친구와 함께 책을 읽도록 해주세요.

2. 매일 같은 시간에 같은 분량 읽기

좋은 습관 하나가 백 마디 잔소리보다 낫습니다. 독서가 습관이 되려면 같은 시간에 같은 장소에서 같은 분량을 읽는 게 좋습니다. 습관이 되면 책 읽을 시간에 몸이 먼저 움직입니다.

냉장고에 달력을 붙이세요. 정한 시간에 정한 만큼 책을 읽으면 아이 이름을 새긴 예쁜 도장을 스스로 달력에 찍게 합니다. 첫 주에는 도장 세 개, 그다음 주는 네 개, 그다음 주는 다섯 개를 목표로 서서히 늘리도록 격려하세요. 독서가 습관이 됩니다.

3. 책 한 권 완독하기

완독보다 뿌듯한 독서 경험이 또 있을까요. 책을 잘 읽지 않는 아이라도 책 한 권을 다 읽었다는 기쁨을 맛보면 책에 흥미를 갖습니다. 쉽고 어렵지 않은 책을 완독하게 하세요. 같은 시간에, 같은 분량을, 꾸준히 같은 장소에서 완독하는 경험을 자꾸 맛보게 하는 겁니다. 처음 습관을 갖게 할 때는 작은 성취도 큰 동기 부여가 된답니다.

4 책 좋아하는 아이로 키우는 우리 집 북 카페 만들기

"**당**신이 16세 때 집에 책이 몇 권 있었나요?"
2011년에서 2015년 사이 OECD가 31개국 성인 16만 명을 대상으로 조사한 국제성인역량조사(PIAAC)의 한 설문입니다. 이 설문에서 교과서나 참고서, 신문, 잡지는 책에 해당하지 않습니다. 16세 때 책이 집에 몇 권 있었는지가 성인 역량과 무슨 상관이 있을까 싶겠지만 연구 결과, 깊은 관련이 있었습니다.

OECD 국가 평균 도서 보유량은 115권이었습니다. 에스토니아가 가구당 평균 218권으로 가장 많았고, 노르웨이, 스웨덴, 체코가 뒤를 이어 200권 이상이었습니다. 한국은 91권으로 집에 책이 적은 여섯 번째 나라였습니다.

2018년 《소셜 사이언스 리서치(*Social Science Research*)》는 청소년기에 책에 노출되는 것이 언어 능력, 수리 능력, 기술 문제해결 능력에 얼마나 영향을 미치는지 연구했습니다. 연구에 따르면 65권까지는 인지 능력이 가파르게 상승했고, 대략 350권이 넘어가면 영향이 없었습니다. 집에 책이 많은 것이 고소득층 가정이거나 고학력 가정일 거라고 생각할 수 있겠지만 이 연구는 이런 요인들을 모두 제거한 다음 얻은 결과입니다.[27] 아이가 자랄 때 집에 책이 아주 많을 필요는 없지만 아주 없어서도 안 되겠죠.

2012년에 선생님들과 함께 핀란드에 연수를 다녀왔습니다. 핀란드에서 가장 인상 깊었던 것은 다름 아닌 국립 어린이 도서관이었습니다. 어른 도서관 저리 가라 할 정도로 많은 책이 아이들을 위해 구비돼 있었습니다. 핀란드는 가정의 책 보유량도 평균 162권으로 우리나라보다 두 배 가까이 많습니다. 도서관에서 편하게 누워 책을 읽던 핀란드 아이들의 푸른 눈동자가 지금도 눈에 선합니다.

책을 좋아하는 아이가 되려면 어릴 때부터 책이 곁에 있어야 합니다. 가장 친근한 장난감이자 놀이, 그리고 친구일 때 아이가 책을 진심으로 사랑하게 됩니다. 아이가 좋아하는 책으로 주변을 꾸미고 갖고 놀 수 있도록 집에 작은 북 카페를 꾸며주세요. 아이들의 꿈이 북 카페에서 함께 자랄 겁니다.

우리 집 북 카페 만들기

1. '최고의 문장 나뭇잎'으로 북 카페 꾸미기

준비물 여러 색깔 종이, 사인펜, 가위, 펀치, 털실, 굵은 나뭇가지 등

① 굵은 나뭇가지를 벽에 고정합니다. 나뭇가지가 없으면 나뭇가지 모양으로 종이를 오려서 붙여도 됩니다.

② 여러 색깔 종이를 가로세로 15cm로 오립니다.

③ 오린 종이를 대각선으로 접습니다.

④ 대각선으로 접은 종이를 나뭇잎 모양으로 오립니다.

⑤ 나뭇잎에 펀치로 구멍을 뚫습니다.

⑥ 책에서 가장 인상 깊었던 문장을 나뭇잎에 씁니다. 왜 그 문장을 골랐는지 함께 이야기합니다.

⑦ 나뭇잎에 털실을 묶어서 준비한 나뭇가지에 달아줍니다.

⑧ 우리 집 책 나무가 완성됩니다.

2. 한 달에 한 번 열리는 '우리 집 북 카페'

[준비물] 두꺼운 종이, 사인펜, 동화책 여러 권 등

① **메뉴판 만들기** 집에 있는 다양한 책으로 책 메뉴판을 만듭니다.

② **웨이터 되기** 아이가 깔끔하게 옷을 차려입고 웨이터가 됩니다.

③ **책 주문하기** 가족들이 북 카페에서 책을 주문합니다.

④ **음료 서비스하기** 주스와 책을 아이가 서빙합니다.

⑤ **주문한 책 읽어주기** 주문한 책을 아이가 직접 가족에게 읽어줍니다.

⑥ **돈 지불하기** 메뉴판에 적힌 대로 돈을 지불합니다.

⑦ **책 사기** 북 카페를 운영한 수익으로 서점에서 읽고 싶었던 책을 삽니다.

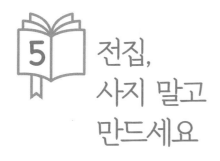

5 전집, 사지 말고 만드세요

연령이 같아도 아이들의 발달 속도가 저마다 다르듯 독서 능력도 천차만별입니다. 독해 능력이 쑥쑥 성장하는 아이가 있는가 하면 서서히 올라가는 아이도 있고, 그림책이 잘 맞는 아이가 있는가 하면 학습만화가 좋은 아이도 있고, 책을 술술 읽고 이해하는 아이가 있는가 하면 좀처럼 책 읽기가 어려워 어른이 곁에서 도와야 하는 아이도 있습니다.

독서 수준이 아이마다 다르기 때문에 연령별 추천 도서나 필독 도서 목록에 크게 연연하지 않아도 됩니다. 다른 아이에겐 그 책이 꼭 필요할지 몰라도 내 아이는 아닐 수 있으니까요. 필독 도서나 추천 도서는 참고만 하는 게 좋습니다.

수백 번씩 읽어야 할 좋은 책은 소장하는 게 좋습니다. 열 번 미만으로 읽을 거라면 빌려서 읽는 것이 좋습니다. 요즘은 학교 도서관도 매년 책을 새로 구입하기 때문에 질 좋은 새 책이 많이 들어옵니다.

전집은 한 번에 많은 책을 싸게 구입한다는 점이 매력적이긴 하지만 사놓고 읽지 않는 책도 많습니다. 그보다 가정에서 직접 아이와 함께 나만의 전집 시리즈를 만들어보는 것을 추천합니다.

처칠, 케네디, 루스벨트, 카네기 가문 등은 세계 명문가로 손꼽힙니다. 이들은 자녀가 어릴 때 꼭 읽어야 할 책을 독서 리스트로 만들어서 읽혔습니다. 처칠가에서는 『로마제국 쇠망사』를 제1필독서로 꼽았습니다. 케네디가에서는 『보물섬』, 『아서 왕과 원탁의 기사들』 등을, 루스벨트가에서는 『크리스마스 캐럴』, 『대위의 딸』 등을, 카네기가에서는 『전쟁과 평화』 등을 자녀들이 어릴 때 읽게 했습니다.

일반 가정에서도 얼마든지 시도할 수 있습니다. 아이와 함께 나만의 전집을 만들어보세요. 돈을 주고 책을 많이 사지 않아도 됩니다. 집에 있는 책 가운데 아이가 특별히 아끼고 사랑하는 책을 모아서 전집을 만들면 됩니다.

나만의 전집 만들기

준비물 지름 1cm 동그라미 색색 스티커, 네임 스티커 50장

1. 아이가 평소 잘 읽는 책을 고릅니다.

2. 고른 책 표지에 같은 색깔 동그라미 스티커를 붙입니다.

3. 책 표지 오른쪽 상단에 아이 이름이 쓰인 네임 스티커를 붙입니다.

4. 책 제목과 분야를 적은 독서 리스트를 아이와 함께 만듭니다.

5. 아이가 꼭 읽어야 할 책을 독서 리스트에 추가합니다.

순위	책 제목	분야	주제
1	아라비안 나이트	동화	모험
2	톰 소여의 모험	동화	모험
3	어린 왕자	그림 동화	교훈
4	꽃들에게 희망을	그림 동화	교훈
5	천로역정	소설	종교
⋮			

6. 70%는 아이가 좋아하는 책으로, 30%는 읽지 않았지만 꼭 읽어야 할 책으로 독서 리스트를 채웁니다.

7. 전집 제목을 멋지게 붙입니다.

예 유진이가 뽑은 내 인생의 책 50권

8. 독서 리스트에 뽑힌 책은 잘 보이는 곳에 꽂아둡니다.

9. 독서 리스트의 책을 꼼꼼하게 다시 읽게 합니다.

10. 전집을 다 읽으면 독서 리스트를 다시 만듭니다.

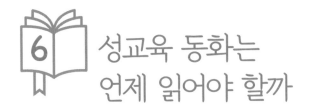

성교육 동화는
언제 읽어야 할까

전래동화 『단 방귀 장수』 이야기를 아시나요. 착한 사람은 향기 나는 방귀를 팔아서 부자가 되고 나쁜 사람은 냄새가 지독한 똥 방귀를 뀌어 동네에서 쫓겨났다는 이야기입니다. 이 책은 성연이도 좋아했고 유진이도 좋아했고 저희 반 학생들도 좋아했습니다. 저는 교실에서 똥 이야기책만 골라서 읽는 아이도 보았습니다. 어른이 보기엔 지저분할지 몰라도 아이에게 똥과 방귀는 삶과 가장 가까운 이야깃거리입니다.

아이가 몸에 관심을 가질 때가 성교육 동화를 읽기에 좋은 때입니다. 유진이는 표지가 너덜너덜해질 때까지 몇 번이고 똑같은 성교육 동화를 읽었습니다. 12살 여자 아이가 초경을 하는 이야기인데 엄마는 언제 했냐, 아프진 않았냐, 이것저것 물어보면서 열심히 읽었습니다.

성교육은 수학, 영어만큼이나 중요합니다. 전에 학부모 한 분이 4학년 딸아이와 함께 영화 〈맘마미아〉를 본 이야기를 들려주었습니다. 아이가 영화에서 섹스라는 말이 나오자 큰 소리로 묻더랍니다.

"엄마, 섹스가 뭐야?"

사람들이 일제히 쳐다보는 바람에 엄마가 고개를 못 들었다고 하더군요. 이 아이는 영어가 아주 유창했지만 학원과 학교에서 배우는 영어에서는 섹스라는 말이 나오지 않습니다. 아이는 배운 적이 없어서 모르는 단어였습니다.

같은 질문을 유진이도 극장에서 똑같이 한 적이 있습니다. 저는 당황하지 않고 말했습니다.

"뭐긴 뭐야, 남자와 여자가 성관계하는 거지. 집에서 배웠잖아?"

이때 제가 우물쭈물했으면 유진이는 엄마에게 부끄럽고 대답하기 곤란한 것을 물어봤다고 생각했겠지요. 성은 명확하게 설명하지 않으면 꼬리에 꼬리를 무는 식으로 질문만 많아집니다.

"아기는 어떻게 태어나요?"

"아기는 엄마와 아빠가 서로 사랑해서 태어나지."

"서로 사랑하면 어떻게 아기가 돼요?"

"아빠 정자와 엄마 난자가 만나서 아기가 되지."

"그럼 정자와 난자는 어떻게 만나요?"

"……?"

이렇게 추상적인 답보다는 친절하고 부드러우면서도 명확하게 설명하는 게 좋습니다.

저는 고학년을 담임할 때 성교육을 제대로 받은 학생을 거의 못 봤습니다. 학교나 가정만 그런 게 아닙니다. 최근 교육부에서 나온 성폭력 대처 방법이 시대에 한참 뒤떨어진 것을 언론이 지적한 사례도 있습니다.

교육부의 성폭력 대처법

- 이성친구와 단둘이 집에 있을 때: 단둘이 있는 상황을 만들지 않는다.
- 친구들끼리 여행을 갔을 때: 친구들끼리 여행을 가지 않는다.

- 채팅 중 직접 보고 싶다며 만남을 제안할 때: 낯선 사람과 채팅은 가급적 삼간다.
- 남성 우월적이거나 공격적인 남성과는 데이트하지 않는다.
- 성관계를 갖겠다는 생각이 없으면 함께 숙박업소에 가지 않는다.
- 집으로 돌아오는 길을 모르는 곳에서 데이트하지 않는다.

출처: 〈학교 성교육 표준안〉, 교육부

직접 설명하기 어렵다면 책으로 가르쳐도 됩니다. 제가 본 성교육 동화 가운데에는 덴마크에서 아이들에게 가르친다는 그림책이 가장 좋았습니다. 심리 치료사이자 성 연구가인 페르 홀름 크누센(Per Holm Knudsen) 작가의 책으로, 한국에서는 『아기는 어떻게 태어날까?』로 번역 출간되었습니다.

대상이 유치원 아이인 만큼 글자는 몇 줄 없고 그림도 큼지막합니다. 남녀 성관계부터 태아가 성장하고 출산하기까지를 그림으로 표현했습니다. 저는 이 책으로 성연이와 유진이에게 성교육을 했습니다.

이 책에는 남녀 사이의 성관계는 물론이고 출산 과정까지 매우 적나라하게 나와 있습니다. 우리에겐 다소 충격적일지 모르지만 덴마크와 세계 여러 나라에선 그저 당연한 교육과정의 일부일 뿐입니다.

우리나라에서는 선행 학습까지 시켜가며 수학, 영어는 열심히 가르치지만 정작 성과 관련된 것은 가르치지 않습니다. 지금 대한민국에서 성교육은 누가 대신 해주면 좋겠고, 가르치기 난감하기만 한 것입니다. 아이들은 이미 유튜브나 인터넷에서 몇 번만 클릭해도 성인물을 찾아볼 수 있는데 말입니다.

부끄럽고 낯선 것일 때 성은 그늘로 숨습니다. 우리 사회에서 일어나는 수많은 성범죄들이 여성과 아동을 대상으로 합니다. 몰래 훔쳐보기, 음란물,

성희롱, 성적인 농담처럼 잘못된 성 문화와 성범죄는 우리 사회를 병약하게 만듭니다.

그릇된 성 문화는 양성 모두 존중받는 민주적인 사회에선 만들어지지 않습니다. 성교육도 인권 교육과 맞물린 교육이어야 자신의 몸과 남의 몸을 똑같이 소중하게 여깁니다. 성교육은 아이들이 어릴 때부터 인권 교육과 함께해야 하고 몸과 마음을 소중하고 따뜻하게 여길 수 있도록 부드럽게 가르쳐야 합니다. 성교육 동화는 부모와 아이가 함께 읽고 궁금한 것을 가르치는 식으로 접근하는 게 좋습니다.

최근 학부모 대상 강의를 할 때 어떤 학부모님이 아이가 성에 호기심이 없는데도 굳이 성교육을 해야 하는지 물어보셨습니다. 저는 성교육은 아이가 컸든 어리든 할 것 없이 가정과 학교에서 꼭 해야 하는 일이라고 대답했습니다. 아이들이 자칫 인터넷에 무분별하게 돌아다니는 성인물을 보면서 성에 잘못 눈 뜰 수 있다는 점에서도 그렇습니다.

『단 방귀 장수』 동화를 읽어주듯 성교육 동화도 읽어주세요. 성교육은 어렵고 쑥스러운 게 아닙니다. 아이에게 심장을 설명할 때 부끄럽지 않듯이 성기를 설명할 때도 부끄럽지 않으면 됩니다. 성은 귀한 것이어야지, 부끄러워서 숨기는 것이어선 안 됩니다. 몸이 하는 말은 언제나 소중합니다.

성교육 동화책, 어떻게 읽힐까?

성교육은 영역이 상당히 넓습니다. 임신과 출산에 관련된 것만 성교육이 아닙니다. 우리 몸의 변화, 사춘기, 이성 친구, 성관계와 피임, 임신과 출산 모두 아이가 공부하고 배워야 할 성교육 내용입니다.

1. 구체적이고 명확한 책을 고르세요

성교육을 위한 책이라면 구체적이고 명확해야 합니다. 물이 아름다운 생각을 하면 비가 된다는 식으로 추상적인 책이라면 별 도움이 안 됩니다. 엄마가 직접 고르는 게 좋습니다.

2. 상황에 따른 대응 능력을 길러주세요

성폭력이 발생할 수 있는 상황별로 행동 요령을 배우는 것도 중요합니다. 아이들은 위기 상황에서 저항할 능력이 없습니다. 주변 어른에게 아이가 직접 도와달라고 요청할 수 있어야 합니다. 평소에 연습해 두지 않으면 낯선 상황에서는 대처하기가 더욱 어렵겠지요. 책에 나오는 상황극으로 아이와 함께 연습하세요.

3. 책에 나온 내용은 한 번 더 꼼꼼하게 가르치세요

아이가 꼭 알아야 할 내용은 책을 읽은 다음 엄마가 한 번 더 가르치세요. 학습지가 있으면 학습지로 확인하고, 학습지가 없으면 엄마가 내용을 물어보고 아이가 답하게 하세요. 저는 남녀 성기, 생리대 착용법, 피임 방법과 피임 도구, 성희롱과 성폭력, 음란물이 무엇이고 왜 유해한지 집에서 두 딸에게 직접 가르쳤고 심지어 쪽지 시험까지 봤습니다.

4. 자신의 말로 설명할 수 있어야 배운 것입니다

아이가 책에 나오는 내용을 자신의 말로 설명할 수 있을 때까지 가르치세요. 정확하게 안다는 것은 내가 다른 사람에게 가르칠 수 있다는 것이기도 합니다. 유진이는 학교에서 친구가 초경을 해 당황하자 친구를 화장실에 데려가 생리대 착용하는 법을 알려주고 도와줬답니다.

5장

독서 수준별 솔루션 4단계

깊이 읽기

1 동화책을 많이 읽은 아이, 왜 교과서 읽기는 어려워할까

아이들은 어릴 때 동화의 세계에서 자랍니다. 동화책을 읽으면서 마녀가 끓이는 수프 냄새를 상상하고 해적과 신나는 싸움을 벌이죠. 동화에 빠져 살던 아이가 학교에 가면 전혀 새로운 책을 만납니다. 이 책은 토론과 토의, 정보와 설득, 맞춤법과 문장 구조 같은 생소한 내용을 다룹니다. 모든 아이가 똑같이 읽어야 하고, 다 읽은 다음에는 일정 수준에 도달하길 기대하는 책, 바로 교과서입니다.

초등학교 5학년이 넘어가면서부터는 국어가 어렵다고 말하는 아이들이 많습니다. 5, 6학년군 교과서를 보면 아이들의 고민을 이해하실 겁니다. 5학년 1학기 1단원은 9쪽 분량 글을 읽고 인물이 왜 그런 생각을 했는지 2차시(80분) 만에 이해해야 합니다.

동화를 배울 때는 사정이 그나마 조금 낫습니다. 교과서에는 낯선 정보를 전달하는 글이나 생소한 주제를 다룬 글도 많습니다. '벌레잡이풀과 통발'처럼 낯선 식물을 비교하면서 공통점과 차이점을 찾게 하거나 몽돌이라는 생소한 주제를 다룬 시를 읽고 평을 해야 합니다. 아이들은 이런 글 앞에서 고개를 갸우뚱거립니다.

우리가 읽는 글은 크게 문학적 글과 비문학적 글 두 가지로 장르를 나눕니다.[28] 장르마다 구조가 다름을 아는 것을 텍스트 구조 지식이라고 합니다. 텍스트 구조 지식은 글을 읽을 때 큰 도움을 줍니다. 우리가 글을 읽을 때 어떤 글은 전략적으로 훑어 읽는가 하면 어떤 글은 깊이 음미하듯이 읽는 것도 장르에 따라 읽기 방식을 달리하기 때문입니다.

글의 장르는 수필, 소설, 동화 같은 이야기체의 문학적 글과 정보 전달을 위한 비문학적 글로 나뉩니다. 이야기체 글은 발단, 전개, 위기(절정), 결말이라는 흐름을 띱니다. 아이들이 자주 읽는 동화책이 그렇습니다. 정보체 글은 서론, 본론, 결론 형식을 띱니다.

자주 사용되는 어휘나 용어도 다릅니다. 일상적이고 쉬운 어휘로 쉽게 이야기를 풀어가는 문학적 글과 달리 정보체 글은 개념과 원리를 이해하는 데 목적을 두기 때문에 자주 볼 수 없는 낯선 용어가 나옵니다. 아이들이 학교에서 배우는 사회, 과학, 역사 교과서가 설명하는 정보와 개념 전달 등이 대표적인 비문학적인 정보체 글입니다.

다음은 문학적 글과 비문학적 글의 예시입니다.

문학적 글

……소녀는 소년이 개울둑에 앉아 있는 걸 아는지 모르는지 그냥 날쌔게 물만 움켜낸다. 그러나, 번번이 허탕이다. 그대로 재미있는 양, 자꾸 물만 움킨다. 어제처럼 개울을 건너는 사람이 있어야 길을 비킬 모양이다. 그러다가 소녀가 물속에서 무엇을 하나 집어낸다. 하얀 조약돌이었다.

—황순원, 『소나기』 중에서

비문학적 글

자연환경은 크게 지형과 기후로 나눌 수 있습니다. 지형은 산지, 평야, 해안 등으로 다양하게 나타나고, 기후는 강수량과 기온 등에 의해 기후대가 형성됩니다. (중략) 기후는 집 모양에 영향을 줍니다. 비가 거의 오지 않는 지역에서는 지붕이 평평하고, 눈이 많이 오는 지역에서는 눈의 무게가 지붕을 누르지 않고 쉽게 지면으로 떨어질 수 있도록 지붕이 급경사를 이루게 만듭니다.

—구정화, 『통합사회 교과서와 함께 읽기 1』 중에서

아이들은 어릴 때 문학적 글을 자주 경험합니다. 정보체 글은 상대적으로 경험할 일이 적습니다. 아이들로서는 교과서 글 가운데 정보를 다루는 글이 낯설 수밖에 없습니다. 정보체 글은 설명, 인과, 문제와 해결, 비교와 대조, 설득과 논설로 나눌 수 있습니다. 문학적 글과 달리 구조가 간결하고 관용 표현이 드뭅니다. 동화책만 읽었다면 정보체 글도 읽어서 균형을 맞출 필요가 있습니다. 교과서는 문학체 글과 비문학체 글 모두 고르게 실려 있으니까요.

국어 교과서는 긴 텍스트 그대로 문학체 글을 다룹니다. 고학년 아이들이 배우는 국어 교과서에는 10쪽 넘는 이야기체 글도 많습니다. 평소 책을 많이 읽지 않는 아이들은 길이에 먼저 질려 합니다. 상대적으로 정보체 글은 분량이 짧고 간결합니다. 정보체 글에 맞는 읽기 전략을 알고 나면 배우기도 쉽습니다. 장르에 따른 읽기 전략을 가르치고 정보체 글에도 익숙해지도록 자료를 다양하게 읽게 하면 독해 경험이 풍부한 아이들은 교과서 글에도 금방 적응합니다.

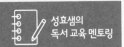

교과서가 쉬워지는 다섯 가지 읽기 전략

구체적인 읽기 전략(reading strategies)을 가르치면 교과서에 나오는 다양한 장르의 글을 읽을 때도 독해가 쉽습니다.

초등학교 국어 교과서에 실렸던 「벌레잡이풀과 통발」은 정보체 글입니다. 이 글에서는 "통발은 연못이나 개울 등 물에 떠다니며 살고, 가느다란 줄기에 좁쌀과 같이 작은 공기 주머니가 붙어 있다"는 '정보'를 전달합니다. 또한 이 주머니는 보통 때는 닫혀 있지만 작은 벌레가 닿으면 갑자기 문이 열리면서 진공청소기처럼 벌레를 빨아들인다고 합니다. 뚜껑이 닫히면 벌레는 질식해서 죽게 되고요.

이 내용을 예시로 구체적인 읽기 전략을 소개합니다.

1. 예측하기

책을 읽으면서 다음에 무슨 내용이 나올지 미리 추측하는 것입니다. 책을 읽다가 중간에 멈추고 다음 일을 생각해 보게 하거나 제목을 보고 글의 내용을 예측하게 합니다. 관련 배경지식을 끌어내거나 과거 경험과 관련지어 생각하게 하세요.

- '벌레잡이풀'이라는 제목을 보니까 무엇이 생각나니?
- 벌레가 질식해서 죽은 다음에 어떤 일이 일어날 것 같니?
- 전에 벌레잡이풀을 본 적 있니?
- 벌레잡이풀과 비슷한 것으로는 무엇이 또 있을까?

2. 의문 제기하기

아이 스스로 읽는 내용을 묻고 답하는 것입니다. 질문에는 글의 내용을 직접 묻는 표면 질문과 글의 내용을 바탕으로 글에 직접 나와 있지 않은 것을 추측해서 대답하는 유추 질문을 모두 포함합니다.

- 표면 질문: 통발은 어떤 식으로 살아가지?
- 유추 질문: 만약 뚜껑이 닫히지 않으면 벌레는 어떻게 될까?

3. 시각화하기

아이가 글을 읽으면서 머릿속으로 그림을 그리는 것을 말합니다. 학자들은 능숙한 독자는 시각화를 자동으로 한다고 말합니다. 그렇지 않은 아이는 문장을 읽어주면서 머리로 그림 그리는 일을 도와주는 게 좋습니다.

- 진공청소기가 어떻게 생겼는지 떠올려보자. 눈을 감고 머리로 그림을 그려보렴. 그 진공청소기가 쓰레기를 빨아들이는 걸 상상해 봐.
- 통발은 어떻게 생겼지? 머리로 통발을 그려봐. 통발 끝에 작은 벌레가 닿았다고 상상해 보자. 이제 통발이 벌레를 확 빨아들이는 걸 머리로 그려보렴.

4. 요약하기

읽은 내용을 짧게 정리하는 것입니다. 요약은 내용을 더 깊이 이해하도록 도와줍니다.

- 통발이 어떤 식으로 벌레를 잡는지 말로 설명해 보렴.

5. 이해 여부 모니터링하기

읽는 내용을 잘 이해하는지 스스로 점검하는 과정입니다. 만약 잘 이해하지 못한다면 앞으로 되돌아가서 다시 읽거나 천천히 읽는 식으로 스스로 피드백합니다.

- 통발이 무슨 뜻인지 잘 모르면 그 부분만 소리 내서 다시 읽어봐.
- 읽으면서 어떤 부분이 이해가 안 됐지? 그 부분을 천천히 읽어보렴.

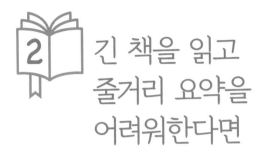

2 긴 책을 읽고 줄거리 요약을 어려워한다면

앞에서 장르에 따라 우리가 읽는 글이 문학적 글과 비문학적 글로 나뉜다는 걸 살펴보았습니다. 문학적 글은 우리가 잘 아는 이야기체 글을 말합니다. 이야기체 글은 발단, 전개, 위기(절정), 결말이라는 일정한 흐름을 띱니다.

발단에서는 배경을 설명하고 주인공을 소개합니다. 전개에서는 주인공을 중심으로 사건이 벌어집니다. 위기나 절정에서는 갈등과 문제해결을 위한 노력 등을 다루고, 결말에서는 이야기가 마무리됩니다. 우리가 아는 이야기체 글은 대부분 이 흐름을 따릅니다.

아이들이 좋아하는 『마당을 나온 암탉』을 살펴볼까요. 발단에서는 이야기가 벌어지는 배경으로 마당을 묘사합니다. 주인공인 암탉 잎싹이도 등장합니다. 전개에서는 잎싹이가 마당을 나오고 초록이를 키우는 과정이 나옵니다. 그다음은 자라면서 정체성을 찾는 초록이가 잎싹이와 갈등하고, 초록이가 붙잡히는 사건들을 겪으면서 주인공들은 위기와 절정을 맞습니다. 그리고 자신처럼 새끼들을 키우느라 다른 동물을 잡아먹던 족제비에게 잎싹이가 자신을 내어주면서 이야기가 끝이 납니다.

　이야기체 글을 떠올려보세요. 이야기체 글 대부분이 같은 흐름을 띤다는 것을 쉽게 이해할 수 있을 겁니다. 우리가 잘 아는 대하소설 『토지』도 그렇고, 『칼의 노래』도 그렇습니다. 문학적 글이 갖는 이런 독특한 구조를 이해하면 독해가 훨씬 쉽습니다.

　이야기체 글은 이 흐름대로 단계를 따라가면서 요약하면 아무리 긴 책이어도 줄거리를 뽑아낼 수 있습니다. 몇 번 연습하면 어렵지 않습니다. 아이들이 좋아하는 『해리 포터와 마법사의 돌』로 줄거리를 요약해 보겠습니다.

1. **등장인물**: 해리 포터, 론, 헤르미온느, 볼드모트, 덤블도어 등

2. **장소(공간적 배경)**: 영국 호그와트 마법 학교

3. **시간(시간적 배경)**: 해리 포터가 열한 살이었을 때

4. **발단(처음 일어난 사건)**

① 해리 포터가 열한 살이 되자 호그와트 마법 학교에서 입학 통지서가 온다.

② 호그와트에 입학한 해리 포터는 론과 헤르미온느를 만난다.

5. **전개(발단으로 벌어지는 여러 사건들)**

① 해리 포터와 친구들은 스네이프 교수가 마법사의 돌을 노린다고 생각한다.

② 해리 포터와 친구들은 마법사의 돌을 먼저 찾으려 한다.

6. **위기와 절정(갈등과 문제해결을 위한 과정)**

① 해리 포터와 친구들은 마법사의 돌을 찾는 과정에서 머리가 세 개 달린 개를 잠재운다.

② 해리 포터와 친구들은 어둠의 넝쿨 식물을 주문을 걸어 잠재운다.

③ 해리 포터는 마법 빗자루를 타고 날아다니는 열쇠 중에서 진짜 열쇠를 찾아낸다.

④ 해리 포터와 친구들은 마법의 체스를 두게 된다. 론의 희생으로 해리 포터는 최종 관문까지 간다.

⑤ 해리 포터와 친구들은 그들을 기다리던 퀴렐 교수와 마주친다.

⑥ 퀴렐 교수의 뒤통수에는 볼드모트가 붙어 있었다.

⑦ 위기의 순간에 덤블도어 교수가 나타나 해리 포터와 친구들을 도와준다.

7. 결말(이야기가 어떻게 끝나는가): 해리 포터는 무사히 방학을 맞는다.

『해리 포터와 마법사의 돌』 두 권을 열두 문장으로 요약했습니다. 번호를 빼고 문장을 모두 이으면 줄거리가 됩니다. 줄거리를 요약할 때는 세부적인 사건을 다 기록하면 안 됩니다. 굵직하고 큰 사건만 추려야 하는데, 처음에는 어렵습니다. 옆에서 아이와 함께 책을 읽어야 아이가 중요한 사건만 추렸는지 정확하게 확인하고 도와줄 수 있습니다.

책 읽고 줄거리 요약하기

책 제목:	
1. 등장인물	
2. 장소(공간적 배경)	
3. 시간(시간적 배경)	
4. 발단(처음 일어난 사건)	
5. 전개(발단으로 벌어지는 여러 사건들)	
6. 위기와 절정(갈등과 문제해결을 위한 과정)	
7. 결말(이야기가 어떻게 끝나는가)	

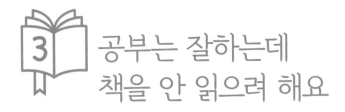

3 공부는 잘하는데 책을 안 읽으려 해요

초등학생이 학교에서 배우는 내용은 분량이 많지 않습니다. 학기 초에 많이 뒤처졌던 아이도 노력하면 얼마든지 따라잡을 수 있습니다. 그렇지만 중학교나 고등학교에선 그렇지 않습니다. 초등학교 때 공부 잘한다는 소리를 듣던 아이도 성적이 뚝뚝 떨어집니다. 상급 학교에서 성적이 떨어지는 이유를 아이의 어휘력과 독해력에서 찾는 이도 많습니다.

중학교 공부는 내용이 어렵고 분량도 많습니다. 학습 습관이 잘 돼 있지 않으면 학교 공부를 따라가기 어렵습니다. 기본적인 어휘력과 독해력을 갖추지 못한 아이라면 교과서에 나오는 고효율 용어를 이해하지 못하고 넘어가는 일이 점점 많아집니다. 초등학교 때 다양한 분야의 책을 많이 읽어서 어휘력과 독해력을 길러두어야 합니다.

6학년을 담임할 때였습니다. 민철이(가명) 엄마가 고민을 털어놓았습니다.

"민철이가 공부는 잘하는데 책을 안 읽으려 해요. 책을 사줘도 그때만 잠깐 몇 장 들춰보는 게 다예요. 언제까지 이렇게 읽다 말다 할 수는 없잖아요. 중학교 때를 대비해서 좋은 독서 습관을 길러주시면 좋겠어요."

민철이는 너무나 활동적이었습니다. 교실에 있을 때보다 나가서 공을 차는 시간이 많았습니다. 수업 시간에도 좀이 쑤셔서 반듯하게 앉아 있지 못했고, 종이 치면 복도로 달려 나가곤 했습니다. 민철이는 6학년이 될 때까지 두꺼운 책을 끝까지 읽어보지 않았습니다.

민철이를 서점에 데려갔습니다. 끝까지 다 읽으면 학급문고로 기증한다는 조건을 달았지만 직접 책을 고르고 계산까지 하게 하니 민철이는 무척 좋아했습니다. 책을 고를 때 세 가지 기준을 제시했습니다.

1. 제목을 들어본 적 있는가?
2. 내용이 조금이라도 궁금한가?
3. 얇지 않은가?

민철이는 놀랍게도 청소년 소설인 『완득이』를 골랐습니다. 마침 영화 〈완득이〉가 한창 인기를 끌 때였습니다. 두께가 상당하고 주인공이 초등학생이 아닌 고등학생인데도 읽을 수 있겠냐고 물었더니, 한 달이면 읽을 수 있다고 자신 있게 답하더군요. 민철이에게 매일 아침 학교에 오면 큰 소리로 친구들 앞에서 세 가지를 말하게 했습니다.

1. 책을 언제 읽었나: 8시부터 8시 20분
2. 몇 쪽이나 읽었나: 12쪽
3. 어디에서 읽었나: 거실

아침마다 민철이가 불러주는 내용을 조그만 탁상 달력에 적었습니다. 처음에는 두세 쪽 읽는 게 다였지만 친구들이나 선생님 보기에 민망했던지 읽는 양이 조금씩 늘었습니다. 민철이는 약속한 한 달이 가기 전에 책을 다 읽었습니다. "민철이가 『완득이』를 완독했다"는 말이 한동안 우리 반 유행어가 됐습니다.

민철이는 다음부터는 엄마나 선생님이 읽으라고 하지 않아도 책을 읽었습니다. 책을 완독한 경험이 몹시 뿌듯했던 것입니다. 책 한 권을 끝까지 읽은 다음부터는 전에는 왜 안 읽었는지 모르겠다며 교실에 있는 학급문고를 차례차례 독파했습니다.

책을 완독하는 경험은 아이에게 성취감과 자신감을 심어줍니다. 독서도 한 번 성취감을 맛보면 더 어려운 책에 도전하게 돼 있습니다. 습관을 잡아주는 지도가 뒤따른다면 말이지요.

매일 같은 장소에서 같은 분량을 꾸준하게 읽으면 독서가 빠르게 습관으로 자리 잡습니다. 이때 매일 얼마나 읽었는지 기록하게 해서 아이가 성취하는 기쁨을 맛보도록 해주세요. 빼먹지 않고 기록만 잘해도 책을 완독하는 일은 어렵지 않습니다. 한 번 책을 끝까지 다 읽고 나면 그다음은 쉽습니다. 가정에서 지도할 때는 형제나 자매가 기록하게 하세요. 서로 경쟁하듯 기록한답니다.

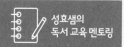
성효샘의
독서 교육 멘토링

정약용과 정조가 실천한
초록(抄錄) 독서

『목민심서』와 거중기. 한국사를 배운 독자라면 두 단어를 듣자마자 다산 정약용을 떠올릴 겁니다. 정약용은 학자이자 다작한 작가입니다. 그는 유배지에서도 꾸준히 책을 썼고 평생 쓴 책만 500권이 넘습니다.

다산은 다작하는 비결을 초록하는 습관이라고 했습니다. 초록은 책을 읽으면서 중요한 구절을 따로 베껴 쓰는 것을 말합니다. 다산은 책을 읽을 때마다 초록을 따로 정리했습니다. 모아둔 초록은 책을 쓸 때 아이디어가 되었고 참고 자료가 되기도 했습니다. 정약용은 초록하는 독서를 정조에게 배웠다고 합니다.

정조는 조선 왕조에서 둘째가라면 서러울 정도로 열심히 공부하고 책을 읽던 왕입니다. 정조도 초록하는 독서를 매우 중요하게 생각했습니다.

"나는 평소에 책을 읽으면 반드시 초록하여 모았다."

"손수 써서 편집한 것이 수십 권이다."

정조가 신하들에게 한 말입니다. 정조는 책을 읽을 때 중요한 내용만 편집해서 모았습니다. 나중엔 초록만 모아서 책을 펴낼 정도였습니다.

초록은 책에서 핵심만 추린 요약본입니다. 독후감을 쓸 때도 유용하지요. 독후감으로 생각과 감상을 정리하는 것은 더없이 유익하지만 독후감 쓰기를 어려워하는 학생도 많습니다. 이런 학생들에게는 초록 쓰기를 가르쳐주면 쉽게 독후감을 쓸 수 있습니다.

초록 독서 지도하기

1. 독서 공책에 "○○○의 초록"이라고 제목을 씁니다.
2. 책 제목과 읽기 시작한 날짜를 기록합니다.

3. 책을 읽으면서 중요하다고 생각하는 문장이나 장면은 밑줄을 긋습니다.

4. 책을 다 읽으면 밑줄 그은 문장만 다시 읽습니다.

5. 밑줄 그은 문장 가운데 중요한 문장만 추려서 독서 공책에 옮겨 적습니다.

6. 초록만 모아서 독후감으로 짧게 정리합니다.

예 김최고의 초록

제목: 나의 라임 오렌지 나무
읽기 시작한 날짜: 2018년 10월 20일부터 10월 22일까지
초록 문장: 3개
1. 넌 역시 아무짝에도 쓸모없는 악질 녀석이야: 또또까 형이 한 말
2. 저는 절대로 당신을 떠나고 싶지 않아요. 당신은 세상에서 제일 좋은 사람이니까요.
3. 왜 아이들은 철이 들어야 하나요.

처음에는 아이와 함께 초록할 문장 개수를 정하세요. 저학년은 책 한 권에 초록 문장 두 개, 고학년은 책 한 권에 초록 문장 열 개 정도입니다. 초록할 문장 개수를 정해두면 문장을 고르기 위해서라도 더 집중해서 책을 읽습니다.

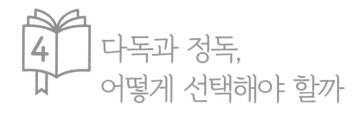

다독과 정독,
어떻게 선택해야 할까

다독(extensive reading)은 폭넓게 읽는 것을 말합니다. 정독(intensive reading)은 좁지만 깊게 읽는 것을 말합니다. 우리는 흔히 다독과 정독을 반대 개념으로 이해하지만 사실 다독과 정독은 읽기 관점이 다를 뿐입니다. 무엇이 좋고 무엇이 나쁘고의 문제가 아니라 읽는 글에 따라 다독할 것이냐 정독할 것이냐 선택해야 한다는 뜻입니다.

다독은 대부분 길고 쉬운 글을 대상으로 합니다. 앞에서 본 것처럼 『해리 포터』 시리즈는 분량이 상당합니다. 처음 보는 마법 주문과 낯선 등장인물이 나옵니다. 그렇지만 아이들은 『해리 포터』 시리즈를 어렵다고 생각하지 않습니다. 이런 생소한 단어들이 읽기에 걸림돌이 되지 않는 것은 아이들이 줄거리와 의미 파악을 위한 독서를 할 때 '흐름에 집중해서 빠르게 읽는 방식'을 선택하기 때문입니다.

정독은 깊고 좁게 읽는 것입니다. 학자들은 정독을 '집중하는 읽기'라고도 말합니다. 정독은 글의 표면에 드러난 직접적인 표현과 의미의 이해를 넘어서는 읽기입니다. 정독하는 글은 한 번에 쉽게 읽히지 않습니다. 읽기도 어렵지만 이해도 잘 안 돼서 몇 번이고 곱씹듯 읽어야 합니다. 개념이나 어휘, 표현이 어려우면 정독해야 합니다. 정독하는 글은 독자가 문장의 숨은 뜻과 어려운 어휘를 이해하기 위해 적극적으로 노력해야 합니다.

독자는 읽는 목적에 따라 읽기 방식을 달리 합니다. 똑같은 『해리 포터』 시리즈를 읽더라도 『트와일라잇』 시리즈와 비교해서 수행평가 보고서를 써야 한다면 정독해야 합니다. 이야기 흐름, 등장인물 성격, 작가의 숨은 의도 등을 촘촘하게 체로 걸러내듯이 읽어야 합니다. 그게 아니라면 아이는 이야기 흐름을 따라가는 다독 형식을 취합니다.

성연이는 중학교에 가서 책을 다양하게 많이 읽던 초등학교 때와 달리 비평을 위한 책 읽기를 많이 했습니다. 정독하고 나서 친구들과 함께 책 이야기 나누기, 보고서 쓰기, 같은 주제를 다룬 다른 책과 비교해서 감상평 쓰기 같은 활동들을 하면서 느리지만 깊은 읽기를 배웠습니다. 이를 보면서 중학교 읽기는 성숙한 독자가 되도록 깊이 생각하는 독서로 이끈다는 점이 초등 읽기와의 가장 큰 차이라고 생각했습니다.

성숙한 독자라면 읽는 목적에 맞는 적절한 읽기 방식을 스스로 찾아냅니다. 굳이 의식하지 않아도 자연스럽게 정독해야 하는 글과 다독해야 하는 글을 구별하고 적절한 읽기 전략을 사용하면서 읽습니다.

언어학자 데이비드 에스키(David Eskey)는 글 읽기가 수영과 같다고 말합니다. 다독은 수영 연습을 많이 하는 것과 같고, 정독은 수영을 잘하기 위해서 구분 동작을 하나씩 연습하는 것이죠. 수영 연습을 많이 하다 보면 저절로 수영이 몸에 배듯이, 책을 많이 읽다 보면 자연스럽게 이야기의 흐름을 따라가면서 읽게 됩니다. 정독은 이와 달리 의도적으로 연습할 필요가 있습니다.

수영을 잘하려면 개별 동작을 정확하게 연습하는 것도 중요하고 수영을 많이 하는 것도 중요합니다. 아이가 독서의 바다에서 마음껏 헤엄치려면 전략적 읽기 방식을 충분한 가르쳐주어야겠지요. 스스로 마음껏 독서의 바다를 맛볼 수 있다면 이미 성숙한 독자의 길로 접어든 것이지요.

정독과 다독,
독서 효과는 어떻게 다를까?

아마 많은 분들이 궁금해 하실 겁니다. '우리 아이는 다독을 한다', '우리 아이는 정독을 한다'며 구분해서 생각하지만 우리는 다독과 정독을 병행하면서 글을 읽습니다. 학자들은 따로 떼어서 정독만 하는 집단, 다독만 하는 집단을 구별하여 연구하는 일이 현실적으로 불가능하다고 말합니다.

이런 한계를 인정하고도 매번 같은 책을 읽어달라고 하는 아이와 매번 새로운 책을 읽어달라고 하는 아이의 차이를 살펴본 연구[29]가 있습니다.

연구는 40일 동안 진행됐습니다. 다독 집단은 하루에 책을 한 권씩 총 40권을 읽어주었습니다. 정독 집단은 같은 책 한권을 5일 동안 읽어주어 총 8권을 읽었습니다. 연구 결과는 매우 흥미롭습니다. 같은 책 한 권을 여러 번 읽어준 정독 집단과 하루에 한 권씩 읽은 다독 집단 사이에서는 유창성, 창의성, 이야기 구성력 모두에서 차이가 없었습니다.

어릴 때 책을 많이 읽어주면 아이는 자라면서 다독하는 독자가 됩니다. 이때 적절한 전략적 읽기 방식을 배워서 정독할 수 있게 되면 아이는 점차 성숙한 독자로 나아갑니다. 이때도 옆에서 함께 읽고 책 이야기를 깊이 나누는 과정이 필요합니다. 독서 토론과 비평 쓰기가 필요한 때입니다.

중학교 3학년 성연이는 다독합니다. 특히 판타지를 즐겨 읽습니다. 어릴 때부터 좋아해서 시중에 출간된 온갖 판타지 시리즈는 거의 다 읽었습니다. 판타지를 얼마나 좋아했던지, 성연이는 초등학교 3학년 때 직접 『뱀파이어 헌터』, 『사이코메트리』 같은 판타지 소설을 썼습니다.

그런 성연이지만 중학교에 간 지금은 의도적으로 정독해야 할 때가 있습니다. 책을 읽고 비평하는 보고서를 써야 하고 수업 시간에는 독서 토론을 해야 하기 때문입니다. 성연이는 이때 책 한 권을 몇 번이고 읽고 또 읽는 식으로 정독합니다.

성연이는 정독과 다독을 이렇게 설명합니다.

"판타지는 내가 좋아하는 책이에요. 재미를 위한 책이기 때문에 즐기면서 읽어요. 문장 하나하나를 음미하듯이 읽는데, 너무 재미있는 책은 다 읽기 아까워서 일부러 천천히 읽어요. 나라면 이런 식으로 썼을 텐데 생각하면서 읽기도 하고요.

그렇지만 학교에서 읽으라고 하는 책은 그런 재미와 상관없이 수행평가를 위해서 읽어야 돼요. 그럴 경우는 보고서에 쓸 말을 생각하면서 읽어요. 보고서라는 목적이 있기 때문에 작가의 의도는 무엇일까, 왜 사건이 이렇게 진행됐을까, 다른 책에서는 같은 주제를 어떻게 다뤘을까 등을 살피면서 꼼꼼하게 깊이 읽어요."

중학생의 눈으로 다독과 정독을 설명한 말입니다. 어릴 때 다독했던 아이가 자라서 정독해야 하는 상황에 놓여서 한 이야기인 만큼 초등학교 고학년 학부모가 함께 생각해 볼 말이라고 생각합니다.

책을 깊이 이해하는
독서 능력을 길러주려면

오에 겐자부로(大江健三郎)는 일본에서 가장 유명한 소설가 가운데 한 사람입니다. 1994년 노벨 문학상을 받았고, 2012년에는 프랑스 문화예술 훈장을 받기도 했습니다. 그는 어머니가 사준 『허클베리 핀의 모험』을 아홉 살부터 열세 살까지 매일 읽었다고 합니다. 성인이 된 다음에는 소설 한 권을 읽어도 원서와 번역서를 비교하며 읽었고 책에서 시작되는 모든 내용을 샅샅이 찾아 3년 동안 읽었다고 합니다. 이런 남다른 독서 열정이 그를 노벨 문학상 수상 작가로 만들었겠지요.

요즘은 초등학교에서도 '슬로 리딩'이라고 불리는 천천히 읽기가 인기입니다. 초등학교 3학년 국어과 교육과정부터는 책 한 권을 완독할 수 있도록 아예 독서를 8차시 한 단원으로 구성해 놨을 정도입니다.

정독은 다독보다 쉽지 않습니다. 그러나 깊이 읽는 만큼 많은 것을 얻을 수 있습니다. 좋은 책을 한 권 골라서 정독하면 책을 완벽하게 내 것으로 만들 수 있습니다.

앞에서 살펴본 세종대왕의 백독백습(百讀百習)도 깊이 읽기에 해당합니다. 수백 번 읽으려면 그만큼 좋은 책이어야 하고, 읽었을 때 얻을 게 많아야 겠지요.

저는 5학년과 6학년을 담임할 때 점심시간마다 학생들에게 성인용『논어』를 읽어줬습니다. 칠판에 구절을 쓰거나 종이에 구절을 복사해서 나눠줬고 함께 소리 내 읽었습니다. 아이들이 한자를 잘 모르기 때문에 무슨 뜻인지 풀어서 설명했고, 삶에서『논어』의 가르침을 실천할 수 있는 방법을 함께 토론하곤 했습니다.

짧은 시간이어도 매일 꾸준하게 읽은『논어』는 아이들의 마음에 깊이 파고들었고, 다툼이나 욕설이 없는 교실을 만드는 데 큰 도움이 되었습니다. 이런 변화에 학부모님들도 아주 좋아하셨습니다.

저는 학생들과 함께 읽은『논어』를 인생 최고의 책으로 늘 꼽습니다. 물론 굳이『논어』가 아니더라도 좋은 책을 천천히, 오래, 여러 번 반복해서 읽으면 내 것이 됩니다. 어떻게 해야 책을 깊이 읽을 수 있는지, 방법을 정리해 보았습니다. 아이들과 함께 좋은 책을 오래도록 즐기길 바랍니다.

첫째, 먼저 대충 훑어서 봅니다. 길고 두꺼운 책을 1쪽부터 천천히 읽으려면 자칫 지겨워질 수 있습니다. 먼저 여는말, 차례, 지은이 소개 등을 빠르게 훑어보는 게 좋습니다. '대충 어떤 내용이 나오겠구나' 추측하는 정도로 빠르게 훑습니다. 보는 것과 읽는 것의 차이는 앞에서 이미 살펴보았습니다. 이 단계에서는 훑어보기만 합니다.

둘째, 책을 처음부터 끝까지 읽습니다. 자신이 평소 읽는 속도대로 읽습니다. 빠르게 읽어도 좋고, 느리게 읽어도 좋습니다. 일단 처음부터 끝까지 읽습니다.

셋째, 같은 책을 적어도 2~3번 읽습니다. 적어도 2~3번은 읽어야 책을 제대로 맛볼 수 있습니다. 같은 책을 여러 번 읽으면 처음 읽을 때와 두 번째 읽을 때, 세 번째 읽을 때가 모두 다르다는 것을 알 수 있습니다. 앞에서 미처 놓치고 못 읽은 부분이 없는지 찾으면서 읽습니다.

넷째, 같은 주제를 다룬 책을 폭넓게 읽습니다. 저자가 쓴 다른 책 읽기, 저자가 소개한 책 읽기, 비슷한 주제를 다룬 책을 찾아서 읽기 등은 독서의 폭을 넓혀줍니다. 한 주제에서 파생된 다양한 버전의 책들을 읽으면 주제를 폭넓고 깊게 이해하는 데 도움이 됩니다. 번역서인 경우는 다양한 버전으로 읽어도 좋습니다. 『논어』도 어린이용이 있고 성인용이 있습니다. 어린이용은 아이가 이해하기 쉽게 써놓긴 했지만 아무래도 원전을 그대로 읽는 것이 좋았습니다.

다섯째, 초록을 챕터별로 정리합니다. 책을 다시 읽으면서 초록을 정리합니다. 정약용과 정조처럼 초록하며 읽으면 책 요약이 쉽습니다. 문학적인 글은 흐름대로 초록을 쓰고, 비문학적 글은 어떤 부분을 초록할 것인지 염두에 두고 읽습니다. 초록을 쓰면 책에서 저자가 말하고자 하는 핵심에 더 깊이 접근할 수 있습니다. 초록만 모아도 800~1,000자 분량으로 책 한 권을 쉽게 요약할 수 있습니다.

여섯째, 글을 씁니다. 생각한 것, 느낀 것, 더 알고 싶은 것, 궁금한 것, 저자에게 묻고 싶은 것 등을 초록에 함께 메모해 두면 나중에 책을 읽고 나서 글을 쓰기가 쉽습니다. 이후 2부에서 소개한 연꽃기법 등을 활용해서 1,000자 이상 글쓰기를 할 것을 추천합니다.

이렇게 읽으려면 시간이 꽤 오래 걸리겠지요. 그러나 이런 식으로 책 한 권을 제대로 읽고 나면 책 한 권이 아닌 스무 권, 서른 권 분량의 독서와 맞먹는 독서력이 길러집니다. 많이 읽을 것이냐, 깊이 읽을 것이냐 묻는다면 많이, 그리고 깊이 읽으라고 답하고 싶습니다.

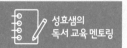

성효샘의
독서 교육 멘토링

'신문 사설 읽기'로 정확하고
빠르게 읽는 능력 키우기

저는 수능 첫 세대입니다. 모의고사 때마다 아주 기다란 지문을 읽으면서 문제를 풀어야 했습니다. 지문이 워낙 길다 보니 읽다가 무슨 말인지 헷갈려서 앞으로 돌아가 다시 읽기도 했습니다. 긴 지문과의 싸움에서 이기려면 정확하고 빠르게 읽는 능력이 절대적으로 필요했습니다.

그러던 어느 날, 새로 오신 국어 선생님께서 수험생인 우리에게 매우 특별한 숙제를 내셨습니다. 바로 신문 사설 읽기였습니다. 선생님은 신문 사설을 매일 하나씩 스크랩하도록 했고 사설 읽는 방법을 따로 가르치셨는데, 아직도 그 방법이 기억에 생생합니다.

먼저, 문단마다 중심 문장을 찾아 밑줄을 긋게 했습니다. 그리고는 이 밑줄들을 모두 이어서 짧은 글로 다시 써보게 했습니다. 덕분에 매일같이 신문 사설을 읽고 중심 문장을 찾아 짧은 글쓰기로 요약하는 훈련을 했습니다. 결과는 놀라웠습니다. 모두의 국어 성적이 빠르게 상승했으니까요.

신문 사설은 문단의 첫머리에 글쓴이의 생각이 담긴 중심 문장(주제 문장)을 배치합니다. 뒤에 나오는 문장들은 모두 중심 문장을 뒷받침하기 위해 글쓴이가 의도적으로 넣은 것입니다. 특히 신문 사설은 분량이 보통 1,600자 정도로 문단은 크게는 10개, 작게는 6개로 구성됩니다. 잘 쓴 사설일수록 '열고 닫고' '열고 닫고' 하는 식의 짝수 문단 구조를 띄고, 주제 문장과 뒷받침 문장으로 정확하게 구성돼 있습니다.

이런 부분을 꾸준히 눈여겨 읽으면 점차 글의 구조와 맥락, 글쓴이의 의도와 논거 등이 눈에 들어오게 됩니다. 이 과정을 통해 논리적인 글쓰기도 해볼 수 있습니다. 초등학교 고학년만 되어도 아이들이 관심 갖는 주제들이 사설로 종종 다뤄집니다. 함께 읽고 공부하면 아이들과 부모님 모두에게 유익한 읽기가 되겠지요.

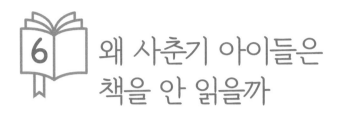

6 왜 사춘기 아이들은 책을 안 읽을까

"**읽**기 싫어요."

책을 매일 파던 아이가 중학교에 들어가서는 책을 거들떠보지도 않는 것이 이상해서 물어봤을 때 성연이가 했던 말입니다. 학교 공부도 해야 하고 숙제도 해야 하고 수행평가도 준비해야 해서 너무 바쁘다고 덧붙였지만 사실 가장 결정적인 이유는 책을 읽기 싫었던 거라고 생각합니다.

사춘기가 된 다음 책을 읽지 않는 성연이를 보면서 아주 많이 고민했습니다. 무엇이든 아이가 원하지 않으면 억지로 시키지 않았는데, 막상 책을 읽지 않는 모습을 보니 어떻게 해야 할지 판단이 서지 않았습니다. 혼냈다가 괜히 역효과가 나면 어떻게 하지, 때가 되면 다시 책으로 돌아오지 않을까, 집에 수준에 맞는 책이 없는 걸까, 많이 고민했습니다. 자녀의 사춘기를 경험한 부모들은 아마 제 심정을 이해할 겁니다.

결론을 먼저 말하면 지금 성연이는 읽고 싶은 책을 읽습니다. 좋아하는 판타지를 읽기도 하고, 본인이 필요할 때는 학교에서 선정한 도서들을 찾아서 읽기도 합니다. 전만큼 많이 읽지는 않지만 아예 책과 담을 쌓고 지내던 것에서 벗어난 것 같긴 합니다.

중학생 아이를 독서로 이끌려면 무엇보다 책이 재미있어야 합니다. 한 연구에서 중학생들은 일반 도서를 읽지 않는 이유를 '재미가 없어서'(46.16%), '글 내용이 너무 많아 읽기 귀찮아서'(19.23%), '시간이 많이 걸려서'(26.92%), '생각하면서 읽어야 해서'(7.69%)로 응답했습니다.

연구 결과를 보지 않아도 압니다. 사춘기 아이는 아무리 좋은 책이어도 재미가 없으면 절대 읽지 않습니다. 인문 고전이니 세계 명작이니 하는 책도 소용없습니다. 집에 청소년용 세계 명작이 있지만 성연이는 지루하다고 어지간해서는 읽지 않습니다.

청소년이 읽을 만한 재미있는 책이 절대적으로 필요하다고 생각합니다. 성연이는 재미있는 책이 없다고 아무렇지 않게 말합니다. 사춘기 아이들 눈높이에 맞는 또래 이야기가 많이 나와야 합니다. 주인공과 동일시할 수 있을 때 아이들은 흥미를 갖습니다. 『해리 포터』 시리즈가 초등학생들에게 폭발적인 인기를 끌었던 것도 주인공이 자기 또래 아이였기 때문입니다. 동일시할 만한 재미있고 좋은 책이 너무나 절실합니다.

사춘기 아이에게 여가 시간을 주는 것도 중요합니다. 하루 공부 시간이 대한민국 청소년만큼 긴 나라는 세계 어디에도 없습니다. 우리 아이들에게 교과서 대신 책을 즐길 틈 정도는 줘야 하지 않을까요.

끝으로 입시 때문에 책을 읽게 하는 일만은 없었으면 좋겠습니다. 아이들이 원하는 대학에 진학하고 좋은 일을 하는 훌륭한 어른으로 성장하는 것은 중요합니다. 논술을 잘 쓰는 것도 중요하고 수능 지문을 잘 읽는 것도 중요합니다. 그러나 적어도 독서만큼은 "좋은 대학에 가려면 책 많이 읽어야 돼"가 아니라 그저 재미있어서 책을 읽는다는 말이 나오면 좋겠습니다.

초등 글쓰기의 힘

초등학교 6학년 은율이, 4학년 동훈이, 3학년 건율이는 글쓰기가 지루하고 하기 싫다던 아이들입니다. 아이들을 6개월 동안 일주일에 한 번씩 만났습니다. 책에 나오는 순서대로 글씨 쓰기부터 시작해 원고지 쓰기, 문장 쓰기, 문단 쓰기, 긴 글쓰기로 나아갔습니다.

처음에는 누구나 긴 글쓰기를 힘들어합니다. 은율이, 동훈이, 건율이도 그랬습니다. 긴 글을 쓰기 위해서는 전략적으로 글을 구성할 수 있어야 합니다. 긴 글을 논리적으로 쓰게 되면 짧은 글쓰기는 더 쉽습니다. 자신감이 붙으면서 어떤 주제, 어떤 갈래든 잘 쓸 수 있습니다. 책에서 소개한 다양한 방법을 활용해 보세요.

6장

초등 글쓰기,
왜 해야 할까

1 세계 명문 대학은 글쓰기를 가르친다

: 리더와 글쓰기의 관계

세계 명문 대학이라고 하면 몇 개 대학이 머리에 떠오를 겁니다. 하버드, MIT, 케임브리지, 옥스퍼드, 스탠퍼드. 세계 최고 대학들이지요. 이들 대학에는 세계 명문 대학이라는 점 말고도 공통점이 하나 더 있습니다. 글쓰기를 필수 교육과정으로 다룬다는 것입니다.

하버드 대학에선 1872년부터 글쓰기 교육을 시작했습니다. 케임브리지는 지금도 지도 교수가 일대일로 학생이 쓴 에세이를 꼼꼼하게 코칭합니다. MIT 에서도 글쓰기 전문 튜터가 일대일로 첨삭합니다. 학생들은 독후감부터 논문 쓰기까지 튜터와 함께 글쓰기를 새롭게 익힙니다. 이들 세계 최고 대학에서 왜 글쓰기를 기초부터 다시 가르칠까요.

세계 명문 대학에 진학하는 학생은 공부를 매우 잘합니다. 책을 사진 찍듯이 통째로 외우는 학생, 국가별 상위 0.1% 안에 드는 학생, 온갖 스펙으로 총무장한 학생 등 일일이 꼽을 수 없을 정도로 우수한 학생들이 모여듭니다. 그러나 하버드나 케임브리지 같은 대학에선 이런 학생들조차 글쓰기를 배워야 한다고 생각합니다. 리더에게 글쓰기는 선택이 아닌 필수라고 생각하기 때문입니다.

세계적인 학자, 기업가, 정치인 모두 말과 글로 생각을 표현합니다. 말하기나 글쓰기를 잘하지 못하면서 리더가 될 수는 없습니다. 학자가 되고 싶다면 논문이라는 논리적인 글쓰기에 능숙해야 하고, 정치인이 되고 싶다면 국민이 신뢰할 수 있는 말과 행동을 보여주어야 합니다. 기업가가 되고 싶다면 사람과 사회를 이해해야 합니다. 물론 사람과 사회를 이해하는 가장 좋은 도구는 말과 글입니다.

연구자는 연구 결과를 논문으로 표현합니다. 새롭고 가치 있는 연구 못지않게 결과를 담아내는 그릇인 글쓰기도 중요합니다. 이때는 분량이 아닌 논리적인 사고가 중요합니다. 논문도 연구 성과의 핵심을 논리적으로 잘 담아내면 충분합니다. 제임스 왓슨과 프랜시스 크릭이 DNA 구조가 이중나선형임을 밝힌 논문은 128줄에 불과했지만, 훗날 그들이 노벨 생리의학상을 받는 데 결정적인 기여를 했습니다.

과학자가 글을 쓴다? 생소하게 들릴지 모르겠습니다. 대한민국에선 이과 계열로 진학할 학생은 수학과 과학만 잘하면 된다고 생각합니다. 그러나 과학자도 연구 결과를 논문으로 써야 합니다. 평소 글쓰기에 관심이 없던 학생이라면 나중에 훌륭한 연구를 해놓고도 뜻밖에 글쓰기 때문에 고생할 수 있겠지요.

리더는 중요한 결정을 내려야 하는 때가 많습니다. 리더가 어떤 결정을 내리냐에 따라 한 나라 또는 한 기업의 운명이 달라집니다. 이때 결과를 정확하게 예측하고 미래를 읽는 안목 역시 평소 많이 읽고 써본 능력에서 옵니다. 글을 잘 읽고 잘 쓰는 것은 작게는 개인의 운명을 바꾸고 크게는 기업과 나라의 운명을 바꿉니다.

우리는 어떤가요. 세계 명문 대학에서 일찍부터 글쓰기에 열을 올렸던 것과 비교해 우리가 글쓰기 교육에 쏟는 관심은 너무나 작습니다. 초등학교에서 대학교까지 글쓰기 교육 한번 제대로 받지 않고 사회에 나오는 이가 대부분입니다. 사회에는 보고서 한 장 쓰기도 힘들어 하는 성인이 수두룩합니다.

세계 명문 대학은 최고로 우수한 학생에게도 글쓰기를 기초부터 가르칩니다. 글쓰기는 기초부터 제대로 배우지 않으면 안 배운 것보다 못하기 때문입니다. 글은 무턱대고 많이 쓰는 걸로는 늘지 않습니다. 보디빌더가 근육을 키울 때처럼 정확한 방법을 알고 연습해야만 합니다.

저는 교사와 아이들 모두에게 글쓰기를 가르쳤습니다. 2018년 1월부터 한 달에 한 번씩 책을 쓰고 싶어 하는 교사들을 위해 무료로 글쓰기 강좌를 진행해 왔습니다. 솔직히 성인에게 글쓰기를 가르치는 일은 어렵습니다. 강의하고 나면 진이 다 빠집니다. 정말로 힘듭니다.

상대적으로 아이는 어른보다 글쓰기를 가르치기가 쉽습니다. 아이는 어른처럼 배경지식은 많지 않아도 스펀지처럼 무엇이든 쉽게 흡수합니다. 그만큼 빠르게 성장하기도 하지요. 어릴 때부터 글을 쓴다면 그 아이의 삶은 어떻게 달라질까요. 저는 상상할 수 있습니다. 그건 리더의 삶일 것입니다. 지금부터 시작하세요. 리더와 글쓰기는 평생의 친구입니다.

2 감정 표현에 미숙할수록 글을 써야 한다

2018년 봄이었습니다. 요르단 암만에서 한글 학교 선생님들에게 학급 경영에 대해 강의했습니다. 한글 학교는 자녀들에게 한글과 한국사를 가르치기 위해 교민들이 자발적으로 운영하는 야학 같은 곳입니다. 그때 중동에서 20년을 사셨다는 어느 선생님이 물어보셨습니다.

"선생님, 영어로 'Excuse'는 가벼운 사과이고 'Sorry'는 자신의 책임을 인정한다는 의미를 포함해요. 유독 한국 아이들은 잘못하고도 아무런 사과를 하지 않아서 싸움으로 커지는 일이 많아요. 왜 그럴까요?"

외국에서 오래 사신 한글 학교 선생님들은 한국 아이들이 감정 표현을 잘못한다고 입을 모았습니다. 한글 학교 선생님들 말씀처럼 한국 교실에선 감정 표현에 미숙해서 벌어지는 싸움이 많습니다. 친구와 의견이 충돌할 때 논리적으로 설득하기보다는 화를 내면서 때리고 욕하는 아이도 많습니다. 여럿이 함께 지내는 교실에선 부정적인 감정을 말과 글로 적절히 표현하는 게 너무나 중요합니다.

『아홉 살 마음 사전』을 쓴 박성우 시인은 인터뷰에서 이렇게 말했습니다.

"'거절하다' 같은 말에 대해서 우리는 부정적인 의미를 가지고 있잖아요. 사실 그건 언어를 잘 쓰지 못하는 사람의 개념이에요. 그런 걸 보면 우리가 평소에 얼마나 편협하게 언어를 쓰는지 알게 되죠. 거절하는 건 중요한 거잖아요. 거절할 건 거절할 줄 알아야 되죠."

만약 아이가 꼭 필요한 순간에 거절하지 못한다면 어떻게 될까요. 쓸데없는 일에 질질 끌려 다니면서 힘들어할 것입니다. 실제로 고학년 아이들에게 자주 있는 일입니다.

글을 쓰면 자신의 감정을 정확하게 들여다보게 됩니다. 글쓰기는 사고력만 키우는 게 아니라 마음을 달래고 감정을 치유하는 힘이 있습니다. 저학년은 물론이고 고학년 아이들에게도 글쓰기는 자신의 감정을 성찰한다는 점에서 큰 의미를 갖습니다.

한국 사회에서 나를 남에게 설명한다는 것은 어려운 일입니다. 자칫 잘난 척한다는 말을 듣기 일쑤입니다. 그러나 아이들은 지식을 배우듯 감정을 표현하는 일도 배워야 합니다. 스무 명 남짓한 작은 학급 공동체에서조차 나를 이야기하지 못한다면 나중에는 더 힘들겠지요. 감정을 말과 글로 표현하고 다음에 어떻게 행동하고 말해야 할지 연습해 보는 과정은 아이들의 사회화 과정에서 우리가 결코 잊어서는 안 될 부분입니다.

저는 학생들과 '아름다운 마음 사전'을 만들면서 내 마음을 들여다보는 일을 해보았습니다. 마음 사전을 만들면 아이와 정말 많은 이야기를 나눌 수 있습니다. 평소에 미처 몰랐던 아이의 속마음을 세심하게 살펴볼 수 있습니다. 글을 쓰면 부정적인 감정을 흘려보내면서 치유할 수 있습니다. '친구에게 화내지 않고 거절하기'처럼 아이로서는 몹시 어려운 감정 표현도 해낼 수 있게 됩니다.

'아이와 엄마가 주고받는 도시락 편지'도 좋습니다. 어릴 때 제 도시락에는 작은 쪽지가 종종 들어 있었습니다. 엄마가 쓴 편지였습니다. 아빠에게 혼났을 때, 준비물을 미처 못 사고 그냥 가야 했을 때, 첫눈이 내렸을 때…… 엄마는 제게 도시락 편지를 썼습니다.

돌아보면 아침마다 아이 셋에 남편 도시락까지 싸면서 엄마는 얼마나 바빴을까 싶습니다. 그런데도 엄마는 제게 일상의 아름다움을 속삭이는 도시락 편지를 써주셨던 겁니다. 그때 저는 엄마에게 답장을 써본 적 없이 늘 받기만 했습니다.

나중에 교사가 된 다음에야 학생들에게 편지를 쓰게 됐습니다. 그 편지들 덕분에 마음잡고 훌륭하게 자란 제자들도 많습니다. 아날로그적인 감성은 아이의 마음을 언제나 울립니다.

아이에게 마음을 담은 짧은 편지를 써보면 어떨까요. 아이와 마음을 나눌 수 있을 겁니다.

아이와 함께 마음 사전 만들기

(준비물) 엽서 크기 종이 여러 장, 사인펜과 색연필

1. 종이에 감정과 관련된 단어를 빨간색으로 씁니다.

2. 단어의 뜻을 파란색으로 씁니다.

3. 엄마나 친구에게 종이를 넘깁니다.

4. 엄마나 친구가 생각하는 단어의 뜻을 씁니다. 언제 그런 기분이었는지, 어떤 느낌이었는지를 자세하게 씁니다.

   예 〈보고 싶다〉

   유진이 – 엄마가 집에 없을 때 허전하고 얼굴이 자꾸 떠오르는 것

   엄마 – 유진이가 체험학습 갔을 때 언제 오나 기다리는 것

   성연이 – 좋아하는 사람을 못 보면 얼굴이 자꾸 생각나는 것

5. 빈 자리에는 적당한 그림을 그립니다.

6. 엄마나 친구와 함께 여러 장에 감정과 뜻을 나눠 마음 사전을 만듭니다.

예 **유진이의 마음 사전**

보고 싶다

엄마가 집에 없을 때 허전하고 얼굴이 자꾸 떠오르는 것

유진이가 체험학습 갔을 때 언제 오나 기다리는 것

좋아하는 사람을 못 보면 얼굴이 자꾸 생각나는 것

설레다

아빠: _____

엄마: _____

나: _____

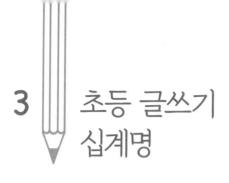

3 초등 글쓰기 십계명

글쓰기를 오랫동안 가르쳐왔지만 초등학생 글쓰기 교육은 여전히 어렵습니다. 아이들에게 글쓰기를 가르치는 이 모두가 함께 고민할 부분이 많습니다. 초등학생 글쓰기는 하고 싶은 말이 술술 풀려나오는 것이어야 합니다. 거미가 거미줄을 뽑아내는 것이 삶이고 본능이듯이 글쓰기도 그런 것이어야 합니다.

자신의 삶을 스스로 돌아보고 다른 사람과 어우러져 행복하게 살아가는 아이로 자라길 기대하는 마음으로, 그동안 고민해 왔던 글쓰기 교육과 관련된 내용들을 십계명으로 정리했습니다. 아이들에게 글쓰기를 가르치기에 앞서 함께 생각해 보셨으면 합니다.

1. 삶을 가꾸는 글쓰기에서 삶을 바꾸는 글쓰기로 나아간다

아동문학가이자 우리말 연구가인 이오덕 선생은 『이오덕의 글쓰기』에서

"글쓰기 교육의 목표는 아이들을 정직하고 진실한 사람으로 키우는 데 있다. 곧, 아이들의 삶을 가꾸는 것이다. 글을 쓸 거리를 찾고 정하는 단계에서, 쓸 거리를 생각하고 정리하는 가운데서, 실지로 글을 쓰면서, 쓴 것을 고치고 비판하고 감상하는 과정에서 삶과 생각을 키워가는 것이 목표가 되어야 한다"고 말했습니다.

글쓰기 교육에 조금이라도 관심을 가진 사람이라면 누구나 공감할 말입니다. 초등 글쓰기 교육은 이처럼 아이를 정직하고 진실한 사람으로 키우는 것이어야 합니다. 아이가 글쓰기로 삶을 가꾸고 바꿀 수 있도록 어른이 함께해야 합니다.

글쓰기는 논리적이고 체계적인 사고를 길러줍니다. 매일 똑같은 일상이어도 더 깊이 삶을 성찰하게 됩니다. 독서를 더 많이 하게 되고, 말과 글로 생각을 적절하게 표현하는 일이 점점 편해집니다. 삶을 가꾸는 글쓰기가 삶을 바꾸는 글쓰기로 나아가는 것입니다.

솔직하면서 아름다운 마음으로 쓰기, 풍부한 느낌 표현하기, 사물의 참모습을 붙잡는 자세한 글쓰기, 사람다운 행동을 하는 글쓰기, 새로운 생각을 지향하는 글쓰기야말로 우리가 아이들과 함께해야 할 글쓰기입니다.

2. 솔직하게 써도 된다: 임금님이 벌거벗었어요!

아이는 정직하고 진실한 글을 써야 합니다. 정직하고 진실한 글은 누가 볼까 염려하면서 쓰는 글이 아닙니다.

제목: 일요일

나는 일요일이 제일 좋다. 학교에 안 가도 되니까. 학교에 안 가면 숙제도 안 해도 되고, 공책 정리도 안 해도 되고, 조용히 안 있어도 된다. 일요일에는 학교에 안 가니까 나는 일요일이 참 좋다.

성연이가 1학년 때 쓴 일기입니다. 다음 날 선생님이 일기를 검사하면서 "성연이는 일요일이 좋다고 썼구나. 학교가 재미없나 봐?"라고 물어보셨습니다. 선생님은 스치듯이 한 마디 했을 뿐이지만 성연이는 이후로 일요일에 학교 안 가서 좋다는 일기를 한 번도 쓰지 않았습니다.

솔직한 글쓰기는 본 대로, 들은 대로, 생각하고 느낀 대로 쓰는 걸 말합니다. 거짓으로 꾸미거나 없는 말을 지어서 하지만 않으면 됩니다. 동화 『벌거벗은 임금님』처럼 하고 싶은 말을 하는 게 아이들이기 때문에 글쓰기 부담을 조금만 덜어줘도 아이들은 글을 솔직하게 잘 씁니다. '엄마가 밉다', '선생님이 싫다', '학교 가고 싶지 않다'라고 글을 쓰는 게 차라리 낫습니다. 우울하고 마음이 아픈 아이들은 그런 글조차 쓰지 않습니다.

3. 선한 글쓰기로 세상을 이롭게 하자 : 아프냐? 나도 아프다

글은 선한 것이어야 합니다. 아이뿐 아니라 어른이 쓰는 글도 그렇습니다. 잔인하거나 다른 사람에게 상처 주는 글을 쓰면 안 됩니다. 글은 양날의 검과 같아서 남을 찌른 글은 언젠가 나도 찌릅니다. 아이는 인간을 사랑하고 존중하는 법을 배워야 하고, 그런 마음을 담은 글을 써야 합니다.

아이들 일기에서 자주 보이는 게 '불쌍하다'는 표현입니다. 강아지가 비에 젖어서 불쌍했다, 잠자리가 죽어 있어서 불쌍했다, 선생님한테 친구가 혼나서 불쌍했다. 아이들은 불쌍한 게 참 많지요.

불쌍하다는 것은 남의 아픔을 함께 느끼는 것입니다. 바로 측은지심(惻隱之心)입니다. 저는 리더가 꼭 갖춰야 할 인성 덕목이 측은지심이라고 생각합니다. 불쌍한 게 없는 사람은 잔인합니다. 다른 사람을 공격하는 말과 행동을 하고도 잘못한 줄 모릅니다.

아이들은 그렇지 않습니다. 고양이가 배고파서 불쌍하고, 강아지가 비에 젖어서 불쌍하고, 친구가 혼나서 불쌍한 것은 모두 상대에 공감하기 때문입니다. 아이들 특유의 착한 심성을 글로 표현하는 것 역시 초등 글쓰기 교육에서 놓치지 말아야 할 부분입니다.

앞서 말한 솔직한 글쓰기 못지않게 선한 글쓰기도 중요합니다. 글이란 공개되어 읽히는 순간 칼이 되기도 하고 약이 되기도 합니다. 내가 쓴 글이 다른 사람을 마음 아프게 하는 것만은 하지 않도록 항상 살펴주세요. 인터넷 악플, 악성 리뷰, 욕과 험담 모두 경계해야 합니다.

오래전 일입니다. 일기장에 담임교사 욕을 여섯 장 가득 써온 6학년 아이가 있었습니다. 전날 담임교사가 왕따 아이를 편드는 말을 했던 게 화근이었습니다. 아이는 그게 너무 분해서 일기장 가득 욕을 썼습니다. 그때 교사가 받은 상처는 이루 말할 수 없이 컸습니다. 그 상처받은 선생이 바로 저입니다. 어린아이의 글이어도 교사 가슴을 얼마든지 찌를 수 있다는 걸 깨달았지요.

글을 쓸 때 아이에게 올바른 가치관도 함께 가르치세요. 본성을 살리는 윤리적이고 선한 글을 쓰게 하세요. 솔직하다고 무조건 다 좋은 게 아니랍니다. 솔직한 태도는 칭찬받을 만하지만 남에게 지울 수 없는 상처를 준다면 그 글은 좋은 글이 아닙니다.

4. 아이들은 작가다: 톡 건드려주기만 해도 잘 쓰는 아이들

어른 눈에는 아이가 하는 모든 것이 어설퍼 보입니다. 아이가 쓰는 글도 모자란 것만 보입니다. 그렇지만 아이들은 우리가 생각하는 것 이상으로 글을 잘 씁니다. 아이들은 보는 그대로 느끼고 있는 그대로 생각합니다. 그 생각이 말과 글로 세상에 풀려나오면 이야기가 됩니다.

제목: 엄마의 깜짝 방문

4월 10일 월요일

오늘 학교가 끝나고 버스를 타고서 여우네 도서관에 도착해서 주차장을 봤는데 엄마 차를 닮은 차가 있어서 깜짝 놀랐다. 그래서 그 안을 보고 싶었지만 만약 남의 차이면 뭔가 훔쳐보는 것 같아서 그냥 안 봤다. 그런데 여우네 도서관 창문으로 누가 날 "유진아!" 하고 불러서 창문을 보니, 아니!! 너무 깜짝 놀랐다. 바로 엄마가 날 부른 것이다.

유진이가 2학년 때 썼던 일기입니다. 엄마가 왔는지 궁금했지만 차마 다른 사람일까 싶어 들여다보지 않고 꾹 참았다고 합니다. 아이가 입말로 종알종알 하는 이야기를 글로 옮기면 이렇게 자연스러운 글 한 편이 나옵니다. 이때 '이 부분은 어떻게 하지' '문장이 어떻네' 하면 나오던 것도 쏙 들어갑니다.

초등 글쓰기 교육은 아이의 마음속에서 잠자는 이야기가 깨어나도록 톡하고 건드리는 것입니다. 누구를 의식하고 쓰지만 않아도 아이는 하고 싶은 말을 글로 잘 풀어냅니다. 글이 빨리 늘지 않는다고 야단하지 말고, 이야기를 풀어내는 방법을 차근차근 가르쳐주세요.

5. 글은 쓴 사람이 고쳐야 자연스럽다

글은 그릇입니다. 쓴 사람의 생각과 정신이 담기지요. 쓴 사람이 아닌 다른 사람이 글에 손을 대는 순간 순결성도 훼손됩니다. 아이가 쓴 글이어도 아이가 고치는 게 가장 자연스럽습니다. 글쓰기를 잘 모르는 어른이 섣불리 손을 대면 오히려 글이 어색해지는 경우가 많습니다. 설사 문법에 맞지 않고 어색한 문장이 있어도 스스로 고치도록 어른은 짧게 의견 정도만 말하는 게 좋습니다.

성연이는 초등학교 3학년 때 판타지를 썼습니다. 늑대 소녀와 뱀파이어 사랑 이야기, 구미호 소년 이야기를 썼습니다. 성연이가 연습장에 쓴 판타지를 처음 보여주었을 때 저는 문장은 이렇게 쓰고 문단은 저렇게 써야 한다고 열심히 가르쳤습니다.

성연이는 제가 꼬치꼬치 지도한 다음부터 더는 판타지를 쓰지 않았습니다. 그냥 뒀으면 맘껏 썼을 것을 엄마가 잔소리하는 바람에 의욕만 꺾은 셈입니다. 글쓰기를 좋아하는 아이도 엄마가 잔소리하면 글쓰기가 싫어집니다. 글은 아이가 쓰고 싶을 때 쓰고 스스로 고치는 게 가장 좋습니다. 280쪽에 글을 쓴 다음 스스로 고칠 수 있도록 '글쓰기 자기점검표'를 소개했습니다.

특히 아이 글을 읽었을 때 잘못 쓴 부분만 지적하지 마세요. 생동감 있게 표현하거나 자세하게 표현한 부분처럼 좋은 점 위주로 이야기하세요. 초등 공부의 반은 자신감이듯 초등 글쓰기도 반은 자신감이랍니다.

6. 글쓰기에는 논술만 있는 게 아니다

글쓰기라 하면 많은 분이 논술을 떠올립니다. 독서도 논술, 역사도 논술, 교과서도 논술로 이어집니다. 하도 논술만 강조하니 정작 아이는 논술이라는 말만 들어도 진저리를 칩니다. 역설적이지만 논술을 잘하려면 논술만 써서는 안 됩니다.

논술은 여러 글쓰기 갈래 가운데 하나일 뿐입니다. 이런저런 글을 다양하게 쓰다 보면 자연스럽게 논술도 잘 쓸 수 있습니다. 논술만 연습하면 글을 기교 있게 구성하는 일은 잘할지 모릅니다. 그러나 생각이 깊지 않다면 다양한 주제로 논술을 써야 할 때 한계에 부딪칠 수밖에 없습니다.

교육청 사이버 논술 강사로 5년 가까이 초등학생 논술을 읽고 첨삭했습니다. 첨삭할 때마다 주제와 관련된 책을 여러 권 읽고 논술 아닌 다른 글도 써보라고 조언했습니다. 같은 주제로 다양한 글을 써보면 생각이 깊고 넓어집니다. 논술을 잘할 수 있는 조건을 갖추게 되지요.

글을 잘 쓰는 아이는 논술도 잘 쓰지만, 논술만 쓴 아이는 다른 글은 못 씁니다. 진짜 필요할 때 논술을 잘 쓰려면 '논술만' 가르칠 게 아니라 '논술도' 가르치세요.

7. 관찰과 조사는 글쓰기의 바탕이다

나태주 시인이 쓴 〈풀꽃〉이라는 시가 있습니다. 이 시에서 시인은 자세히 보아야 예쁘고 오래 보아야 사랑스럽다고 이야기합니다. 풀꽃은 가까이서 봐야 꽃잎이 보일 만큼 작습니다. 우리가 너무 작고 소소해서 지나치는 풀꽃은, 그것을 오래 들여다본 시인에게는 그냥 풀꽃이 아닙니다. 사랑스러운 꽃이지요.

글쓰기를 잘하려면 시인처럼 작은 것조차 놓치지 않고 자세히 봐야 합니다. 관찰은 초등학생이 글쓰기를 연습하기에 아주 좋은 방법입니다. 사물 하나를 정해서 자세하게 보고, 본 대로 쓰는 것이야말로 아이들이 가장 잘하는 솔직하고 진실한 글을 쓰는 방법입니다.

관찰은 글을 쓰기 위한 토대를 다지는 일입니다. 관찰은 본 대로 느낀 대로 생각나는 대로 글을 쓸 수 있는 기초 훈련이 되어줍니다. 가정에서 작은 식물을 하나 기르면서 변화 과정을 관찰하고 글로 쓰게 하면 아이들이 사물을 세심하게 바라보는 눈이 길러집니다.

관찰과 함께 조사도 열심히 해야 합니다. 자료 조사는 작가가 글을 쓰기 위한 필수 코스입니다. 궁금한 것을 찾아보고 궁리하는 태도는 글쓰기와 공부의 밑거름이 됩니다. 더 알아보고 싶은 것을 조사하고, 알아낸 것을 글로 쓰면서 공부하는 습관을 만들어주세요.

아이와 박물관에 갈 때도 보고 올 것을 정한 다음 가세요. 무엇을 보고 올지 미리 정해서 자세하게 관찰하게 하세요. 보고 온 것은 다시 글로 정리하고 그밖에 더 알아보고 싶은 것을 조사해서 채워가게 하세요. 이런 습관을 갖춘 아이는 글쓰기는 물론이고 사회나 과학처럼 기초 지식을 바탕으로 하는 과목 공부를 잘할 수 있습니다.

8. 읽은 만큼 써야 글이 는다

학부모들은 아이가 평소 책을 많이 읽으면 글도 당연히 잘 쓸 거라고 생각합니다. 그런데 글쓰기를 가르치는 사람이라면 모두 입을 모아 아니라고 말합니다. 저도 책은 많이 읽었어도 글쓰기라면 자신 없어 하는 아이들을 많이 봤습니다. 이유는 간단합니다. "글을 써본 적이 없어서."

독서는 글을 잘 쓸 수 있는 기초 요건입니다. 목걸이로 비유한다면 책을 많이 읽은 아이는 꿸 구슬을 많이 갖고 있는 것입니다. 그러나 구슬이 서 말이라도 꿰어야 보배가 되듯이, 책만 많이 읽어서는 글쓰기를 잘할 수 없습니다. 읽은 만큼 써야 글이 늡니다.

읽었으면 쓰게 하세요. 짧은 문장으로라도 읽고 생각한 것을 정리하게 하세요. 처음부터 긴 글을 쓰는 것보다 짧게 시작해 서서히 늘려가는 게 좋습니다. 습관이 될 때까지는 한두 문장을 쓰게 하세요.

읽고 쓰고 읽고 쓰고 하는 아이는 천하무적입니다. 글쓰기만 잘하는 게 아닙니다. 무슨 일이든 잘 해냅니다.

9. 입말로 쓴 글이 좋다

글 쓰는 게 업무이다 보니 어떤 글이 좋은 글이냐는 질문을 종종 받습니다. 어른이든 아이든 할 것 없이 입말로 읽었을 때 자연스러운 것이 좋은 글입니다. 소리 내 읽어서 어색하거나 거슬리는 부분이 없으면 잘 쓴 글이지만 그렇지 않다면 분명 잘못 쓴 글입니다. 이건 저뿐 아니라 글 쓰는 사람이라면 누구나 똑같이 생각하는 부분입니다.

아이가 자주 하는 말, 평소 하던 입말 그대로 쓰면 그게 잘 쓴 글입니다. 어른이 쓰는 말을 어설프게 흉내 내는 것보다 아이 입말 그대로 쓰는 게 더 담백하고 좋습니다.

- 바람에 옷깃이 날리듯 마음이 가벼워졌다.
- 마음이 후련했다.

어른들은 바람에 옷깃이 날리듯 마음이 가벼워졌다고 표현하면 그럴싸하다고 생각합니다. 그런데 아이들은 이렇게 말하지 않고 마음이 후련했다고 합니다. 평소 쓰지 않는 표현을 글로 쓰는 것은 어색할 뿐입니다. 아이가 어른처럼 표현하는 방식을 억지로 배울 필요는 없습니다. 어른들이 억지로 쥐어짜서 쓴 만연체보다 후련했다는 짧은 입말이 더 낫습니다.

아이들이 글쓰기를 잘못 배우면 자꾸 어른처럼 글을 쓰려 합니다. 그렇게 글쓰기를 배운 아이들은 하늘이 파랗다고 해도 될 것을 '가슴 시리게 파란 하늘을 올려다보며'라 씁니다. 이런 습관은 한번 들면 잘 고쳐지지도 않습니다.

100쇄 이상 팔린 책 『대통령의 글쓰기』에서 강원국 작가는 말합니다.

"짧고 간결하게 써라."

성인도 짧게 써야 좋은 글입니다. 길게 늘어지는 어른 표현을 배우지 않아도 됩니다. 입말로 쓰고 입말로 읽어서 어색한 것을 고치는 게 어른이나 아이나 할 것 없이 글을 잘 쓰는 비밀입니다. 입말로 편하게 쓰면 됩니다. 자신이 자주 쓰는 입말을 그대로 살려서 쓴 게 가장 아이다운 글입니다.

10. 잘 쓰려면 함께 쓰자

글쓰기는 시간이 오래 걸리는 일입니다. 오늘 가르치고 내일 글이 안 늘었다고 초조해 하지 마세요. 초등 글쓰기 교육은 아이가 글쓰기에 어려움을 느끼지 않고 자신감을 갖게 되면 그걸로도 충분히 잘한 것입니다. 격려하고 다독여야지, 야심차게 시작해서 몇 번 쓰다가 혼내고 그만둘 거라면 안 하는 게 오히려 속이 편할 겁니다. 세상 어떤 공부도 지름길은 없습니다. 돌탑을 쌓듯이 끝없이 노력해야 공부도 잘하고 글도 잘 씁니다.

끈기 있게 글을 쓰려면 옆에서 아이와 함께 글 쓰는 사람이 있어야 합니다. 잘 쓰라고 야단치면서 정작 엄마나 선생님은 글을 쓰지 않는다면 아이가 어떤 부분을 어려워하는지 구체적으로 도와줄 수 없습니다. 글을 직접 써본 사람만이 아이가 글쓰기를 어려워할 때 도와줄 수 있습니다.

짧은 글이라도 아이와 함께 쓰세요. 함께 읽고, 나누고, 쓰면서 삶을 가꿔 보세요. 글은 사랑하는 사람과 함께 쓸 때 더 따뜻해지고 아름다워진답니다.

7장

초등 글쓰기 준비하기

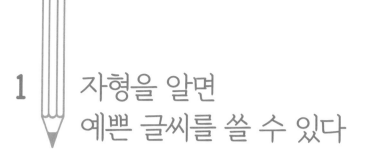

1 자형을 알면 예쁜 글씨를 쓸 수 있다

초등 저학년 때 연필 힘 있게 쥐기, 바른 자세로 앉기, 정확한 획순 쓰기를 잘 익혀두면 나중에 유용하게 쓸 때가 꼭 옵니다. 본격적인 글쓰기에 앞서 글씨를 바르고 예쁘게 쓰는 것도 익혀야겠지요.

저는 교대 부설 국립초등학교에서 5년 동안 근무했습니다. 수백 명 교생을 지도했는데 뜻밖에도 많은 학생이 글씨를 잘 못 썼습니다. 삐뚤빼뚤 쓰는 학생, 캘리그라피처럼 쓰는 학생, 써놓고 자기 글씨도 못 알아보는 학생까지 악필 유형은 무척 다양했습니다.

이번 장에서 소개하는 방법은 악필 교생들과 많은 날을 함께 고민하면서 찾아낸 방법입니다. 자음과 모음이 균형을 이뤄 아름다움을 뽐내는 한글 조형 원리를 따랐습니다. 아직 고유한 글씨체가 없는 저학년 아이 글씨가 교정하기 가장 쉽지만 습관이 된 어른도 상관없습니다. 정확한 원리만 알면 혼자 몇 번만 연습해도 글씨가 예뻐집니다.

글씨를 교정할 때는 교과서 글씨를 연습해야 합니다. 교과서 글씨는 누가 봐도 알아보기 쉽고, 가독성이 좋아서 잘 읽힙니다. 교과서 글씨를 모델로 삼아 연습하게 하세요.

초등학교 1학년 국어과 교사용 지도서에 나온 '모양에 맞게 글자 쓰기'를 활용해 예쁘게 글씨 쓰는 방법을 소개합니다.

1. 반듯하게 허리를 펴고 앉습니다. 엎드려서 쓰거나 턱을 괴는 것이 습관이 되면 쉽게 안 고쳐집니다.

2. 교과서 글씨는 ◇, ◁, △, □로 자형을 나눌 수 있습니다. 글씨에 커다란 도형 틀을 덮는 것과 같습니다.

3. ◁ 저, 가, 얘, 야…

자음과 ㅏ, ㅑ, ㅓ, ㅕ, ㅣ 모음이 만난 글자들은 기울인 세모형이 어울립니다. 자음은 작고, 모음은 길고 가느다랗습니다.

자음 + **모음** ㅏ, ㅑ, ㅓ, ㅕ, ㅣ = 저, 가, 야…

자음 + **모음** ㅐ, ㅔ, ㅒ, ㅖ = 해, 계, 얘, 세…

4. ◇ 부, 규, 손, 음…

자음과 ㅜ, ㅠ 모음이 만나거나, 자음과 ㅗ, ㅛ, ㅡ 모음에 다시 자음이 만난 글자들은 마름모형이 어울립니다. 다른 글자처럼 자음은 작고, 모음은 길고 가느다랗습니다.

자음 + **모음** ㅜ, ㅠ = 부, 규, 수…

자음 + **모음** ㅗ, ㅛ, ㅡ + **자음** = 손, 용, 음…

5. △ 소, 고, 효…

자음과 ㅗ, ㅛ 모음이 만난 글자들은 바른 세모형과 어울립니다.

자음 + **모음** ㅗ, ㅛ = 소, 고, 효…

6. □ 난, 넌, 임, 양, 경…

이 외 나머지는 네모형 글자입니다.

자음 + **모음** ㅏ, ㅓ, ㅣ, ㅑ, ㅕ + **자음** = 난, 넌, 양, 경…

7. 한 글자로 된 낱말을 생각나는 대로 다섯 개만 씁니다.

예 은 바 소 남 상…

8. 글자와 어울리는 도형 짝꿍을 찾아봅니다.

은 - 마름모형 ◇　　　　**바** - 기울인 세모형 ◁

소 - 바른 세모형 △　　　**남** - 네모형 □　　　　**상** - 네모형 □

9. 모음은 가느다랗고 길게, 자음은 모음보다 작게 씁니다. 익숙해지면 모음 끄트머리를 살짝 꺾습니다.

해와 바람이 만났을때 내기를 하였다.
누가더 세지 대결을 했는데 지나가는 사람에
옷을 먼게 하는 것이다 먼저 바람이 바람을 불어
옷을 날리려고 하였다 하지만 지나갈 사람이
옷을 더 꽝잡았다. "좀더 세게 갈더하면서 번쩍지만
힘만들였다 다음 해가 옷을 벗겨했다.

은율이의 연습 전 글씨

내가 이렇게 좋은 능력을 가지고 있다 해도 자랑할 수 없다.
그렇게 되면 애들이 자신의 비밀을 읽을 수 있으니 오지 않을 수도
있다. 그래도 말 안하고 살면 된다. 만약에 같이 걸어가다가
친구가 다리를 걸으려 하면 피할 수 있다. (내가 생각을 읽을 수
있다면) 또 눈치게임이나 마피아게임에서도 좋다.

은율이의 1차 글씨 연습

	오	늘		전	북	교	육	청	에		가	서		김	성	효		선	생
님	을		만	났	다	.													

은율이의 2차 글씨 연습

은율이(초등 6학년)는 소개한 방법대로 세 번 연습했습니다. 요새 은율이
는 학교 선생님과 친구들에게 글씨가 몰라보게 예뻐졌다는 이야기를 듣는
다고 합니다.

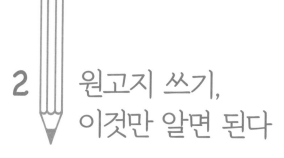

2 원고지 쓰기, 이것만 알면 된다

원고지에 글을 쓰면 띄어쓰기나 문장부호를 쉽게 익힐 수 있습니다. 컴퓨터 워드프로그램으로 글을 쓰면 편리하지만 교정부호, 맞춤법과 띄어쓰기, 문장부호와 문단 나누기 등 글을 쓰기 위해서 꼭 알아야 할 기본 원칙들을 배울 수가 없습니다. 따로 시간을 내서 가르치지 말고 평소 원고지에 다양한 글을 써보는 게 좋습니다.

원고지 쓰기, 시작하기

1. 첫째 줄: 왼쪽에 독후감, 편지, 일기, 동시처럼 글의 종류를 적습니다.
2. 둘째 줄: 한 가운데에 제목을 씁니다.
3. 셋째 줄: 비웁니다.
4. 넷째 줄: 오른쪽 끝에 소속(학교)을 씁니다.
5. 다섯째 줄: 오른쪽 끝에 이름과 학년을 씁니다.

6. 여섯째 줄: 한 줄을 통째로 비웁니다.

7. 일곱째 줄: 문단을 시작할 때만 첫 칸을 비웁니다. 그렇지 않을 때는 첫 칸을 비우는 일이 없습니다.

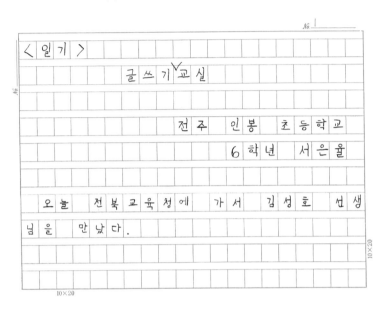

원고지 쓰기, 네 가지만 기억하자

1. 문단을 바꿀 때만 첫 칸을 비웁니다.

2. 마지막 칸은 ∨(한 칸 띄기)를 표시하거나 아니거나 둘 중 하나입니다.

① 글자를 쓸 칸이 남지 않았을 때 ∨ 표시를 합니다.

	나	도		모	르	게		하	늘	을		바	라	보	았	다	.	옷	이	∨
젖	은		줄	도		몰	랐	다	.											

② 마지막 칸이 비면 ∨ 표시를 하지 않습니다.

젖	은		줄	도		몰	랐	다	.	그	저		멍	한		눈	으	로	
하	늘	만		볼		뿐	이	었	다	.									

3. 문장이 마지막 칸에서 끝나면 온점도 칸에 넣습니다. 그리고 2-①처럼 ∨를 표시합니다.

누	구	도		모	르	게		하	늘	을		바	라	보	아	야		했	다.
왠	지		서	러	웠	다	.												

4. 따옴표 문장은 새로운 줄에 씁니다.

대화는 새로운 줄에서 시작합니다. 대화가 끝날 때까지는 원고지 첫 칸을 모두 비워서 눈에 잘 띄도록 합니다. 첫 칸을 비우는 것만 빼면 다른 문장을 쓸 때와 똑같습니다.

김	첨	지		목	소	리	가		갑	자	기		들	려	왔	다	.	깜	짝
놀	랐	지	만		모	른		척	했	다	.								
	"	아	니	,	벌	써		가	려	는		게	야	?	밥	은		먹	고
	가	는		건	가	?	"												

아이와 다양한 글을 원고지에 함께 써보세요. 원고지에 빙고 놀이도 하고, 퀴즈도 풀고, 받아쓰기도 해보세요. 원고지가 낯설지 않고 친구처럼 느껴질 겁니다.

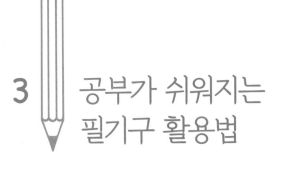

3 공부가 쉬워지는 필기구 활용법

필기구는 활용법을 따로 가르치는 게 좋습니다. 필통 가득 필기구가 들어 있어도 수업 시간에 어떻게 써야 할지 모르는 아이가 많습니다. 6학년인데도 연필 자국이 남게 지우개를 쓰는 아이도 있습니다. 지우개 사용법을 배운 적이 없어서 그렇지요. 필통에 들어 있는 필기구는 활용법을 모두 정확하게 알아야 합니다. 수업 시간에 자주 쓰는 필기구 활용법을 간단하게 소개합니다.

15cm 자

중요 단어와 문장에 밑줄을 그을 때 씁니다. 집중력이 약한 아이는 글을 읽을 때 종이나 자로 아래를 가리고 읽게 하세요. 읽는 문장에 집중하는 데 도움이 됩니다.

3색 볼펜

1. 빨간색: 중요한 단어에 밑줄을 치거나 중요 내용을 메모할 때

2. 파란색: 궁금한 내용이나 모르는 낱말을 표시할 때

3. 녹색: 내 생각을 메모하거나 재미있는 내용을 쓸 때

형광펜

새로운 개념이나 핵심 단어를 강조할 때 씁니다. 교과서를 처음 읽을 때는 빨간 볼펜으로 중요 내용이나 단어에만 밑줄을 긋고, 다음에 같은 내용을 읽을 때는 형광펜으로 잊지 말아야 할 단어에 덧칠합니다. 나중에 한 번 더 읽을 때 형광펜으로 덧칠한 단어 가운데 중요한 것에만 별표를 세 개 그리게 합니다. 교과서를 읽을 때 빨간 펜과 형광펜을 이렇게 활용하면 다음에는 중요한 개념어만 눈에 쏙쏙 들어옵니다.

연필

연필을 잘 쥐면 필기 분량이 많아도 끄떡없습니다. 그렇지 않으면 조금만 필기해도 손이 아프죠. 연필 바르게 쥐기는 저학년 때부터 집중적으로 지도하는 게 좋습니다.

1. 엄지와 검지 끝을 맞닿게 해서 동그라미를 만듭니다.
2. 나머지 손가락들은 오므려서 검지를 받칩니다.
3. 손가락으로 만든 동그라미 안쪽으로 연필을 넣습니다.
4. 연필을 단단하게 고정합니다.
5. 중지로 연필을 받칩니다.

지우개

미술용 지우개가 좋습니다. 지우개를 엄지와 검지로 쥔 다음 종이를 누르면서 지웁니다. 연필 자국이 남아서 계산 실수를 하는 아이도 많습니다.

글씨를 잘 쓰는 것 못지않게 잘 지우는 것도 중요합니다.

 ## 지우개 활용법을 익히는 비밀 글자 찾기 놀이

준비물 흰 종이, 연필, 지우개

1. 흰 종이를 준비합니다.

2. 큰 글씨로 문장을 쓰되 글자와 글자 사이를 띄엄띄엄 씁니다.

3. 글자 사이에 의미 없는 말을 적습니다.

엄마는무하가윤우리내지우가미제일사좋아사하

4. 아이와 가위바위보를 합니다. 아이가 이기면 한 글자씩 지우고, 엄마가 이기면 한 글자씩 씁니다.

5. 글자를 다 지우고 남은 글자를 함께 읽습니다.

엄마는 우리 지우가 제일 좋아

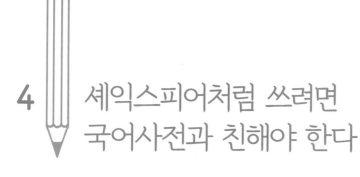

4 셰익스피어처럼 쓰려면 국어사전과 친해야 한다

영국이 자랑하는 세계적인 극작가 윌리엄 셰익스피어는 한 작품에 평균 2만 개 넘는 단어를 사용했다고 합니다.[30] 또한 원고 한 장에 같은 낱말을 두 번 쓰지 않았다고도 합니다.

셰익스피어처럼 글을 쓰려면 머릿속에 거대한 어휘 창고를 마련해야 합니다. 보통 사람이라면 엄두도 안 나겠지만 다행히 우리에겐 국어사전이 있습니다. 국어사전은 낱말의 뜻, 반대말, 비슷한 말, 적절한 쓰임까지 알려줍니다. 우리가 잘 모르는 채 사용하는 말도 국어사전은 정확하게 설명합니다. 예를 들어 '입장'과 '처지'는 비슷한 말로 생각하지만 사실은 그렇지 않습니다.

입장: ① 당면하고 있는 상황

② 각자 상황에 따라서 가지는 생각이나 세우는 주장

처지: 처하여 있는 사정이나 형편

'처지(處地)'는 한국식 한자어이고 '입장(立場)'은 일본식 한자어이다. 의미는 둘 다 처한 상황이나 놓인 자리를 뜻한다. 그래서 국립국어원은 일본식 한자어 '입장' 대신에 '처지'를 쓸 것을 권해왔다. 그런데 '입장'을 폭넓게 써온 결과 '입장'이 '처지'와는 다른 의미가 생겼다. 지금은 '입장'을 '처지'로 바꾸면 매우 어색한 경우가 많다.

- 여야 입장 차이가 워낙 커서 협의가 되지 않고 있다. = 견해
- 검찰은 수사에 성역이 없다는 입장을 거듭 밝혔다. = 뜻
- 그렇게 되면 우리 입장이 매우 난처하게 된다. = 처지

이 세 예문에서 '입장'을 '처지'로 바꿔도 말이 되는 문장은 마지막 문장 하나이다.

남영신 작가의 『보리 국어 바로쓰기 사전』에서 입장과 처지를 설명한 글입니다. 아마 국어사전이 없다면 입장과 처지가 어떻게 다른지 잘 모를 겁니다. 국어사전은 적절한 자리에 꼭 맞는 낱말을 쓸 수 있게 도와주지만 요즘 아이들은 사전을 잘 모릅니다. 학교에서 배우기 전까지 국어사전을 만져본 적 없는 아이도 많습니다. 아이가 국어사전과 친해지는 게 먼저겠지요.

국어사전으로 할 수 있는 몇 가지 놀이를 소개합니다.

 국어사전으로 끝말잇기 놀이하기

1. 책을 한 권 펼칩니다.
2. 낱말을 하나 고릅니다.
3. 고른 낱말을 국어사전에서 엄마와 아이가 함께 찾습니다.
4. 찾은 낱말의 끝말로 시작하는 말을 아이가 사전에서 혼자 찾습니다.

5. 아이가 뜻을 읽으면 엄마가 무슨 낱말인지 맞힙니다.

6. 역할을 바꿉니다.

> **예** 감투
>
> → 국어사전에서 '감투'를 찾고 뜻 읽기
>
> → 아이 혼자 '투'로 시작하는 낱말을 국어사전에서 찾기(투우)
>
> → 아이가 '투우'의 뜻 읽기
>
> → 엄마가 낱말 맞히기
>
> → 엄마가 '우'로 시작하는 낱말 찾기(우기)
>
> → 엄마가 '우기'의 뜻 읽기
>
> → 아이가 맞히기 → …

 ## 나만의 국어사전 만들기

1. 평소에 자주 쓰지만 설명하기 어려운 추상적인 낱말을 고릅니다.

2. 국어사전으로 뜻을 함께 확인합니다.

3. 엄마가 실생활에서 쓰이는 예를 가르칩니다.

4. 아이가 뜻을 설명하게 합니다.

5. 아이와 함께 쉬운 말로 다시 정의 내립니다.

> **예** 마음: [국어사전] 생각, 감정, 기억 따위가 생기거나 자리한다고 생각하는 곳
>
> [유진이 사전] 내 가슴에서 말하는 소리
>
> 하늘: [국어사전] 지평선이나 수평선 위로 보이는 무한대의 넓은 공간
>
> [유진이 사전] 해와 별과 달이 뜨는 곳

아이와 함께하는 국어사전 초성 퀴즈

1. 아이가 퀴즈로 낼 낱말을 생각합니다.

2. 국어사전에서 낱말 뜻을 찾은 다음 쪽수를 확인합니다.

3. 1단계 힌트로 낱말 초성을 알려줍니다.

4. 2단계 힌트로 국어사전 쪽수를 알려줍니다.

5. 3단계 힌트로 낱말의 뜻을 설명합니다.

예 1단계 힌트: 초성 ㄴ, ㅂ, ㄹ로 시작해요.

2단계 힌트: 국어사전 99쪽에 나오는 낱말이에요.

3단계 힌트: 눈이 바람과 함께 세게 불어오는 걸 말해요.

답: 눈보라

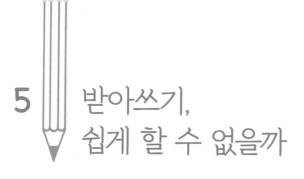

5 받아쓰기, 쉽게 할 수 없을까

〈가〉 나랏말싸·미듕귁에달아문자와로서로사ᄆᆞ·ᄉᆞ디아니할쌔

〈나〉 나랏말싸·미 듕귁에 달아 문자와로 서로 사ᄆᆞ·ᄉᆞ디 아니할쌔

세종대왕이 훈민정음을 만든 이유를 설명한 『훈민정음해례본』 첫 문장입니다. 현대어가 아니라 낯설긴 해도 〈가〉보다 〈나〉가 잘 읽힙니다. 낱말마다 띄어 썼으니까요.

훈민정음을 창제할 때만 해도 한자가 공공기관에서 사용되는 공용 문자였습니다. 훈민정음도 처음에는 한자처럼 띄어쓰기 없이 세로로 썼습니다. 훗날 1896년《독립신문》을 발간했을 때 주시경 선생이 처음으로 한글도 영어처럼 띄어 쓰자고 주장했습니다. 한글을 띄어서 읽고 쓴 역사는 불과 100년 안팎이지만 띄어서 쓰고 읽는 덕분에 글을 더 빠르게 읽게 됐습니다.

지금의 띄어쓰기는 예외가 많습니다. 우리말 달인이나 국어학자가 아니고서는 띄어쓰기와 맞춤법을 완벽하게 아는 사람은 드뭅니다. 어른도 그럴진대 아이들은 오죽할까요. 아이들은 어릴 때 받아쓰기라는 이름으로 띄어쓰기, 맞춤법과 한바탕 전쟁을 치릅니다.

띄어쓰기를 잘하려면 먼저 띄어 읽는 것을 잘해야 합니다. 입으로 소리 내어 띄어 읽는 것을 충분히 연습한 다음 써야지, 무턱대고 문장 받아쓰기로 넘어가버리면 아이들이 힘들어합니다.

초등 1, 2학년군 국어 교과서는 띄어 읽기를 쉼표, 마침표, 물음표, 느낌표 등 문장부호와 연계했습니다. 집에서 가르칠 때는 쉼표에선 1초, 마침표에선 2초간 쉬고, 물음표는 끝을 올리고, 느낌표는 눈을 동그랗게 뜨게 하면 아이가 쉽게 따라합니다. 초등학교 1학년 국어과 교사용 지도서에 나오는 〈똑같아요〉 노래도 문장부호를 쉽게 익히는 데 도움이 됩니다.

〈똑같아요〉 노래로 문장부호 익히기

부르는 말에는 쉼표

설명하는 문장엔 마침표

묻는 문장엔 물음표

느낌을 나타낼 땐 느낌표

저학년을 담임했을 때 저희 반 아이들은 받아쓰기를 잘했습니다. 받아쓰기 때문에 학부모도 학생도 스트레스를 받지 않았습니다. 학생들을 가르친 방법 그대로 유진이도 집에서 가르쳤습니다. 몇 번 연습한 다음 유진이도 받아쓰기를 곧잘 했습니다. 유진이를 가르칠 때 나눴던 대화를 그대로 옮겨봅니다.

1. 조사

유진이한테 친한 친구가 있듯이 한글도 함께 어울리기 좋아하는 친구들이 있어. '으로', '가', '은', '는', '에서', '를' 이런 말(조사)들이지. 이 아이들은 혼자는 못 놀아. 짝꿍이랑 같이 다녀.

2. 명사

우리말에는 이름을 알려주는 말(명사)이 있어. 예를 들면 '유진이', '엄마', '바람'처럼.

3. 명사와 조사는 붙여서 쓰기

이름을 알려주는 말과 혼자 못 노는 말은 언제나 같이 다녀. 둘은 짝꿍이거든. 그래서 '유진이가', '바람은'처럼 써주지.

4. 형용사와 부사

'일찍', '빨리' 같은 말은 어떨까. '일'하고 '찍'을 따로 쓰면 무슨 말인지 모르겠지. 이런 단어들은 이름을 알려주는 말이나 동작을 나타내는 말을 꾸며줘. '예쁜 유진이', '빨리 걷는다'처럼. 꾸며주는 말들은 다른 말과 구별해 주기 위해서 띄어서 써줘. '예쁜유진이'가 아니라 '예쁜 유진이'로.

5. 동사

'갔다', '떨어졌다', '달린다'는 동작을 말해주는 단어야. 동작을 만약 슬로 모션처럼 천천히 나눠서 하면 너무 웃기겠지? 그래서 이런 말은 '달 린 다'처럼 나누지 않고 하나로 '달린다'로 함께 써줘.

6. 예시 문장 살피기

'학교에일찍갔다'는 어떻게 써야 할까? '학교'와 '에'는 붙여서 써. '학교에'가 되지. '일찍'과 '갔다'는 각자 뜻이 있는 말이지? 이런 건 혼자 있어도 되는 씩

씩한 말들이야. 띄어서 써주지.

7. 동화책 문장 읽어보기

사과가 "쿵"하고떨어졌습니다.

사과가 $^\vee$ "쿵" $^\vee$ 하고 $^\vee$ 떨어졌습니다.

8. 띄어쓰기가 헷갈리는 낱말은 국어사전으로 확인하기

기껏해야

한 발짝

유진이가 어려워하는 띄어쓰기는 대학에서 초등 국어 교육을 전공한 제가
봐도 어렵습니다. 문법을 파고들 듯이 가르치면 끝이 없습니다. 받아쓰기 때
문에 글쓰기가 싫어지지 않으려면 다양한 문장을 많이 읽고 어느 부분에서
띄어서 썼는지 서서히 익혀가는 게 낫습니다.

좋아하는 책을 필사하면서 띄어쓰기를 연습해 보세요.

8장

초등 글쓰기의
원리를 찾아서

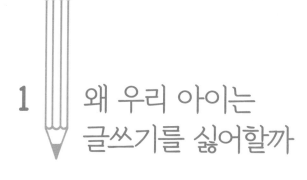

1 왜 우리 아이는 글쓰기를 싫어할까

여름방학을 앞둔 어느 초등학교. 교실 문을 열고 들어서서 밝은 표정으로 웃는 아이들에게 묻습니다.

"방학 숙제로 가장 하기 싫은 일은 무엇인가요?"

다양한 답이 쏟아져 나올 겁니다.

2017년 EBS 〈생방송 톡!톡! 보니하니〉에서도 같은 내용을 설문했습니다. 이 프로그램은 제 두 딸을 포함해서 초등학생 애청자가 아주 많습니다. 그런 만큼 설문 결과도 주의 깊게 살펴야겠지요.

순위	싫어하는 방학 숙제
1위	일기 쓰기
2위	독후감 쓰기
3위	공부 일지 쓰기
4위	관찰 보고서 쓰기
5위	현장 체험하기
6위	만들기
7위	문제지 풀기

초등학생이 싫어하는 방학 숙제 순위

결과가 상당히 흥미롭습니다. 초등학생들이 싫어하는 방학 숙제로 꼽은 상위 1, 2, 3, 4위 모두 글쓰기 과제입니다. 글쓰기는 옆에서 친절하게 일대일로 코칭해도 자신감이 붙기까지 몇 달은 족히 걸립니다. 요즘은 성인도 수백만 원씩 들여 글쓰기 코칭을 받습니다. 일대일로 첨삭받고 글 쓰는 방법을 기초부터 다시 공부합니다. 그만큼 글쓰기는 어렵습니다.

어른도 글쓰기를 어려워하는데 아이들은 오죽할까요. 살살 타일러도 하기 싫은데 방학 숙제로 해야 하는 글쓰기라면? 더 말할 게 없습니다. 당연히 싫습니다. 숙제로 글쓰기를 내주는 것이야말로 아이들이 글쓰기를 싫어하게 되는 가장 큰 이유 중 하나입니다.

저는 어릴 때 선생님이 내준 일기 쓰기 방학 숙제를 한 번도 제대로 해본 적이 없습니다. 항상 개학 직전 열 편씩 몰아서 썼습니다. 그래서 교사가 된 다음에는 방학 숙제는 봉숭아 꽃물 들이기만 냈습니다. 방학 때 글쓰기 숙제가 얼마나 지겨웠는지 잘 아니까요.

아이들이 글쓰기를 싫어하면 글쓰기를 가르칠 수 없습니다. 세상 어떤 좋은 것도 지루하고 재미없으면 아이들은 배우지 않습니다. 억지로 배우는 것은 아무런 득이 되지 않습니다. 기대하는 것보다 효과도 떨어집니다. 아이들에게 글쓰기를 가르칠 때 가장 좋은 방법은 놀이인 듯 아닌 듯 하는 것입니다.

초등학교 4학년인 둘째 유진이는 시골 초등학교에 다닙니다. 전교생이 60명밖에 안 되는 작은 학교인데, 근처에 작은 마을 도서관이 하나 있습니다. 『책 먹는 여우』라는 책에서 따와서 이름이 '여우네 도서관'입니다. 유진이네 학교 아이들은 방과 후에 여우네 도서관에서 책을 읽고 글을 쓰고, 방학 때는 1박 2일 이야기 캠프에 참가합니다.

아이가 잘 있는지 도서관에 전화하면 어김없습니다.

"유진이, 책 읽고 놀러 나갔어요."

놀기만 하는 게 아니라 글도 한 편 쓰긴 합니다. 그렇게 쓴 글이 어느새 공책 한 권입니다. 만약 조용히 앉아서 책 읽고 독후감 한 편 써야 한다고 했으면 유진이는 도서관에 가지 않았을 겁니다. 도서관에 뭐 하러 가냐고 물어보면 유진이는 항상 똑같이 말합니다.

"놀러 가지."

"그럼 책은 언제 읽고 글은 언제 써?"

"도서관에 가면 책 먼저 읽어. 관장님이 책부터 읽고 놀라고 하셨어. 근데 글은 아무 때나 나 쓰고 싶을 때 써도 된다고 했어. 그래서 글은 쓰고 싶을 때 써."

아, 정말 멋진 관장님! 속으로 몇 번이고 감탄했습니다. 여우네 도서관도 분명 책을 읽으면 독후감을 써야 합니다. 그런데 아이들은 글쓰기를 숙제로 여기지 않습니다. 아이들은 글을 쓰겠다고 약속했고 약속을 지킬 뿐입니다. 초등 글쓰기 교육의 시작은 별 게 아닙니다. 글쓰기를 숙제로 만들지 않는 것입니다.

2 낱말 쓰기

: 말놀이로 말문 틔우기

아이는 어른처럼 싫은 것을 참지 않습니다. 책 읽기, 글쓰기, 공부 모두 억지로 시키면 오히려 멀어집니다. 저학년 아이들은 글쓰기보다 말하기가 먼저이기 때문에 말로 실컷 놀고 나서 글을 쓰면 좋습니다. 엄마와 함께하는 짬짬이 말놀이를 소개합니다. 말놀이를 하고 나서 글을 쓰게 하면 쓸 말이 많습니다. 아이가 어려서 글을 쓸 수 없으면, 엄마가 아이 말을 받아서 쓰면 됩니다.

 수수께끼 동시 쓰기

1. 쉬운 수수께끼를 냅니다.

   문제: 개는 개인데 식당에서 볼 수 있는 개는 무엇인가요? **답:** 이쑤시개

2. 아이가 문제를 냅니다.

   문제: 개는 개인데 잡을 수 없는 개는 무엇인가요? **답:** 무지개, 안개

3. 비슷한 단어로 엄마와 아이가 함께 문제를 만듭니다.

   낱말: 베개, 지우개, 고개, 된장찌개

   문제: 수업 시간에 없으면 안 되는 개는?   **답**: 지우개

4. 수수께끼를 그대로 이어서 동시로 씁니다.

제목: 개, 개, 개

무지개도 아니고

안개도 아니야

식당에서 보는 너는

이쑤시개

수업 시간에 없으면 안 되는

치우개

잠 잘 때 끌어안고 자는

베개

 문장 기차 만들기

1. 기차가 그려진 학습지를 준비합니다.

2. 기차 첫 칸에 주제를 씁니다.

3. 주제와 어울리는 말을 자음 순서로 한 칸에 하나씩 씁니다.

4. 기차 칸을 모두 채운 다음 낱말을 이어서 글로 씁니다.

제목: 기차 여행

기다란 기차
나무가 창문 밖으로 지나면
다람쥐도 달려간다

라디오에서 노래가 나오면
모자가 바람에 날아가도
바다로 우리는 달려간다

사랑하는 엄마랑 함께 가요
언제나
즐거운 기차 여행

다섯 고개 놀이 : 다섯 번 질문하고 답하기

질문 1. 땅에 사나요?

질문 2. 날개가 있나요?

질문 3. 소리를 낼 수 있나요?

질문 4. 동물인가요?

질문 5. 어디에 사나요?

오감(五感) 활용 다섯 고개 놀이

시각, 청각, 후각, 미각, 촉각 관련 질문만 할 수 있습니다. 교실에서 '오감 활용 다섯 고개 놀이'를 했을 때 학생이 설명한 내용입니다.

1. 시각: 어떤 색인가요?

→ 진한 갈색과 검정색 깃털이 섞였어요. 목에 흰색 깃털이 있어요. 멀리서 보면 목걸이를 한 것처럼 보여요. 깃털은 빳빳해요.

2. 청각: 어떤 소리를 내나요?

→ '끼이익' 하는 큰 소리를 내요.

3. 후각: 어떤 냄새가 나나요?

→ 비둘기 똥 냄새랑 비슷했어요.

4. 미각: 어떤 맛이 나나요?

→ 먹어보지 못했지만 닭고기랑 비슷한 맛이 날 것 같아요.

5. 촉각: 만지면 어떤 느낌인가요?

→ 안 만져봤어요. 만지면 물릴지도 몰라요.

6. 놀이한 내용을 글로 씁니다.

나는 누구일까요.

나는 갈색과 검정색 깃털이 있습니다. 목에는 흰 깃털이 있어서 멀리서 보면 꼭 커다란 목걸이를 한 것 같아요. 빳빳하고 큰 깃털이 많아요. 손으로 만지면 안 돼요. 손을 물지도 몰라요. '끼이익' 하는 큰 소리를 내요. 비둘기 똥이랑 비슷한 냄새가 나요. 만약 나를 먹는다면 닭고기랑 비슷한 맛이 날걸요. 나는 누구일까요. (답: 독수리)

다섯 글자 말하기 놀이

다섯 글자로만 묻고 답합니다. 익숙해지면 열 글자 말하기나 세 글자 말하기로 응용합니다.

1. 기본: 다섯 글자로 말하기

   엄마: 오늘 뭐했어?　　　　　아이: 공부했어요.

   엄마: 재미있었어?　　　　　아이: 아주 많이요.

2. 응용: 열 글자로 말하기

   선생님: 오늘 국어 시간 재밌었어?　아이: 네. 국어 수업 재밌었어요.

   선생님: 숙제가 뭐인지 기억하니?　아이: 말놀이한 거 짧은 글짓기

 초등 국어과 교사용 지도서에 나오는 말놀이

낱말 받침 찾기(1학년)

- 선생님이 불러주는 낱말을 듣고, 낱말에 든 받침 수만큼 손 들기

    달걀(2개), 지우개(0개), 학교(1개)

꽁지 따기 말놀이(4학년)

- 첫 사람이 '사과는 빨개'라고 말합니다. 다음 사람은 '빨가면'으로 말을 시작합니다. '빨가면 딸기.' 다음 사람은 '딸기는~'으로 시작합니다.

말 덧붙이기 놀이 "동물원에 가면"

- 첫 사람이 낱말을 말하면, 다음 사람이 이어서 '동물원에 가면 ○○도 있고, ○○도 있고' 하는 식으로 이어갑니다.

3 문장 쓰기

: 황금 문장 놀이하기

우리말은 주어와 술어로 문장을 만듭니다. 주어는 문장에서 주인공이 누구인지를 말합니다. 술어는 주인공이 무엇을 어찌하는지 설명합니다.

문장은 크게 단문, 중문, 복문으로 나눕니다. 주어와 술어가 하나만 있는 문장을 단문이라고 합니다. 중문은 단문을 두 개 이은 것인데, 이때 문장은 서로 대등합니다. 복문은 앞 문장이 뒤 문장을 포함합니다. 이를 어려운 말로는 종속된다고 합니다. 중문이 단순한 병렬인 것과는 다릅니다.

1. **단문** = 유진이가 공부한다.
          주어   술어

2. **중문** = 유진이는 공부하고, 성연이는 잔다.
          주어   술어   주어   술어

3. **복문** = 유진이가 잠들어서 성연이가 공부했다.
          주어   술어 → 주어   술어

대화할 때는 복잡한 문장으로 말해도 듣는 이가 척척 알아듣습니다. 말을 이해하는 청해력이 글을 읽는 독해력보다 앞서기 때문입니다. 그러나 말할 때처럼 글을 복문으로 쓰면 독자는 이해하기 어렵습니다.

유홍준 교수는 『나의 문화유산답사기』 출간 20주년 기념 강연에서 말했습니다. "좋은 글이란 쉽고, 짧고, 간단하고, 재미있는 글이다."

글을 쓸 때 단문으로 쭉쭉 치고 나가듯이 쓰면 읽는 사람이 술술 읽어 내릴 수 있습니다.

초등학교 3학년 건율이는 저와 5개월 동안 글쓰기 수업을 했습니다. 글쓰기 수업 첫날 소감을 어떻게 썼는지 볼까요.

김성효 선생님과 글쓰기 수업을 시작했는데 원고지 쓰는 방법과 단어와 단어는 띄운다는 것을 알았고 그리고 조사와 명사는 같이 있어야 되는 것과 글씨는 마름모 모양, 삼각형 모양이어야 한다는 것을 알았다. 글쓰기를 하는 방법을 조금 알게 되니까 다음 시간이 기대된다. 이렇게 글쓰기를 배우니까 재미있었다.

'~데, 과, 와, ~고, ~고, 그리고, 과'로 이어지다가 마지막은 '~ 하니까 ~한다'로 끝났습니다. 건율이뿐 아니라 아이들 대부분이 이렇게 문장을 씁니다. 문장 하나가 세 줄까지 이어졌습니다. 독자는 읽기가 힘들지요.

이 글을 고치라 하면 아이는 무엇을 어떻게 고쳐야 할지 잘 모릅니다. 문장 구조를 배운 다음 스스로 고치게 하는 것이 효과적이죠. 문장구조를 알면 주어 하나에 술어 하나인 단문으로 짧고 명확한 글을 쓸 수 있습니다. 문장 구조를 쉽게 익힐 수 있는 황금 문장 놀이를 소개합니다.

황금 문장 놀이로 문장 구조 익히기

(준비물) 명함 크기 종이 40장, 유성 매직(빨강, 노랑, 파랑), 황금색 종이 여러 장

1. 종이를 명함 크기로 자릅니다.

2. 카드에 빨간색으로 명사를 씁니다.

   (예) 나, 우리, 엄마, 강아지, 친구, 하늘, 소, 잠자리, 학교, 선생님

3. 카드에 파란색으로 술어를 씁니다.

   (예) 간다, 똑같다, 보았다, 달린다, 피었다

4. 카드에 노란색으로 조사를 씁니다.

   (예) 은, 는, 이, 가, 을, 를, 에게, 에서, 부터, 까지

5. 짝과 가위바위보를 합니다. 가위로 이기면 빨간 카드를 갖습니다. 주먹으로 이기면 파란 카드를, 보로 이기면 노란 카드를 갖습니다.

6. 뽑은 카드로 문장을 완성할 때마다 10점씩 얻습니다. 이때 카드가 세 장만 있어도 단문을 만들 수 있습니다. 아이들은 단문을 만드는 것이 게임에서 유리하다는 것을 금방 알아차립니다.

   (예) 엄마(명사 카드)가(조사 카드) 본다(술어 카드).

7. 점수를 100점 모으면 황금 카드를 한 장 얻습니다. 황금 카드에 좋아하는 책에 나오는 문장을 씁니다.

   (예) 네가 네 시에 온다면 나는 세 시부터 행복할 거야. (『어린 왕자』)

8. 놀이가 끝나면 황금 문장을 함께 읽습니다.

건율이가 문장 구조를 배운 다음 고친 글을 볼까요?

오늘 전북교육청에 갔다. 김성효 선생님을 만났다. 글쓰기 수업을 시작했다. 선생님께서 "공부를 잘하려면 눈, 귀, 마음으로 들어야 해"라고 말씀하셨다. 단어와 단어는 띄어야 한다는 것을 알았다. 글씨와 글자의 차이를 알았다. 글씨는 글씨체와 같이 '글씨가 예쁘다'고 말할 때 쓴다. 수업이 끝났을 때 다음 시간이 기대된다고 생각했다. 글쓰기를 배우니까 재미있었다.

'-고, -니까, -데' 등으로 이어지던 문장을 단문으로 끊었습니다. 단문이 되자 건율이가 하려고 했던 말이 무엇인지 명확해졌습니다. 좋은 글은 주제가 분명하게 드러나서 읽기도 쉽습니다. 아이 글도 똑같습니다. 짧고 분명하게 써야 합니다.

4 글쓰기는 시작이 반이다

: 나만의 첫말 쓰기

아이에게 글쓰기가 왜 어려운지 물어보면 대부분 어떻게 시작해야 할지 모르겠다고 합니다. 이때 가장 좋은 방법은 일단 쓰는 겁니다. 잘 쓰려 하지 말고, 멋있게 쓰려 하지 말고 그냥 쓰는 것입니다. 잘못 쓴 문장은 언제든 고칠 수 있지만 시작을 안 하면 고칠 문장도 없습니다.

글을 시작하는 익숙한 첫말이 있으면 시작이 쉽습니다. 2학년 때까지만 해도 유진이는 글을 '오늘은', '나는'으로 시작하곤 했습니다. '오늘은 엄마와 ~', '나는 학교에서~' 같은 식이었습니다. 일기를 쓰라고 하면 휘리릭 쓰고 놀러 나갔습니다. 유진이처럼 시작을 어려워하지 않아야 글쓰기도 쉽게 배웁니다.

'오늘'이나 '나는'은 쓰면 안 된다고 하는 분도 있지만 익숙한 첫말로 시작부터 하고 나중에 고치는 게 낫습니다. 유진이가 3학년 때 쓴 일기에는 '나는'도 없고 '오늘'도 없습니다. 글쓰기에 익숙해지면 '오늘'이나 '나는' 같은 단어도 자연스레 사라집니다.

아직 글쓰기에 자신이 없으면 '나만의 첫말'을 만들게 하세요. 자주 쓰는 첫말 몇 개만 있으면 어떤 글이든 자신 있게 시작할 수 있습니다.

 나만의 첫말 카드 만들기

준비물 명함 크기 카드 여러 장, 매직

1. 카드를 준비합니다.

2. 평소 자주 쓰는 '오늘', '나는', '학교에서', '책에서', " "(큰따옴표) 등을 카드에 씁니다.

3. 낱말과 어울리는 글의 종류를 뒷면에 씁니다.

앞면		뒷면
오늘	↔	일기
책에서	↔	독후감
학교에서	↔	일기
나는	↔	모든 글
" "	↔	독후감
" "	↔	일기

4. 카드를 뽑아서 카드에 적힌 첫말로 글을 시작합니다. 앞면이 큰 따옴표, 뒷면이 독후감인 카드를 뽑은 유진이가 쓴 글을 소개합니다.

제목: 사과가 쿵? 사과가 털썩

임유진

"쿵" (큰따옴표로 시작)

이 소리는 뭘까. 사과가 나무에서 굴러 떨어지는 소리다. 책에서 이 '쿵' 소리를 읽을 때 재미있었다. '사과가 얼마나 크면 쿵 하고 소리가 날까' 생각했다.

우리 집에도 사과나무가 한 그루 있다. 우리 집 사과나무는 별로 크지 않다. 사과나무를 가장 좋아하는 사람은 우리 엄마다. 우리 엄마는 사과가 열리면 마당에서 나무에 달린 사과를 그 자리에서 따먹고 맛있다고 좋아하신다.

우리 집에도 동물들이 놀러오면 좋겠다. 나도 책에서 본 것처럼 동물들에게 사과를 나눠줄 거다.

글을 쉽게 시작하는 다섯 가지 전략

전쟁에 전략이 있듯이 글쓰기도 시작을 쉽게 만드는 전략들이 있습니다. 글을 처음 쓰는 초등학생부터 글쓰기를 두려워하는 성인까지 모두에게 쓸모 있는 전략을 소개합니다.

1. 대화로 시작합니다.

"동운아, 동운아."

뒤에서 누가 부르는 소리가 들렸다.

2. 날씨나 계절 이야기로 시작합니다.

문을 여니 몹시 뜨거운 바람이 불어왔다. 여름의 한복판이었다.

3. 들은 말을 인용합니다.

"그 집에는 무서운 전설이 하나 전해져 내려오거든. 듣고 싶은 친구들
은 반듯하게 앉아보렴."

선생님 이야기에 나도 모르게 가슴이 철렁했다.

4. 의성어나 의태어를 넣어서 풍경을 묘사합니다.

"삐그덕."

낡은 마루 판자에서 나는 소리가 발밑으로 크게 울렸다. 오래된 집이
었다.

글을 시작하는 이런 전략들을 연습해 두면 무슨 글이든 주저하지 않고 시
작할 수 있습니다. 제가 자주 쓰는 첫 문장은 "오래전 일이다"입니다. 긴 글
이든 짧은 글이든 일단 "오래전 일이다"로 시작합니다. 첫 문장은 똑같지만
글을 쓰다가 좋은 말이 떠오르면 앞으로 돌아가서 첫 문장을 다시 씁니다.

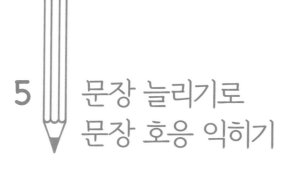

5 문장 늘리기로 문장 호응 익히기

글을 쓸 때 초등학생은 물론이고 성인도 문장 호응을 자주 틀립니다. 글은 주어와 술어 호응만 바로잡아도 품격이 높아집니다. 문장 늘리기는 문장 호응을 익히고 기본 문장을 바르게 쓰는 것을 익히는 데 좋은 방법입니다. 저도 대학 때 공주교육대학교 최명환 교수님께 같은 방법으로 문장 쓰기를 배웠습니다. 단문과 문장 호응을 익히는 최고의 방법이니, 아이와 함께 해보세요.

1. 단문을 씁니다.

　나는 간다.

2. 꾸미는 말을 넣어서 문장을 최대한 늘리되, 서술어만 꾸밉니다.

　나는 간다.

　나는 집에 간다.

　나는 오늘도 집에 간다.

나는 오늘도 집에 늦게 간다.

나는 오늘도 집에 최대한 늦게 간다.

나는 오늘도 집에 가기 싫어서 최대한 늦게 간다.

나는 오늘도 집에 가기 싫어서 최대한 꾸물대면서 늦게 간다.

나는 오늘도 집에 가기 싫어서 최대한 꾸물대면서 늦게 늦게 간다.

3. 주어를 꾸미는 말을 넣어서 문장을 최대한 늘립니다.

나는 간다.

혼난 나는 간다.

엄마에게 혼난 나는 간다.

엄마에게 아침부터 혼난 나는 간다.

엄마에게 아침부터 호되게 혼난 나는 간다.

엄마에게 이른 아침부터 호되게 혼난 나는 간다.

바쁜 엄마에게 이른 아침부터 무지하게 호되게 혼난 나는 간다.

바쁜 엄마에게 이른 월요일 아침부터 무지하게 호되게 혼난 나는 간다.

바쁜 엄마에게 이른 월요일 아침부터 무지하게 호되게 혼난 나는 학교
에 간다.

4. 꾸미는 말을 지우면 처음 문장만 남습니다.

나는 오늘도 집에 가기 싫어서 최대한 꾸물대면서 늦게 늦게 간다.

바쁜 엄마에게 이른 월요일 아침부터 무지하게 호되게 혼난 나는 터덜
터덜 학교에 간다.

문장 호응은 꾸미는 말을 모두 지우고 주어와 술어만 남겼을 때도 바른

문장이 되는 것을 말합니다. 문법에 맞지 않는 글은 대부분 문장에서 주어를 생략한 채 술어를 여러 개 쓴 경우입니다. 이때도 술어만 남기고 꾸미는 말을 지우면 어떤 부분이 잘못됐는지 알 수 있습니다.

제목: 국립부여박물관과 백제금동대향로

임유진(3학년)

오늘 국립부여박물관을 갔다 왔다. 거기에서 백제금동대향로를 배웠다. 백제금동대향로라는 향로 이름을 지을 때 먼저 맨 앞에 백제는 어느 시대 때 만들었는지고, 두 번째 금동은 무슨 재료로 만들었는지고, 세 번째 향로는 그냥 향로다. 중간에 끼어 있는 대(大)는 60cm가 넘어서 붙인 거라고 한다.

유진이 일기입니다. 이 글에서 "백제금동대향로라는 ~ 그냥 향로다"는 비문(非文)입니다. 체험학습에서 들은 이야기니 분명히 문화 해설사나 선생님이 유진이에게 백제금동대향로 이름의 유래를 들려주었을 겁니다. 먼저 유진이가 생략한 주어를 쓰고, 술어를 보충해 보겠습니다.

(선생님은) 백제금동대향로라는 향로 이름은 맨 앞에 백제는 어느 시대 때 만들었는지고, 두 번째 금동은 무슨 재료로 만들었는지고, 세 번째 향로는 그냥 향로(를 뜻한다)라고 했다.

이번에는 원문을 그대로 살리고 주어만 바꿔보겠습니다.

백제금동대향로라는 향로 이름(에서) 맨 앞에 백제는 어느 시대 때 만

들었는지고, 두 번째 금동은 무슨 재료로 만들었는지고, 세 번째 향로
는 그냥 향로다.

원문을 최대한 살렸습니다. 이만큼만 고쳐도 유진이가 하려는 말이 무엇
인지 알 수 있습니다. 이 글을 주어 하나에 술어 하나인 단문으로 쪼개보겠
습니다.

백제금동대향로라는 이름에서
맨 앞 백제는 어느 시대 때 만들었는지(를 말한)다.
두 번째 금동은 무슨 재료로 만들었는지(를 말한)다.
세 번째 향로는 그냥 향로(라는 뜻이)다.

유진이는 '백제금동대향로'라는 이름이 시대, 재료, 향로라는 세 가지에
서 왔다는 것을 설명하고 싶었습니다. 많은 내용을 한 문장에 담으려다가
비문이 되었습니다. 대화할 때는 비문으로 말해도 듣는 사람이 이해하지만
글은 다릅니다. 주어와 술어를 분명하게 쓰는 게 좋습니다. 글을 읽을 때
주어와 술어를 찾는 연습을 한 주에 한 번씩만 해도 문장을 정확하게 보는
눈이 길러집니다.

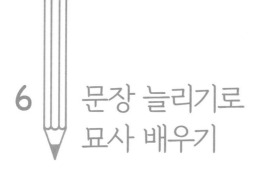

6 문장 늘리기로 묘사 배우기

문장 늘리기가 익숙해지면 다음은 묘사입니다. 단순한 그림이 있는 사진을 보여줍니다. 처음에는 그림이 단순할수록 좋습니다.

©shutterstock.com

1. 먼저 **뼈대**가 될 문장을 단문으로 씁니다.

   새가 있다.

2. 술어를 꾸며서 문장을 늘립니다.

   새가 앉아 있다.

   새가 나무에 앉아 있다.

새가 나무에 앉아 생각하고 있다.

새가 나무에 혼자 앉아 생각하고 있다.

새가 나무에 혼자 앉아 가만히 생각하고 있다.

새가 나무에 혼자 앉아 가만히 어딘가를 바라보며 생각하고 있다.

3. 주어를 꾸며서 문장을 늘립니다.

새가 있다.

노란 새가 있다.

노란 깃털을 한 새가 있다.

노란 깃털에 검정 부리를 한 새가 있다.

샛노란 깃털에 검정 부리를 한 작은 새가 있다.

샛노란 깃털에 검정 부리를 한 작고 귀여운 새가 있다.

눈부시게 샛노란 깃털에 검정 부리를 한 작고 귀여운 새가 있다.

4. 두 문장을 이어서 최대한 길게 늘립니다.

눈부시게 샛노란 깃털에 검정 부리를 한 작고 귀여운 새가 나무에 혼자 앉아 가만히 어딘가를 바라보며 생각하고 있다.

인물이 나온 사진을 보고 같은 방식으로 문장을 늘립니다. 다음은 유진이 사진을 보고 초등학교 3학년 건율이가 한 문장 늘리기입니다.

1. 기본 문장을 씁니다.

여자아이가 있다.

2. 술어를 꾸밉니다.

여자아이가 서 있다.

여자아이가 풀밭에 서 있다.

여자아이가 푸른 풀밭에 웃으며 서 있다.

여자아이가 푸른 풀밭에 활짝 웃으며 서 있다.

여자아이가 푸른 풀밭에서 앞을 보고 활짝 웃으며 서 있다.

여자아이가 푸른 풀밭에서 팔을 올리고 앞을 보면서 활짝 웃으며 서 있다.

3. 주어를 꾸밉니다.

어깨까지 오는 머리 길이의 여자아이가 있다.

머리띠를 하고 어깨까지 오는 머리 길이의 여자아이가 서 있다.

4. 늘린 문장을 이어갑니다.

머리띠를 하고 어깨까지 오는 머리 길이의 여자아이가 어깨에 핸드백을 메고 흰 레이스 치마를 입은 채 푸른 풀밭에서 팔을 올리고 앞을 보면서 활짝 웃으며 서 있다.

5. 단문으로 나누고 시간적·공간적 배경을 덧붙입니다.

오후여서 햇살이 밝다.(시간적 배경 추가) 여자아이는 푸른 풀밭에서 팔을 올리고 서 있다.(공간적 배경 추가) 아이는 머리띠를 했다. 머리 길이는 어깨까지 온다. 어깨에는 핸드백을 메고 있다. 흰 레이스 치마를 입었다. 앞을 보면서 활짝 웃으며 서 있다.

6. 의성어나 의태어를 넣어서 강조합니다.

오후여서 햇살이 **반짝반짝** 밝다.(의태어 추가) 여자 아이는 푸른 풀밭에서 팔을 올리고 서 있다. 아이는 머리띠를 했다. 머리는 어깨까지 온다. 어깨에는 핸드백을 메고 있다. **살랑거리는** 흰 레이스 치마를 입었다.(의태어 추가) 앞을 보면서 활짝 웃으며 서있다.

묘사는 글로 그림을 그리는 것입니다. 묘사한 글을 읽고 독자의 머리에 그림이 그대로 떠올라야 합니다. 문장 늘리기로 묘사한 다음 원래 사진과 비교해 보면 빠진 것이 무엇인지 알 수 있습니다.

독자는 글쓴이가 묘사하는 대로 이미지를 떠올립니다. 머리카락을 묘사했다가 손을 묘사했다가 하는 것보다 머리카락, 이마, 눈, 코, 입처럼 시선을 따라가며 써야 독자가 글로 묘사된 이미지를 안정적으로 떠올립니다.

1. 위에서부터 아래로 또는 아래에서 위로 쓰기

2. 왼쪽에서 오른쪽으로 또는 오른쪽에서 왼쪽으로 쓰기

3. 큰 것에서 작은 것으로 쓰기

4. 바깥에서 안으로 또는 안에서 바깥으로 쓰기

이번에는 초등학교 4학년 동운이가 쓴 글입니다.

동운이는 장난치는 것을 좋아하는 평범한 초등학생입니다. 묘사하기를 단계대로 연습하고 글을 다듬으면 초등학생에게서도 이렇게 감성적인 글이 나온답니다.

제목: 사진 속의 소녀

김동운(4학년)

나는 사진 속의 소녀를 바라보았다. 노오란 햇살이 내려앉는 어느 봄날 오후였다. 뒤에서 불어오는 바람이 소녀의 긴 머리를 부드럽게 살랑이고 있었다. 흐릿한 나무 배경은 소녀의 모습을 더욱 선명하게 드러냈다.

소녀는 풀밭에 앉아 있었다. 하체는 강아지풀에 가려져 보이지 않았다. 소녀는 파란색 안경을 쓰고 흰색 숫자 '23'이 가운데에 크게 적힌 파란색 반팔 티셔츠를 입고 있었다. 오른팔은 몸통 가까이 늘어뜨리고 왼손에는 무언가를 쥐고 있었다.

소녀는 오른쪽으로 고개를 갸우뚱하며 앞을 바라보고 있었다. 반달 같은 눈썹이 둥근 안경 위로 빼꼼히 나와 있었다. 소녀는 입을 다문 채 마치 모나리자처럼 엷은 미소를 띠고 있었다.

동운이, 건율이, 은율이 모두 문장 늘리기를 쉽게 배웠습니다. 아이들은 줄줄이 늘려 쓰는 걸 무척 재미있어했습니다. 다만 길게 늘려 쓴 문장을 단문으로 나누었다가 다시 꾸미는 말을 넣어서 다듬는 것은 어렵다고 말했습니다.

처음에는 이런 과정이 다소 귀찮게 여겨질지 모르지만 제대로 익히면 글을 쓰면 쓸수록 묘사하는 실력도 빠르게 늡니다.

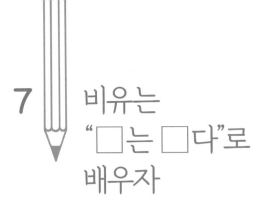

7 비유는 "□는 □다"로 배우자

　"봄 날의 곰처럼 사랑해."

작가 무라카미 하루키가 『상실의 시대』에서 쓴 문장입니다. 제가 알기로는 봄날의 곰처럼 사랑한다는 말은 하루키 이전에도 이후에도 없었습니다. 무라카미 하루키는 사랑한다는 추상적인 감정을 봄날의 곰이라는 이미지로 만들었습니다.

　"책은 도끼다"는 카피라이터 박웅현이 쓴 책 제목입니다. 책이 도끼라니, 참으로 낯설지만 책은 삶을 바꾸는 강력한 도구가 맞습니다. 이 문장을 읽는 독자는 머리에 도끼를 떠올립니다. 독서라는 추상적인 행위가 도끼라는 사물로 구체화될 때 독자는 글쓴이가 의도하는 대로 글에 빠져듭니다.

　이런 독특하고 좋은 표현은 꾸준히 연습해야 나옵니다. 무라카미 하루키는 노벨 문학상 후보로 손꼽히는 작가이고 박웅현은 대한민국 최고의 광고인입니다. 그들도 이런 표현을 하기까지 수없이 많은 문장을 쓰고 지우면서 연습했습니다.

　앞에서 살펴본 묘사가 글로 그림을 그리는 것이라면 비유는 'A는 B이다'

또는 'A는 B처럼'입니다. 이 연결은 익숙하고 잘 아는 것일수록 재미없습니다. '사랑은 달콤하다', '책은 마음의 양식이다'는 누구나 다 아는 말입니다. 진부하지요.

누구나 아는 표현	새로운 표현
독서는 마음의 양식이다 독서 = 마음의 양식	책은 도끼다 책 = 도끼 = 강력한 무기
사랑은 달콤하다 사랑 = 달콤한 것	독서는 500원이다 독서 = 500원

"독서는 500원이다"는 제가 가르쳤던 2학년 학생이 쓴 말입니다. 책을 읽을 때마다 아빠가 500원씩 준다고 하더군요. 독서를 돈에 비유할 수 있냐는 문제를 떠나 제가 가르친 수많은 초등학생 가운데 독서가 500원이라고 한 아이는 이 아이뿐이었습니다.

"얼음 동굴은 엄청 캄캄했다."

건율이가 유럽에 다녀와서 쓴 기행문에 나오는 문장입니다. 캄캄하다는 말도 추상적이지만 엄청도 추상적인 말입니다. 추상과 추상을 이으면 독자는 머리에 이미지가 안 떠오릅니다. 독자가 시각적으로 떠올릴 수 있는 구체적인 이미지를 제시해 줘야 합니다. 봄날의 곰처럼 사랑한다, 도끼처럼 삶을 바꾼다, 이렇게 말입니다.

저는 학생들에게 일주일에 한 번씩 '□는 □이다' 일기를 쓰게 했습니다. 재미있고 다양한 아이디어가 참 많이 나왔습니다. 교사에게 비유를 가르쳤을 때는 쓸 말이 없다는 이야기를 많이 들었지만 아이들에게선 아이디어가 쏟아져 나왔습니다. 비유야말로 초등학생이 가장 잘할 수 있는 글쓰기 훈련법입니다.

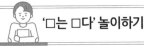

준비물 명함 크기 종이 여러 장, 매직

1. 명함 크기의 종이를 준비합니다.

2. 엄마와 종이를 나눠 갖습니다.

3. 종이에 좋아하는 사물이나 동물의 이름을 씁니다.

   예 바람, 하늘, 수선화, 책상, 발바닥, 독서, 도끼, 천국, 고향

4. 먼저 엄마가 카드를 한 장 뽑아서 앞 □를 채웁니다.

5. 아이가 다음 카드를 뽑아서 뒤의 □를 채웁니다.

   예 엄마가 뽑은 카드: 발바닥

   아이가 뽑은 카드: 천국

   → 발바닥은 천국이다.

6. 이유를 말로 설명해 보게 합니다.

   예 발바닥은 천국이다. 왜냐하면 발바닥을 쉬게 하면 몸도 마음도 편해지기 때문이다.

7. 만든 문장을 글로 써봅니다.

8. 역할을 바꿉니다.

일주일에 한 번씩 비유를 연습해서 아이디어를 쏟아냈던 저희 반 아이들과 달리 은율이, 동운이, 건율이 모두 '□는 □이다'를 어려워했습니다. 처음 내준 주제가 '학교는 □이다'였는데 세 아이 모두 어떻게 써야 할지 모르겠다고 입을 모았습니다. 이렇게 비유를 처음 연습하는 아이들에게는 선생님, 친구, 학교처럼 이미지가 굳어진 대상보다 체육 수업, 동굴, 구름처럼 아이들이

평소 깊이 생각해 보지 않은 주제가 좋습니다.

　은율이는 주제를 '체육 수업은 □다'로 바꾸었습니다. 학교를 주제로 할 때 보다 쉽게 썼습니다.

체육 수업은 □다

서은율(6학년)

체육 수업은 아침부터 가슴을 쿵쾅거리게 한다. 마치 밤새 하얀 눈이 소복히 쌓인 놀이터에서 친구들과 눈사람을 빨리 만들고 싶은 것처럼 체육 시간이 기대된다.

　동운이는 전에 썼던 글에 비유를 넣어서 한 문단만 고쳐 쓰게 했습니다. 동운이가 처음 썼던 글과 비유를 넣어서 고친 글이 어떻게 다른지 볼까요.

처음 글	고친 글
"우리 동운이는 만들기를 잘하네. 나중에 건축가가 되려나?" 나는 그 말을 듣고 기분이 **엄청** 좋았다.	"우리 동운이는 만들기를 잘하네. 나중에 건축가가 되려나?" 그 말을 듣고 **금방이라도 마트에 있는 건담 프라모델을 모조리 다 조립할 수 있을 것 같은** 기분이 들었다.

　아이들 대부분이 동운이의 처음 글처럼 '기분이 엄청 좋았다'고 씁니다. 저는 동운이에게 그때 기분이 얼마나 좋았는지 말해 보게 했습니다. 동운이는 '좋아하는 프라모델을 모두 조립할 수 있을 것처럼 좋았다'고 했습니다.

말한 그대로 고치게 했습니다. 동운이처럼 생각은 있는데 어떻게 글로 쓸지 모르는 경우는 말로 먼저 해보고 글로 쓰는 게 쉽습니다.

비유는 한 부분을 강조하기 위한 장치입니다. 모든 글에 비유를 넣지 않아도 됩니다. 동운이처럼 비유를 넣어서 특정 부분을 강조해서 고치거나 은율이처럼 평소 깊이 생각해 보지 않은 주제를 '□는 □다'로 써보게 하는 정도가 좋습니다.

 ## 사회 교과를 싫어하는 아이를 위한 창의적인 글쓰기

1. "만약 ~했다면 어땠을까?" 축 사고 기법 글쓰기

창의적 사고 기법 가운데 '만약 ~했더라면 ~했을 텐데'라고 가정해 보는 축 사고 기법이 있습니다. 축 사고 기법은 역사를 공부할 때 아주 유용합니다. 저는 사회 수업 시간에 축 사고로 마무리해 보는 활동을 학생들과 자주 했습니다. 학생들은 축 사고가 더 깊이 생각하고, 더 많이 찾아서 공부하는 계기가 되었다고 이야기했습니다. 이 내용을 글로 쓰게 하면 좋습니다.

① 공간축 바꾸기

역사적 사건이 일어난 장소를 바꿔봅니다.

예 팔만대장경이 내가 사는 전주에서 만들어졌다면 어땠을까?

② 시간축 바꾸기

역사적 사건이 일어난 시간대를 바꿔봅니다.

예 구석기인이 지금 대한민국 땅에 움집을 짓는다면?

③ 인물축 바꾸기

역사적 사건에서 인물을 바꿔봅니다.

예 내가 고려청자를 만든다면?

2. "□는 □다" 비유를 활용한 글쓰기

역사적 사건을 배우고 난 다음은 글로 이 내용을 스스로 정리하게 하세요.

'□는 □다'를 이용하면 창의적이고 다양한 생각을 표현할 수 있습니다.

예 삼별초는 □다.

삼별초는 고려인의 자존심이다. 왜냐하면 고려가 위기를 맞았을 때 삼별초만 끝까지 굴하지 않고 저항했기 때문이다.

9장

글쓰기를
싫어하는
아이를 위한
쉬운 글쓰기

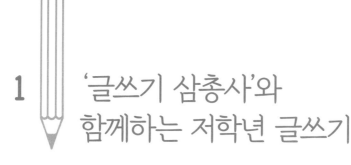

1 '글쓰기 삼총사'와 함께하는 저학년 글쓰기

글은 본 대로, 들은 대로, 느낀 대로만 써도 생생합니다. 어렵지 않습니다. '글쓰기 삼총사'인 따옴표, 의성어, 의태어만 기억하면 됩니다. 글쓰기 삼총사와 함께라면 저학년 아이도 얼마든지 쉽고 재미있게 글을 쓸 수 있습니다.

> 〈가〉 사람 사는 것은 풀잎의 이슬 같다. 천년만년 살 것같이 기틀을 다지고
> 집을 짓지만, 많아야 칠십 평생이다. 믿을 것이 없다.
> 〈나〉 "사람 사는 기이 풀잎의 이슬이고 천년만년 살 것같이 기틀을 다지고
> 집을 짓지마는 많아야 칠십 평생 아니가. 믿을 기이 어디 있노."

박경리 작가의 『토지』 속 한 구절입니다. 〈가〉는 평서문이고, 〈나〉는 사투리를 살린 대화문입니다. 같은 내용이어도 〈나〉 문장이 훨씬 생생합니다. 이게 바로 따옴표가 부리는 마법입니다.

저는 학생들이 처음 글쓰기를 시작할 때 큰따옴표 두 개에 작은따옴표

한 개 쓰기를 약속으로 정했습니다. 이 약속만 잘 지켜도 현장감 있는 생생한 글이 됩니다.

유진이가 2학년 때 쓴 일기입니다. 유진이에게 큰따옴표와 작은따옴표를 넣어서 고치게 했습니다.

처음 글

오늘 언니를 승마장에서 데려오는 길에 벚꽃나무가 엄청 많이 핀 걸 보고 엄마가 사진 찍으면 좋겠다고 했다. 그래서 언니와 차에서 내려서 같이 사진을 찍기로 했다. 엄마와 나와 언니는 차에서 내려서 사진을 찍었다. 바람이 불어서 벚꽃이 떨어져 내리는데 꽃잎을 손으로 잡으면 첫사랑이 이루어진다고 언니가 말해서 언니와 벚꽃을 손으로 잡으러 뛰어다녔다.

큰따옴표를 넣은 글

오늘 언니를 승마장에서 데려오는 길에 벚꽃나무가 엄청 많이 핀 걸 보고 엄마가 이렇게 말했다.

"우와, 우리 여기에서 같이 사진 찍고 갈까?"

나와 언니는 엄마 말에 찬성했다. 차에서 내려서 엄마가 말했다.

"연아! 거기에 좀 서봐."

언니는 엄마가 가리키는 곳에 섰다. 바람이 불어서 꽃잎이 떨어져 내렸다.

"꽃잎을 손으로 잡으면 사랑이 이루어진대."

언니 말을 듣고 나도 꽃잎을 잡으러 뛰어다녔다.

따옴표를 쓰면 특별한 기교를 부리지 않아도 글이 생생해집니다. 게다가 글 분량도 늘어납니다. 따옴표는 짧은 글도 길게 만들어주는 꿀팁이죠.

작은따옴표는 생각한 것이나 다른 사람에게 들은 말을 옮길 때 씁니다. 글쓴이는 작은따옴표로 의견이나 생각을 독자에게 더 정확하게 전달할 수 있죠. 유진이가 같은 글에 작은따옴표까지 넣어서 완성했습니다.

<u>작은따옴표까지 넣어서 완성한 글</u>

오늘 언니를 승마장에서 데려오는 길에 벚꽃이 많이 핀 걸 보았다.

'벚꽃이 많이 피었네.'

속으로 생각했다. 엄마도 벚꽃을 보고는 이렇게 말했다.

"우와, 우리 여기에서 같이 사진 찍고 갈까?"

나와 언니는 찬성했다. 차에서 내려서 엄마가 언니한테 말했다.

"연아! 거기에 좀 서봐."

언니는 엄마가 가리키는 곳에 섰다. 그때였다. 바람이 불어서 꽃잎이 떨어져 내렸다.

"꽃잎을 손으로 잡으면 사랑이 이루어진대."

언니 말을 듣고 나도 꽃잎을 잡으러 뛰어다녔다.

의성어와 의태어는 글을 맛깔나게 하는 양념과 같습니다. 본 대로 들은 대로 쓰는 글쓰기에서 꼭 필요한 것이기도 합니다. 의성어와 의태어를 하나씩만 넣어도 글에 생기가 돕니다. 카드놀이로 의성어, 의태어와 친해지게 하세요.

의성어와 의태어 놀이하기

(준비물) 명함 크기 종이 80장, 파란색 매직, 빨간색 매직

1. 빨간 펜으로 카드에 의성어를 씁니다.(20장)

> (예) 딸랑딸랑, 짤랑짤랑, 찰랑찰랑, 뿡뿡, 폭폭

2. 파란 펜으로 카드에 의태어를 씁니다.(20장)

> (예) 산들산들, 건들건들, 살랑살랑

3. 의성어에 어울리는 문장을 빨간 펜으로 씁니다.(20장)

> (예) 종이 울렸다. 주머니에서 동전 소리가 났다. 기차가 달렸다.

4. 의태어에 어울리는 문장을 파란 펜으로 씁니다.(20장)

> (예) 바람이 분다. 오빠가 걷는다. 치마가 흔들린다.

5. 카드를 모두 뒤집어 놓습니다.

6. 가위바위보를 해서 이긴 사람이 먼저 뒤집어 놓은 카드 가운데 세 장을 고릅니다. 진 사람도 이어서 카드를 세 장 고릅니다.

7. 가위바위보를 해서 이긴 사람이 뒤집어 놓은 카드 가운데 한 장을 뽑습니다. 내가 가진 카드와 어울리는 문장을 뽑으면 카드를 갖습니다. 어울리지 않는 문장을 뽑으면 다시 뒤집어 놓습니다.

> (예) 산들산들 – 바람이 불었다.(어울리는 문장이므로 카드 갖기)
>
> 뱃고동 소리가 났다.(다시 뒤집어 놓기)

8. 만든 문장을 함께 읽어봅니다.

9. 카드를 많이 갖는 사람이 놀이에서 이깁니다.

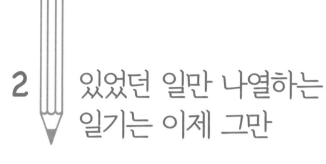

2 있었던 일만 나열하는 일기는 이제 그만

꾸준히 쓰면 글은 늡니다. 제대로만 쓴다면 일기보다 더 좋은 글쓰기 연습도 없습니다. 부모님이 글쓰기 교육에 관심이 많았던 덕에 건율이는 하루도 빠짐없이 일기를 썼습니다. 다음은 건율이가 2017년 2월과 7월에 쓴 일기입니다.

〈가〉기분 좋은 날

2017년 2월 서건율(3학년)

아침 맛있게 먹고 바이올린을 갔다. 열심히 연습을 해서 드디어! 진도를 나갔다. 기분이 좋았다. 피아노에서도 잘 풀렸다. 아이스크림을 먹었다. 기분 좋은 하루였다.

〈나〉 덕진공원 오리, 자라

2017년 7월 서건율(3학년)

토요일에 결혼식장에서 뷔페와 스테이크를 먹고 덕진공원에 갔다. 커다란 다리가 있는데 연꽃이 피어 있어서 예뻤다. 다리에 가니까 천둥오리가 떼지어 다니고 있어서 신기했다. 더 신기한 거 천둥오리가 부스터처럼 풍풍 빠르게 가고 자라도 엄청 많아서 신기했다

둘 다 이러이러한 일이 있었다고 적었습니다. 나중에 쓴 〈나〉 글이 오히려 맞춤법과 띄어쓰기가 더 많이 틀렸습니다. 일기를 기록으로 본다면 건율이처럼 있었던 일만 잘 써도 됩니다. 그렇지만 일기를 쓰면서 글이 늘기를 기대한다면 일주일에 한 편을 제대로 쓰는 게 낫습니다.

일기로 글쓰기 연습을 한다면 시간 중심이 아니라 사건 중심으로 방식을 바꾸어야 합니다. 예를 들어 〈가〉는 밥 먹기, 바이올린 학원 가기, 피아노 학원 가기, 아이스크림 먹기를 나열했습니다. 〈가〉는 기록으로 본다면 나무랄 데가 없습니다. 있었던 일을 다 썼으니까요. 그러나 글로 본다면 이보다는 글감을 하나만 골라서 쓰는 식으로 지도하는 게 좋습니다.

엄마: 오늘 하루 가운데 <u>가장 기억에 남은 한 가지 사건</u>을 말해 볼래?

지수: 바이올린 학원에서 진도 나간 거요.

엄마: 진도를 어떻게 나갔는지 <u>자세하게</u> 설명해 볼까?

지수:『스즈키 바이올린 교본』2권 40번에서 41번으로 넘어갔어요.

엄마: 그렇구나. 40번에서 41번으로 넘어간다고 했을 때 <u>어떤 기분</u>이었니?

지수: 그냥 기분이 좋았어요.

엄마: 그때랑 비슷한 기분을 언제 느꼈는지 말해 볼까? 선생님이 뭐라고 말씀하셨는지 그대로 말해 보렴. 이제 엄마랑 이야기한 내용을 쭉 이어서 일기에 써볼까?

이렇게 특정 사건을 콕 짚어서 자세하게 쓰게 하세요. 아이에게 무턱대고 자세하게 쓰라고 말하면 더 어렵습니다. 들었던 말, 나눈 대화, 무슨 생각을 했는지, 어떤 기분이었는지, 비슷한 감정을 언제 또 느껴봤는지 등을 쓰라고 얘기해 주세요. 특정 사건 하나에만 집중하면 주제와 관련 없는 군더더기가 자연스럽게 빠져나갑니다.

〈가〉와 〈나〉처럼 시간 흐름에 따라 모든 사건을 나열하면 글의 초점이 흐려집니다. 반면 한 가지 사건에만 집중하게 하면 그 이야기를 하기 위해 여러 가지 대화, 감정, 생각, 보고 들은 것, 사실과 의견 등을 끌어오게 됩니다.

처음에는 아이가 말하고 부모님이 받아쓰는 게 좋습니다. 글을 쓴다는 것 자체가 아이에게는 팔이 아프고 힘든 일입니다. 글씨를 대신 써주는 것만으로도 한결 글쓰기에 대한 부담이 줄어든답니다.

글은 몇 번이고 다듬어야 완성됩니다. 한 번에 뚝딱 쓰고 끝나는 게 아니라 몇 번이고 고쳐야 일기도 좋은 글로 거듭납니다. 그러려면 밤늦게 졸린 채 일기를 쓰는 것보다는 집에 오자마자 쓰고, 다 쓴 다음 읽어보면서 고치는 것이 좋겠지요.

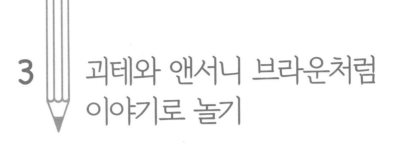

3 괴테와 앤서니 브라운처럼 이야기로 놀기

세계적인 대문호 요한 볼프강 폰 괴테를 아시나요? 괴테는 스물 셋에 『젊은 베르테르의 슬픔』을 썼고, 스물 넷에 『파우스트』를 썼습니다. 영국 과학 전문지 《네이처》는 인류 역사를 바꾼 세계의 천재 열 명을 선정해 발표한 적이 있는데, 괴테가 이 가운데 한 명이랍니다.

괴테의 아버지는 돈이 넉넉한 평민이었고, 어머니는 프랑크푸르트 시장을 지낸 유서 깊은 집안의 딸이었습니다. 괴테의 아버지는 넉넉한 경제력으로 집안을 멋지게 꾸몄고 괴테를 위해 가정 교사를 두고 어릴 때부터 수학, 문학, 예술, 프랑스어, 라틴어, 그리스어, 히브리어, 첼로, 그림, 피아노, 비평과 독서를 가르쳤습니다.

특히 괴테에게 큰 영향을 미쳤던 괴테의 어머니는 우리도 잘 아는 방법으로 괴테를 교육했습니다. 이른바 베갯머리 교육으로, '베드사이드 스토리 (bedside story)'라고도 하는 교육법입니다.

괴테의 어머니는 밤마다 괴테에게 전래동화를 한 편씩 들려주었습니다.

이때 끝 부분을 일부러 들려주지 않고 다음 이야기를 괴테가 직접 완성해 보게 했다고 합니다. 한창 재미있는 부분에서 이야기를 멈추고 아이가 결말을 말하게 한 겁니다.

이 이야기는 어떻게 끝날 것 같니?

이제 주인공은 어떻게 될까?

나쁜 일을 한 사람은 이제 어떤 일을 겪게 될까?

만약 네가 작가가 된다면 다음 이야기를 어떻게 쓰고 싶니?

이렇게 꾸준히 결말을 상상하는 일을 하다보면 아이가 만들어내는 결론도 다양해집니다. 여러 버전의 뒷이야기를 지어보고 마음에 드는 이야기는 글로 써보게 하세요.

유명한 그림책 작가 앤서니 브라운은 어릴 때 한 살 많은 형과 '셰이프 게임(shape game)'을 자주 했다고 합니다. 셰이프 게임은 먼저 종이에 아무 의미 없는 모양을 그리고 다음 사람이 이어서 그림을 완성해 가는 게임입니다. 셰이프 게임을 글쓰기로 응용해 보세요. 아직 이야기 상상하기가 익숙하지 않은 저학년 아이도 재미있게 이야기를 만들어갈 수 있습니다.

 셰이프 게임 글쓰기

1. 잘 아는 그림책에 나오는 단어를 하나 고릅니다.

 예 고릴라, 그림책, 뭉게구름, 알사탕

2. 고른 단어로 문장을 만듭니다.

> 예 고릴라가 뛰어옵니다.

3. 이어서 다음 문장을 씁니다.

> 예 고릴라가 뛰어옵니다. 깜짝 놀라서 나무 뒤로 숨었습니다.

4. 다음 문장을 잇습니다. 의성어를 넣습니다.

> 예 고릴라가 뛰어옵니다. 깜짝 놀라서 나무 뒤로 숨었습니다. 그때 갑자기
> 머리 위에서 바스락 소리가 났습니다.

5. 다음 문장을 잇습니다. 문장에 어울리는 의태어를 넣습니다.

> 예 고릴라가 뛰어옵니다. 깜짝 놀라서 나무 뒤로 숨었습니다. 그때 갑자기
> 머리 위에서 바스락 소리가 났습니다. 나뭇잎이 우수수 떨어져 내렸습
> 니다.

6. 문장을 이어서 씁니다. 대화하는 말을 넣습니다.

> 예 고릴라가 뛰어옵니다. 깜짝 놀라서 나무 뒤로 숨었습니다. 그때 갑자기 머
> 리 위에서 바스락 소리가 났습니다. 나뭇잎이 우수수 떨어져 내렸습니다.
> "여기서 뭐 하니?"
> 고릴라였습니다.

7. 대화하는 말을 넣어서 이야기를 완성합니다.

> 예 고릴라가 뛰어옵니다. 깜짝 놀라서 나무 뒤로 숨었습니다. 그때 갑자기 머
> 리 위에서 바스락 소리가 났습니다. 나뭇잎이 우수수 떨어져 내렸습니다.

"여기서 뭐 하니?"

고릴라였습니다.

"너를 보고 깜짝 놀라서 숨었어."

내가 말했습니다.

"그럼 우리 숨바꼭질할까?"

고릴라하고 숲에서 신나게 숨바꼭질을 하면서 놀았습니다.

8. 문장에 어울리는 그림을 한 컷씩 그리면 '나만의 그림책'이 됩니다. 그림 그리는 것이 어려우면 원하는 캐릭터나 그림을 인쇄해서 붙여도 됩니다.

9. 그림책을 완성한 다음 함께 읽어봅니다.

4 카드 놀이로 배우는 꾸미는 말

빠른 기차, 밝은 빛, 지독한 냄새.

명사는 이렇게 보통 꾸며주는 말인 형용사와 함께 씁니다.

꾸미는 말인 형용사를 어떻게 쓰느냐에 따라 글의 분위기도 달라집니다. 아이의 어휘력을 늘리기에 형용사만큼 중요한 것도 없습니다. 형용사를 많이 알수록 문장에도 자유롭게 응용할 수 있겠지요. 꾸미는 말은 놀이처럼 가르칠 수 있습니다.

 꾸미는 말 놀이하기

(준비물) 종이 3장, 여러 색 사인펜

1. 첫 번째 종이에 빨간 상자를 크게 그립니다.

2. 두 번째 종이에 파란 상자를 크게 그립니다.

3. 상자에 꾸미는 말을 쓰되, 좋아하는 낱말은 파란색으로 씁니다. 싫어하는 낱

말은 빨간색으로 씁니다.

> **예** **파란색 낱말**: 멋진, 빠른, 아름다운, 예쁜, 훌륭한, 편안한
>
> **빨간색 낱말**: 추한, 지독한, 고약한, 나쁜, 괘씸한, 불편한

4. 세 번째 종이에 다양한 사물이나 대상을 씁니다.

> **예** 자동차, 책, 학교, 빵, 미미 인형, 뽀로로, 소파, 방귀, 항아리

5. 엄마가 낱말을 하나 고릅니다. 아이가 어울리는 단어를 골라서 공책에 씁니다. 문장으로도 만들어보게 합니다.

> **예** 엄마: 멋진　　　　아이: 자동차
>
> 만든 문장: 멋진 자동차 → 자동차가 멋집니다.
>
> 엄마: 아름다운　　　아이 : 미미 인형
>
> 만든 문장: 아름다운 미미 인형 → 미미 인형이 아름답습니다.

6. 엉뚱하게 만들어보기

엄마가 꾸미는 말을 고르면 아이가 낱말을 아무렇게나 고릅니다. 마찬가지로 문장으로도 만들어봅니다.

> **예** 훌륭한 뽀로로, 편안한 빵, 괘씸한 자동차
>
> 뽀로로는 훌륭하다, 빵이 편안하다, 자동차가 괘씸하다

7. 느낀 점을 말해 봅니다.

> **예** 잘 어울리는 꾸미는 말이 있다는 걸 알게 됐다.

　

처음엔 엄마와 놀이하고 익숙해지면 아이 혼자 '꾸미는 말만 50개 이상 찾아보기', '50개 짝지어서 문장으로 만들어보기'처럼 다양한 놀이로 응용해보세요. 아이들의 꾸미는 말이 눈에 띄게 다양해진답니다.

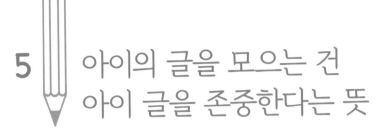

5 아이의 글을 모으는 건 아이 글을 존중한다는 뜻

"**엄**마, 밤이 눈물을 흘리면 별똥별이 되는 거야?"

"응? 누가 그래?"

"누가 알려준 게 아니라 내 생각이야. 전에 봤는데 별똥별이 하늘에서 눈물처럼 흐르더라."

그 말에 놀라서 유진이를 한참을 보았습니다. 하늘에서 별똥별이 눈물처럼 흐른다는 유진이 표현이 참 멋졌습니다. 부모라면 누구나 아이가 무심코 던진 말이 너무 그럴듯하게 멋져서 깜짝 놀랄 때가 있을 겁니다.

저는 아이를 키우면서 아이들이 하는 말에 자주 놀랐습니다. 어쩜 저렇게 창의적이고 재미있는 생각을 할까 감동할 때도 있었습니다. 어른은 쥐어짜내도 안 나올 말을 너무나 쉽게 툭툭 던집니다.

그런데 안타깝게도 언제부터인가 더는 그런 재미있는 말이 아이 입에서 나오지 않습니다. 초등학교 5, 6학년만 돼도 밤이 눈물을 흘리면 별똥별이 된다는 식으로 말하지 않습니다.

아이에게는 딱 그 나이 때만 나오는 문장이 있습니다. 아이가 자라면서 지식이 쌓이면 그만큼 생각도 점점 틀을 갖춥니다. 어릴 때는 크리스마스에 산타클로스가 선물을 주러 온다고 생각하지만 조금 자라면 산타클로스가 없다고 말하는 것과 똑같습니다. 이런 과정을 십여 년 지켜보니 아이가 하는 말과 글을 그대로 보관만 잘해도 귀하겠구나 싶습니다.

아이가 끄적거리는 낙서 하나도 버리지 마세요. 꾸준히 모으면 작품집이 됩니다. 아이 글이 어떻게 발전하는지, 생각이 어떻게 자라는지도 볼 수 있습니다. 아이가 아직 글을 잘 못 쓴다면 엄마가 받아써도 괜찮습니다. 날짜와 문장만 기록해도 됩니다.

아이의 글을 모은다는 것은 다른 말로는 아이 글을 존중한다는 뜻입니다. 아이가 글을 잘 써서 존중하는 게 아니라 아이 글이어서 존중하는 것입니다. 저는 이렇게 아이 글을 귀하게 여기는 마음이 진짜 글쓰기 교육이라고 생각합니다.

낙서하듯 끄적거리던 글자가 문장이 되고, 어설픈 문장이 좋은 글이 됩니다. 누구나 그런 과정을 거쳐서 글이 늡니다. 잘 쓰고 좋은 글만 칭찬받는 게 아니라 아이가 쓰는 글 모두가 귀하고 가치 있는 것으로 여겨져야 글도 재미있게 쓰고 또 쓰고 합니다.

아이는 자기가 쓴 글이라면 무조건 칭찬받고 싶어 합니다. 그 마음을 귀하게 여겨주세요. 잘 쓰고 못 쓰고를 떠나서 아이 글이어서 귀하게 여기고 소중하게 간직하는 게 먼저랍니다. A4 파일에 아이의 글을 차곡차곡 넣어서 작품집으로 만들어주세요. 언젠가 반드시 돌아보면서 아이와 함께 웃는 날이 올 겁니다.

10장

긴 글쓰기에
도전하자

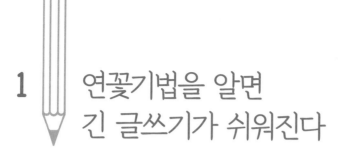

1 연꽃기법을 알면 긴 글쓰기가 쉬워진다

주제는 작가가 글에서 말하고 싶은 핵심 생각입니다. 글감은 주제를 구체화한 것입니다. 예를 들어 '맑은 물'이 주제라면 글감은 '맑은 물과 관련해서 내가 경험한 이야기'입니다. 주제만 보고 곧장 글을 쓰라고 하면 어렵습니다. 크고 추상적인 주제를 작고 구체적인 내 이야기인 글감으로 가져오는 과정을 거쳐야 합니다.

이 장에서는 글감을 찾아서 긴 글을 쓸 수 있는 '연꽃기법'을 소개합니다. 연꽃기법은 창의적 사고기법 가운데 하나로 아이디어를 확산하는 방법입니다. 연꽃기법을 글쓰기에 응용하면 여덟 문단으로 글을 구성할 수 있어서 문단을 가르치기에도 좋습니다. 저도 책이나 긴 글을 쓸 때는 연꽃기법을 활용합니다.

연꽃기법으로 글감 찾기

준비물 A4 용지 여러 장

1. A4 용지에 3×3칸을 그립니다.

2. 가운데 칸에 주제를 씁니다.

3. 주제와 관련해서 생각나는 글감을 나머지 칸에 짧은 문장이나 낱말로 씁니다.

4. 글로 쓰고 싶은 글감을 고릅니다.

엄마	아빠	내 동생
이모	가족	강아지 민이
이모부	할머니	외할머니

5. 고른 글감을 새 A4 용지 3×3 칸에 씁니다.

6. 고른 글감과 관련한 이야기를 문장으로 씁니다.

7. 글로 쓰고 싶은 문장을 고릅니다.

민이를 처음 만났을 때	민이가 좋아하는 간식	민이는 산책을 좋아해
민이 이름은 왜 민이가 됐을까	강아지 민이	착한 민이도 목줄을 꼭 해야 할까
민이의 사랑스러운 모습	민이가 수술하고 집에 돌아온 일	민이와 달리기한 날

8. 같은 과정을 한 번 더 반복합니다.

강아지도 스트레스를 받는다	강아지 스트레스를 줄이는 방법	민이는 집 근처를 30분간 걷기 좋아한다
민이는 풀도 뜯어 먹는다	민이는 산책을 좋아해	민이는 산책할 때마다 코를 킁킁거린다
민이와 산책하고 나면 나도 피곤해진다	산책은 냄새 맡기, 사회성 기르기, 스트레스 해소 모두에 좋다	산책하면서 다른 집에 사는 강아지들을 만난다

9. 쓴 문장으로 문단을 조직합니다.

1문단: 강아지도 스트레스를 받는다. 우리 민이도 그렇다.

2문단: 스트레스를 줄이는 데 산책이 좋다고 들었다.

3문단: 민이와 집 근처를 매일 30분씩 산책한다.

4문단: 민이는 산책할 때마다 코를 킁킁거리며 냄새를 맡고, 주변 강아지를 향해 짖고, 사람을 보고 꼬리를 흔든다.

5문단: 산책이 반복되자 민이가 스트레스를 덜 받는다는 걸 알게 됐다.

6문단: 민이와 산책이 끝나면 피곤하긴 하지만 앞으로도 민이를 위해서 계속 산책을 하겠다.

이야기가 점점 구체적으로 잡혀가지요? 이런 작업을 거치면 추상적인 주제도 손에 잡히는 현실적인 이야기로 만들 수 있습니다. 처음부터 막연하게 글을 길게 쓰라고 하면 어떻게 써야 할지 전혀 감이 안 오니, 이렇게 큰 주제에서 작은 이야기로 생각을 좁히는 방법을 가르쳐주세요. 아이는 이 과정에서 이야기를 구성하는 일이 어떤 것인지 직관적으로 배웁니다. 몇 번만 연습해도 어떤 주제로든 얼마든지 긴 글을 쓸 수 있습니다.

연꽃기법은 글쓰기뿐만 아니라 다른 교과 수업에도 응용할 수 있습니다. 저는 국어, 수학, 사회, 과학, 미술 어떤 과목에서든 연꽃기법을 활용했습니다. 처음에는 칸을 채우는 연습을 해야 하지만 나중에는 어떤 주제를 줘도 이야깃거리를 풍부하게 찾아냅니다. 글을 쓸 때는 순서에 맞춰 문단으로 엮기만 하면 됩니다.

글쓰기가 지루해서 싫다고 했던 동운이가 3월에 쓴 일기를 볼까요. 무슨 말을 하려고 했는지 글만 봐서는 잘 모르겠습니다. 초등학생들이 일기를 쓰다가 할 말이 없으면 자주 쓰는 말인 '화이팅!'도 보입니다.

제목: 새 학년 새 학기

2018년 3월 17일 날씨: 흐림

새 학기가 되었다. 4학년이 되니 기분이 살짝 이상하다. 그리고 3학년 때가 가끔 그립기도 하다. 그중 가장 그리운 것은 친구들이다. 그래도 4학년 때 다시 좋은 친구를 사귀면 되니까 괜찮다. 물론 4학년이 되니까 좋은 점도 있고, 안 좋은 점도 있다. 좋은 점은 작년에는 금요일에 6교시를 했는데 올해는 화요일에 6교시를 한다. 또 좋은 점은 우리 교실이 도서실에 가깝다는 것이다. 덕분에 도서실에 더 자주 가게 되었다. 안 좋은 점은 우리 교실이 신관 쪽에 있다는 것이다. 그래서 급식실이 멀어졌다. 밥도 늦게 먹는다. 하지만 곧 익숙해질 것 같다. 화이팅!

동운이가 글쓰기 교실에서 연꽃기법을 배웠습니다. 동운이가 글을 어떻게 구성해 나갔는지 보겠습니다.

연꽃기법으로 글쓰기 1단계: 글감 찾기

(친구)	공부	선생님
급식	~~가족~~ 학교	책 (교과서)
쉬는시간	우리반	수업

학교에서 제일 친한 친구	(멀리하고 싶은 친구)	베스트 프렌드가 된 이유
나의 짝꿍	친구	어떻게 친구가 되었지?
친구와 놀다가 기분나쁜일	친구와 같이 밥 먹은거	친구와 나의 같은 관심사

왜 멀리하고 싶을까?	멀리하고싶은 친구에게 다가갈 수 있을까	멀리하고 싶은친구들의 공통
멀리하고 싶은 친구의 친구	멀리하고 싶은친구	멀리하고 싶는이유
멀리하고 싶은친구가 나에게 한일	멀리하고싶은 친구가 나에게 한말	멀리하고 싶은친구의 말투

연꽃기법으로 글쓰기 2단계: 문장으로 쓰기

1문단: 멀리하고 싶은 친구가 나에게 한 일

2문단: 멀리하고 싶은 친구가 나에게 한 말

3문단: 멀리하고 싶은 친구의 말투

4문단: 멀리하고 싶은 친구의 친구

5문단: 멀리하고 싶은 이유

6문단: 멀리하고 싶은 친구에게 다가갈 수 있을까

연꽃기법으로 글쓰기 3단계: 이어서 글쓰기

제목: 멀리하고 싶은 친구

2018년 5월 김동운(4학년)

"야! 야! 김동운!"(글쓰기 시작 전략: 대화글로 시작하기, 큰따옴표①)

친구가 부르는 소리에 난 고개를 돌렸다. 그때 손가락 하나가 내 얼굴을 쿡(의태어①) 찔렀다. 한별이었다. 몹시 화가 났지만 꾸욱(의태어②) 참았다. 그리고 친구들과 약속했던 술래잡기를 시작했다.

우리 반에선 술래잡기를 할 때 두 가지 규칙이 있다. 첫 번째 규칙은 술래가 다른 사람을 잡으면 잡힌 사람도 술래가 된다. 두 번째 규칙은 화장실에 있는 사람을 술래가 잡을 수 없다. 단, 술래가 아닌 사람이 화장실에 2분 이상 있으면 자동으로 술래가 된다.

이번 술래잡기에서도 나는 화장실에 숨었다. 하지만 술래였던 한별이가 규칙을 어기고 화장실에 막무가내로 들어오더니 내 어깨를 잡아챘다. 나는 속이 부글부글 끓었지만 화를 참고 물었다.

"한별아, 너 왜 규칙을 어기니?"(큰따옴표②)

그러자 한별이가 "동운아, 너 왜 규칙을 오기니"(큰따옴표③) 하며 입을 삐죽거리면서(의태어③) 내 말을 비꼬듯이 따라했다. 나는 한별이를 쥐어박고 싶었지만 또 꾹 참아버리고 말았다. 술래잡기가 끝나고 나서도 한별이는 계속 비꼬며 내 말투를 따라했다. 난 그때부터 한별이가 싫어졌다.

한별이는 화를 잘 내는 친구였다. 예를 들어 피구를 할 때 우리 편 공인데 자기 편 공이라고 우기고 친구가 지우개 같은 물건을 빌려 달라고 하면 못들은 척했다. 그리고 자기보다 큰 친구에게 주눅 들지 않고 덤비는 친구였다. 딱 나만한 덩치인데도 아주 사나워서 덩치가 큰 아이들을 모두 이겼다.

한별이와 꼭 붙어 다니는 태빈이라는 아이도 있었다. 한별이처럼 성격이 사나웠고 힘이 셌다. 다른 아이들은 한별이와 태빈이를 멀리했다. 몇몇 아이들은 한별이와 태빈이에게 아부를 떨었지만 난 별로 상관하지 않았다.

나는 학교에서 그런대로 평범한 아이다. 가끔 내가 만든 종이 모형은 인기가 많다. 어떤 친구들은 내게 종이를 주고 만들어달라고 부탁하기도 한다. 심지어 돈을 줄 테니 만들어달라는 친구도 있다. 한별이와 태빈이도 내게 종이를 가져와 말했다.

"야, 나도 만들어줘! 나도, 나도!"(큰따옴표④)

그리고 부탁을 했다. 나는 웃으면서 말했다.

"뭐, 그래. 한번 만들어보지."(큰따옴표⑤)

하지만 나는 한별이가 내게 했던 말과 행동들이 떠올랐다. 결국 나는 모든 학기가 끝날 때까지 만들어주지 않았다. 그리고 한 마디도 하지 않았다. 난 멀리하고 싶은 아이들에게 다가갈 수 있을까.

많은 아이가 동운이 같을 겁니다. 글을 쓰라고 하면 보통은 귀찮아하고 어떻게든 대충 쓰고 끝내려 하죠. 그랬던 동운이도 연꽃기법을 배우자 원고지 7장 1,200자 분량 글을 뚝딱 써냈습니다. 동운이는 연꽃기법으로 쓰니까 글쓰기가 하나도 지겹지 않다고 말했습니다.

아이들은 글을 못 쓰는 게 아닙니다. 안 써봐서 어떻게 쓰는지 모르는 것뿐입니다. 연꽃기법으로 머리에 맴돌던 생각을 글로 구체화하고, 앞에서 배운 글쓰기 삼총사까지 활용하면 글은 순식간에 풍부해지고, 길어지고, 생생해집니다.

긴 글을 한 편 완성하면 아이들은 성취감을 크게 느낍니다. 성취감을 한번 맛보면 다음에 글 쓰는 것은 더 쉬워집니다. 그 다음에는 더 쉬워지고요. 글쓰기의 선순환이 시작되지요.

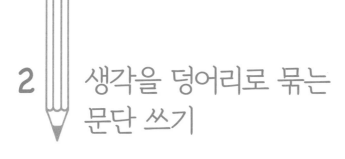

2 생각을 덩어리로 묶는
문단 쓰기

스토리가 있는 글은 대부분 도입, 전개, 절정, 결말로 이야기가 진행됩니다. 신문기사든 수필이든 유명 작가가 쓴 소설이든 마찬가지입니다. 인물이 등장하고, 사건이 생기고, 갈등과 문제를 극복해서 마무리합니다. 문단은 이런 이야기 흐름을 덩어리로 묶은 것입니다. 시작과 끝은 간결하게, 가운데 배치할 전개와 절정 부분은 강조하는 식입니다. 도식화하면 항아리 모양이 됩니다.

도입: 문단 1개

전개: 문단 1개

위기와 절정: 문단 1개

결말: 문단 1개

짧은 글 문단 개수(4개)

도입: 문단 1개

전개: 문단 2개

위기와 절정: 문단 4개

결말: 문단 1개

1,000자 이상 글 문단 개수(6~8개)

처음 글을 쓸 때에는 '열기-맺기' 2단계로 쓰는 게 좋습니다. 익숙해지면 열기와 맺기를 둘씩 나누어 '시작하는 이야기-하고 싶은 이야기① - 하고 싶은 이야기② - 정리하기'처럼 네 문단으로 씁니다. 네 문단 쓰기에서 조금 더 구체적으로 이야기를 전개하면 문단을 둘씩 더 나누어 여덟 문단이 됩니다. '열기-맺기' 구조를 따르면 자연스레 짝수 문단으로 글이 구성된다는 것을 알 수 있습니다.

유진이가 2학년 때 네 문단 쓰기를 지도한 내용을 그대로 옮겨봅니다.

1. 시작하는 이야기: 언제, 어디에서, 누가, 무엇을 했는지 씁니다.

엄마: 오늘은 무엇을 써볼까?

유진: 벚꽃 이야기.

엄마: 벚꽃을 언제 봤지?

유진: 점심 먹기 전에 봤어.

엄마: 벚꽃을 어디에서 봤어?

유진: 승마장에서 집으로 오는 길에 봤어.

엄마: 누구랑 같이 봤지?

유진: 엄마랑 언니랑 함께 봤어.

2. 하고 싶은 이야기①: 왜 그 주제를 골랐는지, 무슨 생각을 했는지 씁니다.

엄마: 유진이는 왜 이걸 쓰고 싶어?

유진: 엄마가 벚꽃 보고 사진 찍자고 했는데, 그게 기억에 남았어.

엄마: 유진이는 그 말을 듣고 무슨 생각했어?

유진: 얼른 사진 찍으면 좋겠다고 찬성했어.

유진: 그럼 찬성한 것까지 쓰면 되겠네.

3. **하고 싶은 이야기②:** 더 하고 싶은 이야기와 또 다른 사건을 씁니다.

엄마: 그때 또 무슨 일이 있었더라?

유진: 엄마가 언니한테 사진 찍게 나무 아래에 서보라고 했어.

4. **정리하기:** 내용을 정리하는 문장으로 간결하게 끝맺습니다.

벚꽃 터널

임유진(2학년)

1. 시작하는 이야기

오늘 언니를 승마장에서 데려오는 길에 벚꽃나무가 엄청 많이 핀 걸 보았다.

'벚꽃이 많이 피었네.'

속으로 생각했다.

2. 하고 싶은 이야기①

엄마도 벚꽃을 보고는 이렇게 말했다.

"우와, 우리 여기에서 같이 사진 찍고 갈까?"

나와 언니는 찬성했다.

3. 하고 싶은 이야기②

차에서 내려서 엄마가 언니한테 이렇게 말했다.

"연아! 거기에 좀 서봐."

언니는 엄마가 가리키는 곳에 섰다. 언니와 사진을 찍으면서도 언니는 벚꽃을 잡으려 하고, 벚꽃은 자꾸 다른 데로 도망갔다. 나도 벚꽃을 못 잡았다.

4. 정리하기

집에 오는 길에 '내년까지 언제 기다리지'라고 생각했다. 벚꽃이 바람에 아름답게 떨어져 내리는 날이었다.

저학년이어도 이렇게 문단을 나눈 글을 쓸 수 있습니다. 문단 나누기를 연습한 다음 유진이가 어느 날 문득 글을 한 편 썼습니다. '루나 이야기'라는 글입니다.

루나 이야기

임유진(2학년)

루나는 다음 날 책가방을 찾고 있는데 그제야 현관에 두고 온 게 생각났다. 하지만 현관까지 가려면 무서운 괴물을 셋이나 만나야만 했다. 책가방에는 중요한 숙제가 들어 있기 때문에 할 수 없이 비상식량으로 자신이 좋아하는 쿠키와 오렌지 주스를 배낭에 챙겨 넣고 괴물 여행에 나섰다.

첫 번째는 부엌에 들어가서 엄마 괴물의 설거지를 해줘야 했다. 엄마 괴물의 설거지를 대신 해주었다.

두 번째는 아빠 괴물의 잔소리를 다 들어주어야 했다. 아빠 괴물의 잔소리를 다 들어주었다.

세 번째는 언니 괴물한테는 그냥 핸드폰을 던져주면 됐다. 그래서 언니 괴물한테 핸드폰을 던져줬다.

짐작하시겠지만 사실 이 세 괴물은 저희 가족입니다. 괴물 여행에 나서기까지가 첫째 문단, 첫 번째 괴물이 둘째 문단, 두 번째 괴물이 셋째 문단, 세 번째 괴물이 또 한 문단입니다.

여기까지 써놓고 유진이는 더 쓰기 싫다며 글을 마무리하지 않았습니다. 끝까지 썼다면 좋았겠지만 유진이처럼 저학년 아이는 글을 잘 썼는지 문단을 제대로 완성했는지 중요하지 않습니다. 아이 스스로 글을 쓴 것으로도 크게 칭찬하고 격려해야 합니다. 아이가 글쓰기에 재미를 붙인 순간이 드디어 찾아온 것이니까요.

3 연꽃기법으로 서사 쓰기

: 기행문

서사는 묘사와 함께 글쓰기의 두 축입니다. 서사는 시간의 흐름에 따라 사건을 나열합니다. 초등학생들이 흔히 '아침에 밥을 먹고, 학교를 가서, 공부하다가 집에 왔다'는 식의 일기를 자주 쓰는데 이런 글이 대표적인 서사입니다.

서사는 시간 흐름에 따라 사물의 변화를 관찰하는 관찰 보고서나 시간 흐름에 따라 장소를 이동하는 기행문을 잘 쓰기 위해 꼭 배워야 합니다. 특히 아이들이 체험학습을 다녀온 다음 보고서를 쓸 때 막연하게 어디 어디에 다녀왔다고만 쓰면 딱히 더 할 말이 없습니다. 이때도 연꽃기법으로 미리 내용을 구체적으로 정리한 다음 글을 쓰면 좋겠지요.

은율이, 건율이, 동운이는 연꽃기법으로 서사도 배웠습니다. 마침 건율이와 은율이 형제는 글쓰기 수업을 하던 6월에 유럽으로 가족 여행을 다녀왔습니다. 유럽에 다녀와서 기행문을 썼는데, 은율이는 원고지로 20장을 썼고, 건율이는 15장을 썼습니다. 두 아이는 먼저 연꽃기법으로 내용을 정리했습니다.

	외국을 처음 가는 게 기대된다. →	비행기를 탔다. ↓
	비행기에서 있었던 일	기내식이 맛없었다. ↓ 기내 케이크와 영화는 좋았다.
	↑ 유럽은 어떨지 궁금했다.	

* 글의 앞부분에 해당하기 때문에 비행기에서 있었던 일은 문단을 짧게 구성했습니다.

호텔을 갔는데 너무너무 다리가 아팠다. ↘	프랑스 파리에 있는 드골 공항에 도착했다. →	에펠탑을 실제로 보니 생각보다 크고 멋졌다. ↓
바토무슈 배를 타고 하늘을 봤는데 노을이 져서 멋졌다. ↑	프랑스 파리에서 있었던 일	오르셰 미술관에서 그림을 보니 더 화가가 되고 싶었다. ↓
샹젤리제 거리에서 개선문을 봤다. 아주 컸다. ↑	샹젤리제 거리에서 기념품을 사고 멸치 피자를 먹었다. 맛은 없었다. ←	루브르 박물관에 갔는데 옛날에 지어진 건물이라는 게 신기했다. ←

트래킹을 했다. 꽃을 봐서 예뻤지만 힘들었다. ↘	스위스 인터라켄에 있는 유스호스텔에 도착했다. →	4인 자전거를 탔는데 힘들었다. 꽃과 강이 예뻤다. ↓
융프라우요흐 정상에서 눈보라가 내렸다. 눈사람을 만들었다. ↑	스위스 인터라켄 : 스위스가 세 나라 중 가장 좋았다.	스위스 조식도 샌드위치였다. ↓
융프라우산에 갔는데, 지금까지 살면서 본 경치 중 가장 멋졌다. ↑	얼음 동굴을 구경했다. 바닥이 미끄러워서 넘어졌지만 재미있었다. ←	기차를 타고 융프라우요흐를 올라갔다. 어떻게 생겼는지 궁금했다. ←

피렌체 대성당을 구경했다. ↘	베니스 구경을 했다. 물이 많아서 신기했다. →	수상 택시를 타고 산 마르코 광장을 구경했다. ↓
조토의 종탑을 올라갔다. 다리가 아팠지만 경치는 멋있었다. ↑	이탈리아 베니스, 피렌체	산 마르코 광장을 구경하면 ↓ 서 기념품을 샀다. 정말 크고 웅장했다.
두오모 성당 내부를 구경했다. ↑ 옛날에 만들었다는 게 신기했다.	피렌체를 구경했다. 두오모 ← 성당 외곽을 구경하고 조토의 종탑도 봤다.	저녁에는 피자와 파스타를 ← 먹고 호텔로 돌아갔다. 오늘도 다리가 너무 아팠다.

트레비 분수에 이빨을 던졌다. ↘	스페인 광장에서 너무 목이 말랐고 몽띠 교회를 구경했다. →	바티칸 투어가이드와 미켈란젤로 성당과 베드로 성당 작품에 대해 배웠다. ↓
진실의 입에 갔다. ↑ 무서웠다.	이탈리아 로마	저녁으로 피자와 파스타를 ↓ 먹었다.
나보나 광장에서 길거리 공 ↑ 연을 보고 판테온 신전을 구경했다.	콜로세움 근처에 있는 팔라 ← 티노 언덕을 올라갔다.	로마의 콜로세움을 봤다. ← 아주아주 컸다.

건율이가 연꽃기법으로 10일간의 유럽 여행을 정리한 다음 쓴 기행문입니다.

유럽아, 다시 만나자

서건율(3학년)

"너무 기대된다!" (글을 시작하는 전략: 대화글로 시작하기, 큰따옴표①)

외국을 처음 가는 날이어서 다른 여행보다 더더욱 기대가 됐다. 유럽은 어떻게 생겼는지 궁금했다. 유럽에 빨리 가고 싶어졌다.

비행기를 탔다. 비행기에서 영화와 게임을 보며 놀았다. 기내식이 나왔다. 처음 먹어보는 기내식이었다. 기내식이 그리 맛있지는 않았다.

드디어 프랑스에 있는 드골 공항에 도착했다. 일단 호텔에 가서 짐을 푼 다음 에펠탑으로 갔다. 책에서 본 것보다 더 크고 멋졌다.

다음은 오르셰 미술관에서 유명한 화가들의 작품을 봤다. 멋진 작품들을 보니까 더 화가가 되고 싶어졌다. 거기에서 작품을 볼 때 다리가 너무 아팠다. 루브르 박물관에서 안에는 못 들어갔지만 외곽도 박물관 같았다. 루브르 박물관에서는 '이걸 옛날에 만들었다니, 참 대단하구나'(작은따옴표①)라는 생각을 했다. 왜냐하면 수많은 멋진 조각상들과 정교하게 새겨져 있는 무늬가 있었기 때문이다.

이번엔 샹젤리제 거리로 갔다. 일단은 너무 배가 고파서 식당으로 갔다. 그곳에서 피자를 시켰다. 피자가 나오는데 멸치가 들어 있는 피자가 나와서 맛이 없었다.

식사를 하고 나서 샹젤리제 거리에 있는 개선문에 갔다. 개선문은 참으로 크고 멋졌다.

다음으로 바토무슈라는 배를 탔다. 마침 노을이 지고 있어서 그 풍경이 아주 멋졌다. 한국에서는 미세먼지 때문에 하늘이 안 보이는데 오랜만에 본 노을이었다. 바토무슈를 타고 다시 숙소로 돌아갔다.

다음 날 파리 리옹역에서 스위스에 있는 인터라켄 동역으로 갔다. 숙소를 들른 후 4인 자전거를 타고 스위스 마을을 구경했다. 아름다운 꽃들이 마을에 많았다. '스위스는 자연이 참 예쁘구나'(작은 따옴표②)라고 생각했다. 다음으로 형아의 시계를 산 다음 숙소로 돌아갔다.

드디어 융프라우요흐를 가는 날이다. 호텔에서 융프라우요흐를 가는 기차역으로 갔다. 한참 기차를 타고 올라가다가 잠시 멈춰 구경을 하고 다시 올라갔다. 얼음 동굴에 도착했다. 미끌미끌한 얼음이 바닥에 있어서 재미있었다. 그런데 형아가 장난을 쳐서 넘어졌다. 조금 울기도 했지만 그래도 괜찮았다.

얼음 동굴을 나와서 융프라우에 발을 내디뎠다. 그곳에 있는 눈으로 눈사람을 만들고 있었다. 그런데 외국인이 나에게 다가와서 영어로 무언가를 말했지만 나는 알아듣지 못했다. 머리를 쓰다듬더니 굿이라고 해서 아마도 좋은 뜻 같았다. 나도 "땡큐"(큰따옴표②)라고 말했다. 그랬더니 초콜릿을 주셨다. 외국인과 이야기를 한 게 처음이라서 기분이 좋았다. 대화를 나눠보니, '영어를 잘 알아야겠구나'(작은따옴표③) 하는 생각이 들었다. 대화하면서 더 많은 표현을 써보고 싶었기 때문이다. 기차를 타고 내려오다가 잠깐 들러서 트래킹을 했다. 산에서 내려오는데 예쁜 꽃이 많아서 좋았다. 다시 기차를 타고 내려갔다. 이제 스위스 여행이 끝났다. 자연이 아름다워서 스위스가 다녀본 세 나라 가운데 제일 좋았다.

이제 베네치아로 가려는데 그만 기차표를 잃어버렸다. 다행히 검사하는 역무원이 그냥 넘어가줬다. 아직 여행이 남았기 때문에 어떻게 될지 몰라 걱정하면서 베네치아에 도착했다.

베네치아는 물에 집이 떠있는 것 같았다. 베네치아를 구경하다가 수상택시를 타고 산 마르코 광장으로 갔다. 산 마르코 광장은 굉장히 크고 멋졌다. 비둘기 모이를 주는 사람이 있었는데 형아가 모르고 받아버렸다. 그러고 나서 기념품을 산 다음에 광장 위로 올라갔다. 밖을 봤더니 빨간색 지붕이 펼쳐져 있었다. 이탈리아는 꼭 빨간 지붕이어야 하는 것 같다. 다시 수상 택시를 타고 돌아갔다. 파스타와 피자를 먹고 숙소로 돌아갔다.

다음 날 이번엔 피렌체로 갔다. 먼저 두오모 대성당을 구경했다. 마을 하나 정도로 큰 규모였다. 미처 다 못 보고 숙소로 돌아갔다. 다음 날 다시 두오모에 찾아갔다. 조토의 종탑에 올라갔다. 너무너무 힘들고 다리가 아팠지만 그래도 두오모 성당을 볼 수 있어서 다행이었다. 두오모 성당 내부에도 들어가보았다. 안과 밖 모두 대단했다. 옛날에 지었다는 게 믿어 지지 않았다.

다음 날 기차를 타고 로마로 갔다. 이번에는 기차표를 대충 넘어가주지 않았다. 기차표를 다시 끊어야 했다. 스페인 광장으로 바로 갔다. 스페인 광장에 올라가는데 목이 말랐다. 스페인 대사관에 잠깐 들어갔는데, 나는 다리가 아파서 그냥 앉아 있었다.

다음 날 로마에 있는 콜로세움에 갔다. 유럽 사람들은 다 대단한 것 같 다. 콜로세움을 너무나 크고 웅장하게 지어놨기 때문이다. 팔라티노 언덕 에도 올라갔다. 스위스와 비슷한 풍경이었다. 나보나 광장으로 갔다.

나보나 광장에는 길거리 공연이 펼쳐졌다. 그중에서도 스프레이로 그림 을 그리는 사람이 제일 기억에 남는다. 그것을 볼 때마다 그저 "대단하다" (큰따옴표③)는 말 밖에 안 나왔다. 스프레이로 몇 분 만에 멋진 작품을 뚝딱 그려냈기 때문이다. 밤에 트레비 분수에 갔다.

트레비 분수는 동전을 넣으면 소원이 이루어진다고 한다. 사람들이 동 전을 던지는 것을 바라보다가 나는 이탈리아에서 빠진 이빨을 넣었다. 내 이빨이 이탈리아 트레비 분수에 있다는 게 지금 생각해도 기분 좋다. 숙 소로 돌아갔다. 오늘도 다리가 아팠다.

마지막 날이다. 똑같은 샌드위치 조식인데도 뭔가 느낌이 달랐다. 판테 온 신전 내부를 구경했다. 자연광이 아주 예뻤다. 한참 보고 난 다음 공항 으로 이동했다.

유럽에서 10일 동안 있어보니 영어를 잘해야 할 것 같다. 화가가 되고 싶은 마음도 더 커졌다. 유럽 사람들은 건축을 아주 잘하는 것 같다. 유럽에서 힘든 일도 많았지만 재미있고 신기한 것을 많이 보았다. 다음에 또 오고 싶다.

"유럽아, 우리 다시 만나자."(큰따옴표④)

다음은 동운이가 바다에 다녀와서 쓴 기행문입니다.

안녕, 바다야

김동운(4학년)

"와! 바다다!"(글쓰기 시작하는 전략: 대화글로 시작하기, 큰따옴표①)

자동차 창문 밖으로 군산 새만금 방조제가 보였다. 그 너머로 넓고 푸른 바다도 보였다. 창문을 여니 시원한 바닷바람이 들어왔다.

전주에서 자동차로 40분을 달려 우리 가족이 도착한 곳은 군산 신시도 몽돌 해수욕장이었다. 5월이었지만 햇빛이 꽤 강했다.

나는 차에서 내리자마자 바닷가로 타다다닥(의태어①) 뛰어갔다.

'어? 여기 바닷가는 모래가 아니라 모두 자갈로 되어 있네?'(작은따옴표①)

바닷가를 따라 수많은 자갈들이 펼쳐져 있었다. 그 자갈은 몽돌이었다. 몽돌은 모나지 않은 둥근 돌인데 만져보니 맨들맨들(의태어②)했다. 크기와 색깔도 제각각이었다. 나는 몽돌 두 개를 손에 얹고 비벼 보았다. 사그락사그락(의성어①) 소리가 났다.

여행 온 다른 사람들이 여기저기 흩어져 바다를 구경하고 있었다. 우리 가족은 사진을 한 장 찍었다. 모두들 기분이 좋아보였다. 아빠와 형은 납작한 돌을 골라 물수제비를 떴다. 나는 그 모습을 구경하다가 바위 틈을

탐색해 보고 싶어졌다.

바위 틈 사이에 바닷물이 사방으로 고여 있었다. 고인 물을 자세히 살펴보니 그 속에 작은 게가 기어가는 것이 보였다. 나는 버려져 있는 종이 컵을 주워 게를 잡아 컵 속에 넣었다. 게가 왠지 어리둥절해 하는 것 같아 귀여웠다.

게를 더 잡으려고 다른 웅덩이로 갔더니 이번에는 소라게가 있었다. 소라 게를 잡으려고 조심스럽게 손을 뻗었더니 소라 속으로 쏘옥 들어갔다.

'소라게야, 어서 나와.'(작은따옴표②)

나는 소라게가 다시 소라 밖으로 나오기를 기다렸다. 잠시 후 소라게가 밖으로 나왔다. 나는, '이때다!'(작은따옴표③) 하고 재빨리 손을 뻗었다. 성공이었다. 그렇게 여러 마리를 더 잡았다.

나는 소라게를 자랑하려고 엄마께 뛰어갔다. 그런데 엄마가 반짝이는 초록 돌을 들고 계셨다. 나는 신기해서, "엄마, 이게 뭐예요?"(큰따옴표②) 라고 물었다. 엄마가 자세히 살펴보시더니 말했다.

"이건 돌이 아닌데? 아, 이건 깨진 병 조각인가 보다!"(큰따옴표③)

난 혹시나 싶어 그 초록 돌을 다른 돌에 부딪쳐 보았다. 틱틱거리는 소리가 났다. 아마도 병 조각이 몽돌처럼 둥글게 된 것 같았다. 나는 속으로, '쓰레기를 함부로 버려서는 안 되겠구나'(작은따옴표④) 하고 생각했다.

늦은 오후가 되니 어느덧 바닷물이 다시 차오르기 시작했다. 우리 가족은 집으로 돌아갈 준비를 했다. 나는 잡았던 게를 다시 바다에 놓아 주었다.

파도가 몽돌 사이로 들어왔다 나갔다. 파도가 몽돌에 부딪쳐 스윽스윽(의성어③) 소리가 났다. 그 소리를 뒤로 하고 우리 가족은 전주로 돌아왔다. 멋진 하루였다.

기행문을 건율이는 2,000자, 동운이는 1,200자, 은율이는 3,000자 넘게 썼습니다. 아이들이 긴 글을 쉽게 쓸 수 있었던 것은 본격적인 글쓰기에 앞서 글의 뼈대가 될 개요를 작성한 덕분입니다. 글의 개요를 짜면 긴 글을 쓰는 게 어렵지 않습니다.

초등학생에게 개요 짜기를 가르치는 것은 생각처럼 쉬운 일이 아니라서 '개요' 대신 '연꽃기법'을 가르쳤습니다. 글쓰기 삼총사와 연꽃기법을 배우고 나자 아이들은 글을 손쉽게 써냈습니다. 어떻게 이렇게 긴 글을 썼냐고 물어보니 아이들이 대답했습니다.

"이제 글쓰기가 재밌어요."

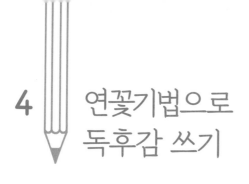

4 연꽃기법으로 독후감 쓰기

어느 날 책 읽는 걸 좋아하는 둘째 유진이가 선언했습니다.

"엄마, 자꾸 그렇게 독후감 쓰라고 하면 앞으로는 책 안 읽을 거야."

책 읽을 때마다 옆에 가서 "독후감도 한번 써보지 그래" 하면서 살살 꼬드겼더니 싫었던 모양입니다. 책은 좋아도 독후감은 싫다는 유진이 같은 아이들이 많을 겁니다.

"독후감 쓰는 게 왜 싫은데? 너 글 잘 쓰잖아."

유진이에게 물어봤더니 대답은 이랬습니다.

"왜는. 독후감 쓰려면 귀찮잖아."

유진이를 위해서라도 어떻게 하면 독후감 쓰는 게 귀찮지 않고 재미있을까 고민했습니다. 유진이처럼 독후감 쓰기 싫어하는 아이를 위해 독후감 쉽게 쓰는 방법을 소개합니다.

책을 읽고

서은율

『해와 바람』이라는 책을 읽었다. 어렸을 때 읽은 책이다. 또 읽어봤다. <u>해와 바람이 만났을 때 내기를 하였다. 누가 더 센지, 대결을 했는데 지나가는 사람의 옷을 벗게 하는 것이다. 먼저 바람이 바람을 불어 옷을 날리려고 했다. 하지만 지나가는 사람은 옷을 더 꽉 잡았다. "좀 더 세게" 하면서 다시 불었지만 힘만 들었다. 다음 해가 옷을 벗기려 했다. 하지만 해는 옷을 날리려 하지 않았다. 해는 주변을 뜨겁게 하여 그 사람이 덥게 만들었다. 그래서 그냥 쉽게 옷을 벗었다. 그러니 해가 승! 바람은 힘자랑을 하였던 자신이 부끄러웠다.</u> 그래서 나는 바람처럼 힘만 자랑하지 않고 해처럼 지혜를 쓴 점이 좋다.

은율이가 5학년 때 쓴 독후감입니다. 밑줄 친 부분은 책의 줄거리를 쓴 부분입니다. 아마 많은 아이가 은율이처럼 독후감을 쓸 겁니다. 분량도 짧지만 느낌을 표현한 문장이 '그래서 나는 ~ 좋다' 한 줄뿐입니다. 은율이가 독후감을 왜 이렇게 썼는지 물어보자 은율이 부모님은 "별생각 없이 읽은 책이어서 그렇다"고 하셨습니다. 그런데 정말로 생각 없이 책을 읽을 수 있을까요?

책을 읽는 것은 1부에서 살펴본 것처럼 매우 고차원적인 사고 과정입니다. 몇 만분의 1초 단위로 빠르게 새로운 정보를 받아들여 갖고 있는 정보와 비교 및 해석하고 다시 자신의 것으로 재구조화하여 기억하는 일을 동시에 수행해야 합니다. 생각이 없는 게 아니라 너무 많은 것이죠.

아이가 독후감 쓰기를 어려워하는 것은 읽는 동안 생각을 안 해서가 아니라 너무 많이 했기 때문이고, 그것을 어떻게 묶을지 잘 몰라서 그렇습니다.

독후감을 쓰는 가장 쉬운 방법은 책을 읽을 때 중요한 부분을 메모하는 것입니다. 1부에서 초록하는 독서의 장점을 살펴봤지요? 나중에 초록만 모아서 정리하면 두꺼운 책 한 권도 얼마든지 요약할 수 있습니다.

그런데 아이들은 메모하면서 책을 읽지 않습니다. 그냥 책 읽는 것도 달래서 읽히는데 어느 세월에 메모까지 할까요. 생각이 다 지나간 다음에야 독후감을 쓰려 하니 어려울 수밖에 없습니다. 그렇다면 초록 없이도 생각을 다시 떠올릴 방법이 있어야겠지요.

몇 년 전 미국 LA로 가족 여행을 갔습니다. 남편이 차를 운전했는데 내비게이션 대신 기억으로만 길을 되짚어가야 할 때가 몇 번 있었습니다. 그때 일곱 살이었던 유진이가 길을 가장 잘 찾았습니다. 어떻게 기억하냐고 물었더니, 어느 한 지점을 확실하게 기억해 두면 나머지는 근처에 가면 저절로 떠오른다고 하더군요.

독후감 쓰기는 유진이가 낯선 곳에서 길을 기억하는 방법과 비슷합니다. 책을 읽으면서 가장 생각이 많이 든 어느 한 지점을 찾아내야 합니다. 책에서 가장 핵심이 되는 지점, 작가의 생각을 대변하는 한 문장을 찾아내는 겁니다. 저는 그걸 '황금 문장'이라고 부릅니다.

오래전 『노인과 바다』에서 노인이 뼈만 남은 물고기를 끌고 돌아오면서 인간의 의지는 파괴되지 않는다는 말을 중얼거리는 장면을 읽으며 저도 모르게 눈물이 핑 돌았습니다. 노인이 말한 "인간의 의지는 파괴되지 않는다"는 문장은 『노인과 바다』의 핵심이자 황금 문장입니다. 책에서 이런 황금 같은 한 문장을 찾아내는 것이야말로 가장 중요한 독서 포인트입니다.

책을 쓸 때 작가는 자신의 생각을 대변하는 한 문장을 책에 의도적으로 배치합니다. 저뿐 아니라 모든 작가가 그렇습니다. 작가가 생각하는 황금 문장을 가장 잘 찾아내는 독자가 가장 많은 걸 얻어가는 독자입니다.

저는 학생들에게 책을 읽을 때마다 황금 문장을 찾는 걸 가르쳤습니다. 황금 문장 찾기를 연습해 두면 다른 모든 글에서 핵심이 되는 문장을 짚어 낼 수 있습니다. 익숙해지면 어떤 글을 읽어도 주제 문장과 뒷받침 문장을 한눈에 볼 수 있습니다. 유진이가 랜드마크가 되는 어떤 지점을 정해두고 길을 기억하듯이, 독자도 황금 문장을 찾아서 작가의 생각과 의도를 짐작해 보는 것이 독후감 쓰기의 시작입니다.

이는 소설이나 창작동화도 마찬가지입니다. 어떤 글이든지 작가가 말하고자 하는 주제가 있습니다. 작가는 그 주제를 깊이 다룬 부분에 힘을 쏟아붓기 때문에 어떤 장면이 가장 인상 깊었는지 말해 보는 지도가 반드시 뒤따라야 합니다. 문장이나 주인공의 대사 등을 주의 깊게 살펴보도록 하세요.

독후감을 쓸 때 이왕이면 부모가 함께 책을 읽어야 좋습니다. 아이 혼자 읽고 독후감을 쓰면 황금 문장을 잘 찾은 것인지 부모가 잘 모르기 때문입니다. 아이와 엄마가 따로 황금 문장을 찾고, 서로 찾은 황금 문장에 대해서 이야기를 나누세요. 특별히 인상 깊게 묘사된 장면이나 주인공의 대사, 표정, 행동 등에서 강조된 부분이 황금 문장일 가능성이 큽니다.

책을 읽고 다양한 생각이 분산된 경우
⇨ 독후감을 쓰기 어렵다.

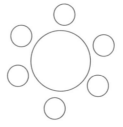

책을 읽고 여러 생각을 한 주제로 집중한 경우
⇨ 독후감을 쓰기 쉽다.

1. 책의 주제를 한 단어로 표현해 봅니다.

　예 『바리데기』 - 효도

　　『해님 달님』 - 지혜

2. 책을 읽으면서 눈길을 끈 것들을 몇 가지 키워드로 정리합니다. '만약 ~라면 어떨까' 하고 상상하거나, 왜 그렇게 생각했는지 자세하게 설명하게 합니다. 이렇게 구체적인 키워드로 접근하면 생각과 느낌을 정리하기 쉽습니다.

　장면: 인상 깊었던 장면, 슬펐던 장면, 기뻤던 장면, 웃음이 나온 장면, 내가 꼽는 최고의 장면, 왜 그렇게 생각했는지 써보기 등

　문장: 내가 찾은 황금 문장, 주인공이 나눈 대화, 왜 그 문장을 골랐는지 써보기 등

　인물: 주인공이나 주인공과 관련 있는 인물, 미웠던 인물, 응원했던 인물, 만약 내가 책 속 인물이라면 어땠을까 생각해 보기 등

　배경: 책을 읽게 된 배경, 책의 이야기가 진행되는 시간적 배경과 공간적 배경, 만약 이 책을 지금 읽지 않았다면 어땠을지 써보기 등

　줄거리: 짧게 두 줄로 줄이기, 20자로 요약하기 등

　그밖에 하고 싶은 이야기: 만약 이 책을 누군가가 꼭 읽어야 한다면 누구에게 추천하고 싶은가 등

3. 문단 순서를 정한 다음 글로 풀어서 씁니다. 동운이는 연꽃기법으로 여덟 가지 키워드를 정했습니다.

　① 책을 읽고 다짐한 내용　　② 내가 찾은 황금 문장

③ 책을 읽고 느낀 점　　④ 기억에 남는 대사

⑤ 기억에 남는 장면　　⑥ 책을 읽게 된 배경

⑦ 등장인물　　⑧ 더 하고 싶은 이야기

책을 읽게 된 배경	등장인물	더 하고 싶은 이야기
아빠와 형이랑 가진 독서 시간의 첫 번째 책이었다.	주인공: 에드워드 툴레인. 도자기로 된 토끼 인형. 사랑받을 줄만 알고 사랑할 줄은 모른다. 주변 인물: 첫 번째 주인 애빌린, 두 번째 주인 빌리 로렌스, 세 번째 주인 볼, 네 번째 주인 사라 브라이스, 다섯 번째 주인 애빌린의 딸 매기	펠리그리나 할머니가 애빌린에게 해준 공주 이야기: 어느 누구도 진정으로 사랑할 줄 모르는 공주를 마녀가 흑멧돼지로 변하게 한다. 에드워드는 주인이 바뀔 때마다 이 이야기를 생각한다.
기억에 남는 장면		기억에 남는 대사
1. 사라가 죽는 장면: 그때 에드워드의 감정은 슬픔. 2. 에드워드의 머리가 깨지고 마치 에드워드가 죽어서 자신의 주인들을 만나는 장면: 사라는 별이 된다. 3. 마침내 애빌린, 그리고 애빌린의 딸 매기를 만나는 장면: 집으로 에드워드가 돌아온다.	『에드워드 툴레인의 신기한 여행』을 읽고	"나도 사랑을 받아본 적이 있어." 에드워드가 전 주인들에게 사랑을 많이 받았음을 깨닫는 장면
이 책을 읽고 내가 느낀 점	책을 읽고 나의 다짐	책 속의 황금 문장
사랑하는 사람이 없을 때 이런 기분일까? 1. 그 사람이 보고 싶어도 그 사람을 볼 수도 만질 수도 없다는 것이다. 2. 그 사람과 더 이상 추억을 만들지 못하는 것이다. 3. 사랑하는 사람이 없다는 것을 문득 깨닫는 것이다.	나는 오늘 가족을 꼭 안아주고 사랑한다고 말해야겠다.	"누군가 널 위해 울 거라고, 하지만 먼저 네가 마음의 문을 열어야 해." 이것이 이 책이 전하려고 하는 부분인 것 같다. 다른 사람의 소중한 사람이 되려면 내가 먼저 마음의 문을 열어야 하기 때문이다.

4. 연꽃기법 한 칸이 한 문단이 됩니다. 문단 순서를 정한 다음 글을 써보게 했습니다.

"신기한 여행을 통해 마침내 사랑을 깨닫게 된 토끼 인형"
『에드워드 툴레인의 신기한 여행』을 읽고

김동운(4학년)

예전에 주말마다 형, 아빠와 책 한 권을 정해 독서 시간을 가진 적이 있다. 『에드워드 툴레인의 신기한 여행』은 우리가 읽은 첫 번째 책이었다.

이 책의 주인공은 도자기로 된 토끼 인형, 에드워드 툴레인이다. 에드워드는 자신이 특별하다고 생각했다. 그의 첫 번째 주인인 애빌린이 자신을 사랑하는 것도 당연하게 여겼다. 그는 사랑할 줄 모르는 차가운 도자기 인형이었다. 에드워드는 애빌린과 바다를 여행하다가 바닷속으로 떨어지면서 기나긴 여정을 시작하게 된다.

에드워드는 여행을 하면서 여러 주인들을 만난다. 두 번째 주인 로렌스와 그의 아내 넬리는 에드워드를 다정하게 대했다. 에드워드는 그때부터 조금씩 사랑을 느끼기 시작했다. 세 번째 주인 방랑자 불과 그의 개 루시를 만난 에드워드는 그들과 함께 꽤 오랫동안 떠돌게 된다. 그러다 헤어져 잠시 허수아비 신세가 되었다가 네 번째 주인 사라와 브라이스 남매를 만난다. 그리고 오랜 시간이 흘러 처음 주인이었던 애빌린을 다시 만나게 된다. 사랑받을 줄만 알고 사랑할 줄 몰랐던 도자기 토끼 인형 에드워드는 모험을 통해 마침내 '사랑'을 배운다.

이 책은 또 하나의 중요한 이야기가 등장한다. 펠리그리나 할머니가 애빌린에게 해준 공주 이야기다. 어느 누구도 사랑할 줄 모르는 공주는 마녀의 실망을 사게 되어 결국 흑멧돼지로 변하는 이야기다. 에드워드는 주인들이 바뀔 때마다 공주의 이야기를 되새긴다. 어쩌면 에드워드는 애빌린을 사랑하지 않아 벌을 받은 거라고 생각했을지도 모른다.

"나도 사랑을 받아본 적이 있어."

에드워드가 허수아비 신세가 되어 밤하늘의 별에게 한 말이다. 에드워드는 후회했다. 자기가 사랑받았다는 것을 뒤늦게 깨달았다.

이 책을 읽으며 가장 슬펐던 장면은 사라와 에드워드의 이별이다. 작고 연약한 사라는 기침을 하며 앓다가 숨을 거둔다. 에드워드에게는 가장 슬프고도 가슴이 찢어지는 이별이었을 것이다. 그 장면은 나의 마음도 먹먹하게 만들었다. 그리고 한 번도 생각해 보지 않았던 '죽음'이라는 것에 대해 생각하게 해주었다 .

'만약 사랑하는 가족 중 한 사람이 죽어 내 곁에 없다면 어떨까' 하고 말이다. 사라처럼 밤하늘의 별이 될까?

엄마가 언젠가 이렇게 말씀하셨다.

"죽는다는 것은 그 사람이 보고 싶어도 더 이상 그 사람을 볼 수 없다는 거야. 그 사람을 만질 수도 없고 그 사람의 목소리를 들을 수도 없는 거야. 항상 네 옆에 있던 사람이 문득 네 옆에 없다는 걸 깨닫는 거야."

"그리고 그 사람과 더 이상 추억을 만들지 못하는 것이지."

기분이 이상했다. 눈물이 날 것 같았다.

"누군가 널 위해 울 거라고. 하지만 먼저 네가 마음의 문을 열어야 해."

나이 많은 인형이 모든 것을 체념한 에드워드에게 한 말이다. 다른 사람이 다가오기를 기다리지 말고 내가 먼저 마음을 열고 다가가야 한다. 나는 이 대사가 이 책이 우리에게 들려주고 싶은 말일 거라고 생각했다.

에드워드가 긴 여행을 통해 사랑을 배웠듯이 나도 이 책을 읽고 깨달은 것이 있다. 누군가의 소중한 존재가 되려면 내가 먼저 그 사람을 소중히 하고 사랑해야 한다는 것이다. 그리고 내가 가진 것에 감사해야 한다는 것을.

오늘은 우리 가족에게 사랑한다고 말하고 꼭 안아줘야겠다.

동운이 독후감은 200자 원고지 10장 분량입니다. 동운이가 긴 글을 쉽게 쓸 수 있는 것은, 연꽃기법으로 생각을 키워드로 나누어 정리했기 때문입니다. 책을 읽으면서 든 다양한 생각을 체계적으로 범주화할 수만 있다면 성인이든 학생이든 독후감을 어렵지 않게 쓸 수 있습니다.

글쓰기에 익숙하지 않거나 독후감을 많이 써보지 않은 학생은 책을 읽기에 앞서 연꽃기법으로 정리할 키워드를 미리 정하게 하세요. 눈여겨볼 장면, 황금 문장, 대화, 주인공 소개 등 키워드를 정해놓으면 책을 읽는 목적이 확실해집니다. 목적이 확실하면 읽고 난 다음 생각을 글로 정리하는 것 역시 쉬워집니다. 이런 전략적인 읽기는 독후감 쓰기에도 유용하답니다.

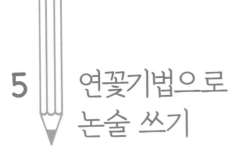

5 연꽃기법으로 논술 쓰기

토론이 '주장하는 말하기'라면 논술은 '주장하는 글쓰기'입니다. 논술에서는 내가 하려는 주장을 정확한 근거로 뒷받침하면서 체계적으로 글을 쓰는 게 가장 중요합니다. 초등학생이어도 차근차근 배우면 얼마든지 논술을 쓸 수 있습니다.

초등학생 논술은 생활과 가까운 주제를 다루어야 쓰기 쉽습니다. 처음에는 평소 생활에서 경험해 보았거나 크게 이슈가 되어서 잘 아는 주제를 다루는 게 좋습니다. 스스로 주장을 펼 만한 주제를 써보고 논술 형식에 익숙해지면 어려운 주제로 넘어가게 하세요.

학생들 생활과 가까운 주제라면 언어 생활, 취미, 교우 관계, 학교에서 경험하는 갈등 상황 등이 있습니다. 예를 들면 비속어 쓰기, 기념일 챙기기, 이성 친구 사귀기 등입니다. 국어 교과서도 주장하는 글쓰기에서 이런 주제를 다룹니다.

연꽃기법으로 논술 쓰기

1. 평소 학교 생활에서 고민했던 문제를 생각해 봅니다. 먼저 주제를 말로 표현
   해 봅니다. 교과서에서 다룬 주제도 상관없습니다.

   예 어린이들이 줄임말을 사용하는 것

   　 빼빼로데이, 로즈데이 등 기념일 챙기기

   　 초등학생이 이성 친구를 사귀는 것

2. 찾은 주제를 토론이 가능한 짧은 문장으로 만들어봅니다.

   예 어린이가 줄임말을 사용하는 것을 어떻게 생각하는가.

   　 초등학생이 기념일을 챙기는 것을 어떻게 생각하는가.

   　 초등학생이 이성 친구를 사귀는 것을 어떻게 생각하는가.

3. 문장에 찬성하는지 반대하는지 입장을 말해 봅니다.

   예 어린이가 줄임말을 사용하는 것을 어떻게 생각하는가.

   　 찬성한다.

   　 반대한다.

4. 찬성과 반대에 따른 근거를 세 가지 이상 말하게 합니다. 한 편에서 주장을
   내놓으면 그 주장의 반대를 생각해 보면 됩니다.

   찬성① 줄임말을 알면 친구들과 쉽게 친해진다.

   반대① 줄임말을 모르면 소외감을 느낀다.

   찬성② 줄임말을 쓰면 말하기 편리하다.

   반대② 모르는 사람으로서는 편리하지 않다.

찬성③ 우리말을 다양하게 사용할 수 있다.

반대③ 원래 말뜻을 훼손하고 오염시킬 수 있다.

5. 연꽃기법으로 자신이 선택한 입장과 근거를 정리하게 합니다. 논술을 처음
쓰는 학생들은 여섯 칸만 채워도 됩니다.

1. 문제가 되는 상황 설명 (자료 조사 꼭 하기)	2. 내 입장은 무엇인가	3. 그렇게 생각하는 첫 번째 이유
4. 그렇게 생각하는 두 번째 이유	주제	5. 그렇게 생각하는 세 번째 이유
6. 다시 한 번 입장 정리		

처음 논술을 쓰는 아이들이 주의해야 할 점

1. 구체적인 데이터와 자료로 주장 뒷받침하기

논술을 쓰기에 앞서 쉬운 주제를 다룬 신문 사설을 읽어보면 도움이 됩니다. 사설은 아무 근거 없이 주장을 펴지 않습니다. 보통 주장을 뒷받침하는 근거로 설문 조사, 연구 논문, 책, 통계 자료 등을 인용합니다. 초등학생이 쓰는 논술도 마찬가지입니다. 포털 사이트에서 짧게 검색 몇 번 하는 대신 신문, 책, 통계 결과를 바탕으로 주장을 뒷받침할 수 있어야 합니다. 인터넷에서 어떤 키워드로 검색해야 원하는 자료를 얻을 수 있는지도 함께 연습하는 게 좋습니다.

2. 예를 들어 설명하기

초등학생은 예를 들어 설명하는 것에 익숙하지 않습니다. 그러나 독자 입장에서는 예를 들어야 이해하기 쉽고, 글쓴이 의견에 동조하기도 쉽습니다. 새로운 개념이나 용어가 나올 때는 반드시 예를 들어서 설명하게 하세요. 글이 훨씬 탄탄해집니다.

동운이가 쓴 논술을 살펴보겠습니다.

·대구 교육 정보원 에서 대구 초등학교 4~6학년 학생들을 대상으로 '신조어·줄임말 사용에 대한 실태 및 의식조사' 실시 : 초등학생 96.9% 신조어·줄임말 사용. (하생1859예제) ·줄임말이란 : 어떤 말을 간략하게 느는말 을 뜻한다. 예) 구몬, 관종, 만물, 심쿵, 생파, 생신, 이거, ㅇㅇ, 짓소	어린이들이 줄임말을 사용하는 것은 옳지않다. ②	그 이유는 1. 줄임말을 사용하면 이름다운 우리말과 한글이 훼손 되기 때문이다. ·한글은 많은 사람들이 쉽게 글을 읽고, 쉽게 써용할 수 있도록 만들어진 우리말인 한글을 지켜야한다. 편리를 위해 바꾸는 것은 옳지 않다. (예 : 짓소, 순삭, 대박, 생파, 갑분싸 내또출 등) ⑤
이유2. 줄임말을 사용하면 다른사람과의 의사소통이 어려워지다. (예: 부모님께 줄임말을 돌려드리는데 이해를 못하심) → 줄임말을 자꾸 쓰면 무슨말을 하는지 서로 알 수 없어 불편하다. ④	어린이들이 줄임말을 사용하는것이 옳은 일인가? (반대)	이유3. 줄임말을 사용하면 친구들간의 거리를 멀게 한다. ·뜻을 모르고 이야기를 듣는 친구는 투명인간이 된 것처럼 소외감을 느낄 수 있음. ·대화에 공감하지 못하는 친구는 속이 상함. ⑥
줄임말을 사용하면 아름다운 한글이 훼손되고, 다른사람과의 소통이 어려워지며, 친구들 간의 "거리를 멀게 하고, 상대방의 기분을 상하게 할 수도 있다. 그러니 뜻지않은 줄임말보다 바르고 고운 말을 쓰도록 노력해야한다. ⑦		이유4. 줄임말을 사용하면 상대방의 기분을 상하게 할 수도 있다. 줄임말 속에는 부정적인 의미를 갖는 단어들이 많다. (국혐, 관종등) ⑥

① 논술을 쓰기 위해 연꽃기법으로 의견을 정리했습니다.

② 주제는 가운데에 쓴 "어린이들이 줄임말을 사용하는 것이 옳은 일인가"입니다.

③ 동운이는 대구교육정보원에서 대구 초등학교 4~6학년 학생들을 대상

으로 한 '신조어·줄임말 사용에 대한 실태 및 의식 조사' 설문을 바탕으로 문제를 제기했습니다. 이렇게 신빙성 있는 연구 결과로 문제를 제기하면 독자가 더욱 관심 있게 글을 읽습니다.

④ 동운이는 주제를 반대하는 입장으로 글을 썼습니다.

⑤ 동운이는 주장을 뒷받침하는 네 가지 근거를 들었습니다.

첫째, 아름다운 한글이 훼손된다.

둘째, 세대 간 의사소통이 어려워진다.

셋째, 친구들 사이가 멀어질 수 있다.

넷째, 상대방의 기분을 상하게 할 수도 있다.

⑥ 마지막 문단은 앞에서 설명한 것을 정리하는 문단입니다. 이러이러한 이유로 나는 이 주제에 반대한다는 식으로 마무리합니다.

다음은 동운이가 완성한 글입니다.

어린이가 줄임말을 사용하는 것은 옳지 않다

김동운(4학년)

2016년 9월 대구교육정보원에서 대구 초등학교 4~6학년 학생 1,859명을 대상으로 '신조어·줄임말 사용에 대한 실태 및 의식 조사' 설문을 실시하였다. 결과는 놀랍게도 초등학생 96.9%가 줄임말을 사용하는 것으로 나타났다.

줄임말이란 어떤 말을 간략하게 쓰는 말을 뜻한다. 예를 들어 안물(안물어봤음), 갑분싸(갑자기 분위기 싸해짐), ㅇㅇ(응응) 등이 있다. 문제는 많은 어린이가 무분별하게 줄임말을 사용하는 것에 있다.

나는 어린이들이 줄임말을 사용하는 것은 옳지 않다고 생각한다.

첫째, 줄임말을 사용하면 아름다운 한글이 훼손된다. 한글은 많은 사람들이 쉽게 글을 알고, 쉽게 사용할 수 있도록 만든 글이다. 그런데 한글을 재미나 편리를 위해 ㅈㅅ(죄송), 문상(문화상품권), 생선(생일 선물)처럼 줄임말로 바꾸는 것은 옳지 않다.

둘째, 줄임말을 사용하면 줄임말을 아는 세대와 모르는 세대 사이의 의사소통이 어려워진다. 만약 줄임말을 아는 초등학생이 줄임말을 모르는 어른을 만나면 의사소통이 잘 되지 않을 것이다. 그러니 줄임말을 자꾸 쓰면 무슨 말을 하는지 서로 제대로 알 수 없어 불편하다.

셋째, 줄임말을 사용하는 친구와 줄임말을 모르는 친구 사이의 거리를 멀어지게 한다. 뜻을 모르고 이야기를 듣는 친구는 투명인간이 된 것처럼 소외감을 느낄 수 있고, 대화에 공감하지 못하는 친구는 속이 상한다.

넷째, 줄임말을 사용하면 상대방의 기분을 자칫 상하게 할 수도 있다. 줄임말 중에는 극혐(극도로 혐오), 관종(관심 종자) 같은 부정적인 의미를 갖는 단어들이 많다. 이런 단어를 쓰면 상대의 기분은 당연히 좋지 않을 것이다.

이처럼 줄임말을 무분별하게 사용하면 우리글인 한글이 훼손되고, 줄임말을 모르는 다른 세대와의 의사소통도 어려워진다. 또 줄임말을 아는 친구와 모르는 친구 사이에 거리를 멀어지게 할 수도 있고, 상대방의 기분을 상하게 할 수도 있다. 그러니 옳지 않은 줄임말을 무분별하게 사용하기보다는 바르고 고운 말을 쓰도록 노력해야 한다.

논술의 구조와 쓰는 방법을 알고 나면 나머지는 연습하기 나름입니다. 동운이는 논술을 처음 썼습니다. 그럼에도 불구하고 논술의 기본적인 틀과 구조를 갖췄습니다. 분량은 여덟 문단 988자입니다.

논술 실력을 빠르게 늘리는 가장 좋은 방법은 같은 주제를 놓고 찬성으로도 써보고, 반대로도 써보는 것입니다. 이런 연습이 쌓이면 '아, 이렇게 하면 논리가 약해서 금방 설득 당하겠구나', '이렇게 하면 내 논리로 상대를 설득할 수 있겠구나' 하고 직관적으로 깨닫습니다.

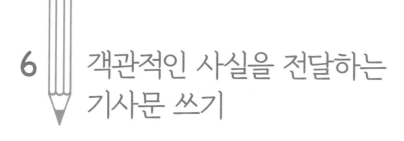

6 객관적인 사실을 전달하는 기사문 쓰기

이 책을 쓰는 사이 유진이가 한국어린이기자단 2기에 뽑혔습니다. 한국어린이기자단에서는 6개월 동안 어린이 기자가 직접 기사문을 작성하고 온라인에 올립니다. 한국어린이기자단뿐만 아니라 시·도교육청에서도 다양한 어린이기자단을 운영합니다. 통일부나 교육부 같은 국가기관에서도 어린이기자단을 운영하기 때문에 잘 눈여겨보면 얼마든지 어린이 기자로 활동할 수 있습니다.

일단 어린이 기자가 되면 다양한 기사문을 쓸 기회가 생겨서 기삿거리를 찾게 됩니다. 유진이도 한국어린이기자단에 뽑힌 이후로 기사 쓰기를 시작했고, 요즘은 패스트푸드점에 가도 봉지를 눈여겨볼 정도입니다.

"엄마, 이 패스트푸드점의 역사를 기사로 써볼까?" 하고 묻는 걸 보면 꼭 써야 한다는 의무감이 있는 기자단 활동이 엄마가 쓰라고 하는 글쓰기보다는 확실히 효과적인 것 같습니다.

기사문은 생활문과 달리 사실을 위주로 써야 합니다. 생활문을 잘 쓴다고 해서 기사문을 금방 잘 쓰게 되지는 않지요.

독서 교육에서 살펴봤듯이 정보체 글과 문학체 글은 장르가 다르기 때문에 글을 전개하는 방식도 다릅니다. 육하원칙에 근거해서 정확하고 객관적인 사실을 전달하는 글이어야 합니다. 무엇보다 글이 짧고 쉬워서 술술 읽혀야 합니다.

다음은 한국어린이기자단에서 어린이 기자들에게 이야기하는 기사 작성 요령입니다.

- 사진은 다양한 각도에서 찍자.
- 간결하고 함축적인 제목을 쓰자.
- 행사 또는 사건의 의미와 중요성을 강조하자.
- 통계를 넣어 인상적으로 만들자. 기사의 근거를 보충하고자 신뢰도 있는 기관의 통계 자료를 인용하자.
- 짧은 인터뷰 내용을 넣자. 기사의 정확성을 높이는 가장 좋은 방법은 관련 인물의 인터뷰를 넣는 것이다.
  > **예** 청소년 기자단 관계자는 "5일 합격자가 발표되자 수많은 지원자가 몰려 포털 사이트 실시간 검색어 순위 1위에 올랐고 국민적 관심이 청소년 기자단에 쏠리고 있다"고 말했다.
- 말하듯이 쓰자.
- 첫 문장에서 전체 윤곽을 잡아야 한다. 첫 문장만 읽고도 전반적인 내용이 한눈에 들어와야 한다.
- 육하원칙은 기본이다. 누가, 언제, 어디에서, 무엇을, 어떻게, 왜 했는지 쓴다.

다음은 유진이가 써서 처음으로 승인이 난 기사입니다. 기사 승인이 나기

전에 띄어쓰기와 오탈자를 수정해라, 맞춤법이 틀렸다, 사진 출처를 밝혀라 등의 지도가 한 차례 있었습니다.

"내 죽음을 적에게 알리지 마라" 전남 여수 이순신 광장을 찾아서

2019년 4월 25일 비가 내리는 오후, 본 기자는 학교 친구들과 함께 전남 여수에 있는 이순신광장에 방문했다. 광장에는 사람들이 별로 없고 비만 조금씩 내리고 있었다. 왠지 쓸쓸한 느낌이 들었다.

이순신 광장 앞에는 충무공 이순신 동상이 기다란 칼을 매고 있다. 광장 주변에는 거북선이 자리 잡고 있다. 거북선 안으로 들어가 보니 누구나 한 번쯤은 들어봤을 법한 말, "나의 죽음을 적에게 알리지 마라" 충무공 이순신이 죽음을 앞두고 남긴 말이 가장 크게 눈에 들어왔다. 그리고 당시 상황을 밀랍 인형으로 재현해 놓았다. 문화재 해설사 선생님이 송희립 장군의 이야기를 들려주었다. 노량해전에서 이순신 장군이 크게 승리를 거둘 줄 알았지만 안타깝게도 이순신 장군이 노량해전 도중에 전사했고, 부하 송희립 장군이 대신 이순신의 갑옷을 입고 싸워서 노량해전에서 승리를 이끌었다는 내용이었다. 송희립 장군이 이순신 장군 옆에 있었더라면 이순신 장군도 송희립 장군이 믿음직스러울 것 같았다.

이순신 장군의 대표 저서인 『난중일기』도 보였다. 이순신 장군은 싸움만 잘하는 게 아니라 어머니에게도 지극정성으로 효도하고 매일 어머니를 그리워했다고 『난중일기』에 나와 있었다. 이순신 장군의 업적에 비해 생각보다 초라한 기념관을 보니 왠지 모르게 마음이 무거워졌다.

[사진 촬영＝한국어린이기자단 2기 임유진 기자]
[글＝한국어린이기자단 2기 임유진 기자]

주변에 눈을 돌리면 무엇이든 기사로 쓸 수 있습니다. 꾸준히 기사 쓰기를 연습하면 세상을 객관적으로 보고 생각하는 눈이 길러집니다. 아이와 함께 우리 가족 기자단 활동을 해보기를 추천합니다.

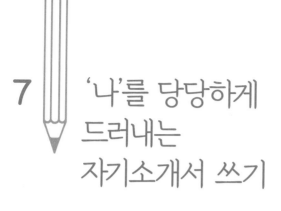

7 '나'를 당당하게 드러내는 자기소개서 쓰기

얼마 전에 서울대학교에 입학한 학생이 쓴 자기소개서를 보았습니다. 대학에서 요구하는 자기소개와 그동안 해왔던 활동을 이야기한 1,000자 분량 자기소개서였습니다. 불필요한 말을 나열하지 않고 대학에서 요구하는 것만 정확하게 짚었다는 것이 인상적이었습니다.

아이들은 자기소개서 쓰기를 어려워합니다. 그냥 시험을 보는 게 낫겠다고 하소연하는 아이도 많다고 합니다. 왜 그렇게 쓰기 어려운 것일까요. 아이들은 자신을 남에게 소개할 일이 많지 않습니다. 자신을 객관적으로 설명하는 글을 쓸 일도 없습니다. 한번도 안 써본 주제에, 글쓰기와 익숙하지도 않으니 어떻게 쓸지 감도 잡기 어려울 겁니다.

대학 진학을 위해 쓰는 자기소개서에는 보통 장점과 단점, 성격, 지원하는 학부와 관련해서 활동한 일을 씁니다. 이때 객관적으로 자신이 해온 활동을 드러내면서도 당당하게 자신을 어필할 수 있는 자기소개서가 눈에 띄는 것은 당연한 일입니다.

자기소개서 쓰기에 앞서 '나 사용 설명서'를 먼저 써볼 것을 추천합니다. 자기소개서보다 부담스럽지 않고, 쓰면서 자신을 돌아볼 수 있습니다.

다음은 성연이가 국어 시간에 쓴 '나 사용 설명서'입니다.

나 사용 설명서

임성연(중학교 1학년)

설명서에 본격적으로 들어가기 전 이 사용 설명서는 누군가의 지극한 정성으로 탄생했다는 걸 잊지 않길 바라며 이 설명서로 인해 임성연이라는 제품의 사용 방법에 대해서 자세히 익히길 권장한다.

제1장 (제품의 생김새)

이 제품의 이름 먼저 알려주겠다. 앞서 나왔지만 여러분의 머릿속에서 잊혀지지 않길 바라며 다시 한 번 알려주도록 하겠다. 이 제품의 제품명은 임성연이다. 이 제품을 만약 어디선가 마주친다면 쉽게 알아볼 수 있도록 이 제품의 생김새를 알려주겠다. 이 제품은 우선 흔히 말하는 해리 포터의 안경을 쓰고 있다. 또한 제품의 손과 발이 아주 작다. 작은 편에 속하는 이 손과 발의 크기에 대해서 말하는 것을 이 제품은 아주 싫어하니 이 제품에게 손, 발 이야긴 하지 말도록 하는 것이 좋을 듯하다. 그리고 이 제품은 아주 오래전부터 단발을 유지해 왔으며 길을 걷다 만약 동그란 안경에 손과 발이 작고 단발을 한 여자 아이를 본다면 이 제품일 것이라고 한 번쯤은 의심해 보아도 좋다.

제2장 (제품의 성격)

"제품에 성격이 어디 있어?"라고 생각하는 사람이 있다면 큰 오산이다. 이 제품은 성격은 물론 다른 제품들에게 낯을 가리기도 한다.

이제 본격적으로 이 제품의 성격에 대해 설명하도록 하겠다. 이 제품은 처음 본 다른 제품들에게 낯을 많이 가린다. 이 제품을 마주치게 된다면 이 제품이 먼저 다가오길 기대하진 말자. 그렇지만 일단 이 제품과 서로 정을 주고받으며 친해지게 된다면 사람들이 흔히 말하는 일편단심이 된다. 이 제품이 자신을 막 대한다면 진정하게 친해진 사이라고 생각하면 된다. 그리고 이 제품은 싫음과 좋음이 정말 확실하도록 만들어졌기 때문에 이 제품과 함께하기 전엔 이 제품이 싫어하는 것과 좋아하는 것을 확실히 알고 만나도록 하자.

제3장 (사용 설명서를 끝내며)

이 제품에 대해 알려줄 것들이 무척 많지만 이제 슬슬 글이 길어지기 시작하여 지루하다고 하품을 하는 여러분이 눈에 보인다. 여러분을 위하여 이 제품에 대해 마지막으로 한 가지만 알려주고 끝내겠다.

이 제품은 길거리에서 우연히 마주쳤을 때 인사를 안 해주는 것을 무척이나 싫어한다. 아까 말했듯이 이 제품은 좋고 싫음이 분명하여 만약 여러분이 인사를 안 해준다면 이 제품 역시 영원히 아는 척을 안 해줄 것이니 인사만큼은 꼭 해주도록 하자.

이 사용 설명서에 나와있는 글은 모두 사실이며 단 1%의 거짓도 없다는 것을 늘 명심하고 이 제품에게 마지막으로 한 마디만 하고 끝내도록 하겠다.

"성연아! 사용 설명서 쓰느라 고생했어~."

성연이는 글에서 제품(자신)의 생김새, 제품의 성격, 마치며 등으로 챕터를 나누었습니다. 문장도 진짜 제품 사용 설명서처럼 '이 제품은 ~을 좋아한다'로 썼습니다. 전략을 구사하면서 글을 쓰는 것입니다. 긴 글은 이렇게 대략적인 굵은 가지를 얼개로 추린 다음에 써야 쉽게 쓸 수 있습니다.

성연이 글이 1,230자 분량이면서도 흐름이 탄탄한 것은 개요를 짠 다음 글을 썼기 때문입니다.

다음은 연꽃기법으로 자기소개서를 쓰는 방법과 성연이가 자기소개서를 쓰려고 짠 개요입니다.

 ## 연꽃기법으로 자기소개서 쓰기

1. 나와 관련하여 무엇을 설명할지 정합니다.

   예 장점과 단점, 성격, 태몽, 어릴 때 경험한 일 등

2. 연꽃기법으로 문단을 구성합니다.

2. 이름에 숨은 뜻	3. 어릴 때 한글을 알게 된 사연	4. 동물을 좋아하게 된 까닭
1. 들어가는 글	자기소개서	5. 그림을 사랑하는 마음
8. 마무리	7. 지금의 꿈이 달라진 이유	6. 초등학교 저학년 때 꿈

3. 글의 특징을 살려서 자기소개서를 씁니다.

성연이는 자기소개서를 일곱 문단으로 구성했습니다. 이름에 숨은 뜻, 한글을 알게 된 사연, 동물을 좋아하게 된 까닭, 그림을 사랑하는 마음, 초등학교 저학년 때의 꿈과 지금의 꿈이 달라진 이유와 취미를 소개했습니다.

글쓰기는 단기간에 효과를 보기는 어렵지만 성연이처럼 꾸준히 쓰고 읽다 보면 반드시 효과를 내는 때도 온답니다.

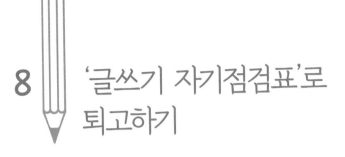

8 '글쓰기 자기점검표'로 퇴고하기

글을 썼다면 그다음은 무엇을 해야 할까요? 매끄럽게 읽히면서 이해가 쉬운 글이 되도록 고쳐야 합니다. 글을 다 쓰고 고쳐야 하나, 쓰면서 고쳐야 하나, 묻는 분도 많습니다. 쓰면서도 고치고 다 쓴 다음도 고치는 게 좋습니다.

아이들은 한 번 쓰면 잘 고치려 하지 않기 때문에 쓸 때 신중하게 천천히 쓰고, 다 쓴 다음은 입으로 세 번 이상 소리 내 읽으면서 고치도록 도와주세요.

다음에 소개하는 '글쓰기 자기점검표'대로 수정하면 한결 글이 매끄러워집니다. 성인이 글을 고칠 때도 매우 유용하답니다.

퇴고를 위한 글쓰기 자기점검표

구분	확인할 내용	별점 평가
낱말	적절한 낱말을 썼는가	☆☆☆☆☆
	같은 뜻의 낱말이 연달아 나오지 않는가	
	뜻을 잘 모르고 사용한 낱말은 없는가	
	안 써도 될 비속어나 외래어를 지나치게 쓰지 않았는가	
문장	피동형 문장을 여러 번 거듭해서 쓰지 않았는가	☆☆☆☆☆
	주어와 술어가 바르게 호응하는가	
	접속어를 너무 많이 쓰지 않았는가	
	짧고 단순한 문장을 썼는가	
	띄어쓰기가 틀린 곳은 없는가	
	맞춤법에 맞게 썼는가	
문단	문단 순서가 글의 흐름에 맞는가	☆☆☆☆☆
	주제에서 벗어난 문단은 없는가	
	문단에서 중심 문장이 명확하게 드러나는가	
	중심 문장을 뒷받침하는 문장을 적절하게 썼는가	
	더 자세하게 설명할 문단이 있는가	
담문	주제를 쉽게 이해할 수 있는 글인가	☆☆☆☆☆
	열고 펴고 맺고 닫는 형식인가	
	모두에게 이로운 내용인가	
	자료를 인용한 출처가 분명한가	

11장

공부가
쉬워지는
글쓰기

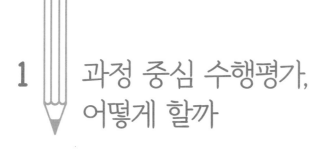

1 과정 중심 수행평가, 어떻게 할까

다음은 요즘 초등학생들이 학교에서 치르는 수행평가 문항 예시입니다. 함께 읽어볼까요.

문항 번호	학년/학기	내용/ 행동 영역	평가 방법	문항 수준	관련 쪽수
	4학년 1학기	지리/이해	서술형	하	10~19
단원	1. 촌락의 형성과 주민 생활 ❶ 촌락의 위치와 자연환경					
평가 요소	지도를 보고 촌락의 위치와 자연환경 알아보기					

〈평가 문항〉 정인이의 일기를 읽고 물음에 답하시오.

① 정인이의 일기

우리 가족은 바닷가에 있는 할머니 댁에 다녀왔습니다. 창밖으로 크고 작은 마을들이 지나가고, 넓은 들판에는 비닐하우스가 보였습니다. 할머니 댁이 가까워지자 고기잡이를 하는 배들이 보였습니다. 할머니 댁 주변에는 내가 좋아하는 오징어를 말리는 건조장도 있었습니다. 잡은 오징어는 바닷바람에 말려야 맛있다고 아버지께서 말씀하셨습니다.

② 촌락의 위치

예 위치가 표시된 지도 ©shutterstock.com

문항1. 정인이 가족이 찾아간 곳을 ② 촌락의 위치에서 찾아 기호를 쓰시오.

문항2. 정인이 할머니가 살고 있는 촌락의 자연환경 특징을 2가지 쓰시오.

출처: 「초등학교 평가방법 개선을 위한 과정 중심 상시형 수행평가 길라잡이」(충남교육청, 2015) 참조

마치 수능 문제 같지요? 교사는 교육 과정에서 제시하는 과목별, 학년별, 단원별 성취 기준을 따라 문항을 만듭니다. 전처럼 문제집을 많이 풀고 문제만 외워서는 이런 다양한 문제 유형 앞에서 당황할 수밖에 없습니다. 평소 많이 읽고 써서 어떤 문장 앞에서도 생각을 글로 자유롭게 표현할 수 있어야 합니다.

과정 중심 평가는 문장 구성 능력, 적절한 단어를 찾아서 적절한 자리에 쓰는 능력, 창의적인 문제해결 능력까지 모두 봅니다. 과정 중심 평가에서 글을 구성하고 자유롭게 표현하는 능력은 매우 중요할 수밖에 없습니다. 그런데 아이들은 이런 문항에 단답형으로 짧게 답합니다.

- 바다가 있음
- 갯벌

이런 단답형 답보다 완전한 문장으로 쓰는 것을 익히는 게 좋습니다. 완전한 문장은 주어와 술어가 있는 문장을 말합니다. 완전한 문장으로 쓰면 문제를 잘못 읽어서 틀리거나 생각을 제대로 표현하지 않고 대충 쓰는 일이 줄어듭니다.

- 정인이가 찾아간 할머니 댁 주변에는 바다가 있다.
- 정인이가 찾아간 할머니 댁 주변에는 갯벌이 있고, 바닷바람으로 오징어를 말린다.

특히 서술형 평가에는 모범 답안 말고도 답으로 인정하는 인정 답안이 있습니다. 인정 답안은 모범 답안과 완벽하게 일치하지 않아도 부분적으로는 맞았음을 인정합니다. 인정 답안에서 부분 점수라도 받으려면 낱말 하나로 짧게 대충 답하는 습관을 빨리 버려야겠지요.

최근 교육부에서는 「초등학교 교사별 과정 중심 평가 이렇게 하세요」(2019)라는 과정 중심 평가 자료를 펴냈습니다. 자료에 성취 기준과 평가 내용, 단원별 평가 주제까지 제시한 것이 인상적입니다.

초등 4학년 1학기 국어과

월/주	영역(단원)	성취 기준	평가 내용	평가 방법
7월 1주	듣기·말하기/쓰기 (6. 회의를 해요 / 8. 이런 제안 어때요)	[4국01-02] 회의에서 의견을 적극적으로 교환한다. [4국03-03] 관심 있는 주제에 대해 자신의 의견이 드러나게 글을 쓴다.	• 우리 학교나 마을의 문제 및 해결 방안에 대하여 의견을 말하고 경청하기 • 서론(문제 상황)-본론(의견, 근거)-결론(정리)의 짜임에 맞게 제안하는 글쓰기	토의·토론 서술·논술

학년/학기	4학년/1학기	단원/차시	제안하는 글쓰기/2~4차시
성취 기준	[4국03-03] 관심 있는 주제에 대해 자신의 의견이 드러나게 글을 쓴다.		
교과 역량	□ 비판적·창의적 사고　　□ 자료·정보 활용　　□ 의사소통 □ 공동체·대인 관계　　□ 문화 향유　　　　□ 자기 성찰·계발		
평가방법	□ 서술·논술　　□ 구술·발표　　□ 토의·토론　　□ 프로젝트 □ 실험·실습　　□ 포트폴리오　□ 기타 □ 자기 평가　　□ 동료 평가　　□ 관찰 평가		

출제 의도	제안하는 글을 쓰고 이를 실제로 게시하거나 제출하게 함으로써 배움과 삶이 연결되는 경험을 할 수 있도록 하는 데에 목적이 있다. 또한 자신이 쓴 글을 친구들과 나누는 과정을 통해서 의사소통과 자기 성찰의 기회를 제공하고자 한다.

과제 내용 및 평가 계획

[과제 2, 3, 4]는 앞서 [과제 1]에서 마련한 문제해결 방안을 '제안하는 글'로 표현하는 단계이다. 제안하는 글을 쓰는 수행 과정을 세분화하여 [과제 2]에서는 개요 짜기를 하도록 하고 제안하는 글의 짜임을 고려하여 개요를 짤 수 있는지를 평가한다. [과제 3]에서는 개요를 바탕으로 하여 글을 쓰도록 하고, 자신의 의견을 타당한 근거를 들어서 표현했는지를 평가한다. 끝으로 [과제 4]에서는 쓴 글을 공유하고 고쳐 쓰도록 하고, 이 과정에서 자신의 글을 적극적으로 성찰할 수 있는지를 평가한다.

과제	평가(채점) 영역	평가 요소	평가 척도
2	쓰기/의사소통 역량	개요의 적절성	3단계(상, 중, 하)
3	쓰기/의사소통 역량	글 구성의 적절성	3단계(상, 중, 하)
	쓰기/비판적·창의적 사고 역량	문제해결 방안과 근거의 적절성	3단계(상, 중, 하)
4	쓰기/의사소통 역량	동료가 쓴 글에 대한 피드백의 적절성	3단계(상, 중, 하)
	쓰기/자기 성찰·계발 역량	고쳐 쓰기의 적절성	3단계(상, 중, 하)

평가 시 유의점	개요 짜기에서 작성한 글의 흐름을 글쓰기로 반영하여 작성할 수 있도록 안내한다. 또한, 개요 짜기에서는 완벽한 문장으로 나타내지 않아도 되고, 중심 단어를 작성하는 정도로 할 수 있음을 학생들에게 안내한다.

과정 중심 평가는 아이가 배우는 과정을 모두 봅니다. 자료에서 제시한 것처럼 과정 중심 평가는 '제안하는 글'도 제안하는 글쓰기 한 편만 잘 써내는 것으로 끝나지 않습니다. 개요 짜기-글 구성하기-동료와 피드백하기-고쳐쓰기 등 수업 시간에 아이가 배우는 과정을 서술과 논술형 글쓰기로 모두 평가합니다.

과정 중심 평가는 수업 장면마다 촘촘하게 평가합니다. 어떻게 하면 점수를 잘 맞을까 고민하는 것보다 모든 수업에 성실하게 참여하고, 평가를 따로 떨어진 것이 아니라 수업의 연장선으로 보는 마음이 필요합니다.

과정 중심 평가가 학생이 배우는 과정 모두를 살피는 평가인 만큼 가정에서도 아이가 어떤 내용을 배우고, 수업에 참여하는 태도가 어떠한지, 어떤 부분을 배우면서 어려워하는지 등을 함께 살피고 고민하는 게 좋습니다.

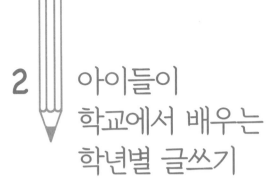

2 아이들이 학교에서 배우는 학년별 글쓰기

독서 교육에 관심 많은 학부모라면 학년별 필독서나 추천 도서를 잘 아실 겁니다. 왠지 필독서나 연령별 추천 도서라고 하면 꼭 읽어야 할 것 같습니다. 그러나 아이마다 배우는 속도가 다르듯 독서 능력도 발달 속도가 다릅니다. 아이 수준에 맞는 책을 읽는 게 가장 좋습니다.

글쓰기도 마찬가지입니다. 6학년이지만 『해님 달님』으로 두세 줄짜리 독후감을 쓰는 아이가 있는가 하면 3학년이지만 논술을 쓰는 아이도 있습니다. 아이마다 글쓰기 능력도 수준이 다릅니다. 학교에서는 학년별로 어떤 글쓰기를 배우는지 교육과정을 살펴볼까요.

1, 2학년 교육과정은 주변에서 경험한 것을 바탕으로 글을 쓰게 합니다. 이 시기 아이들은 교실 밖에만 나가도 재미있어합니다. 대체로 긍정적이고 자신감이 넘칩니다. 열심히 말하고 질문하고 떠듭니다. 아직은 글쓰기보다 말로 표현하기가 더 어울립니다.

1, 2학년 글쓰기는 아이가 말하는 것을 엄마가 받아 적는 게 낫습니다. 글

씨 바르게 쓰기, 바른 자세로 책 읽기, 의성어와 의태어 활용하기, 맞춤법과 띄어쓰기 익히기를 배우는 정도면 충분합니다. 아직 손힘이 부족하고 연필 쥐는 것도 어색한 저학년 아이들이 몇 시간씩 걸려서 그림일기를 쓰는 것은 하지 말아야겠지요.

3, 4학년 교육과정에서는 의견과 마음을 나타내는 글쓰기를 배웁니다. 글 쓰는 이의 의견과 마음을 표현하려면 짧은 글로는 안 되기 때문에 긴 글을 쓰기 위한 기초 작업으로 문단 쓰기가 등장합니다. 독후감, 보고서, 짧게 주장하는 글쓰기, 일기 쓰기 등을 수업 시간에 배웁니다.

3, 4학년은 저학년처럼 경험한 것을 쓰되, 자세하게 쓰도록 도와주세요. 관찰하고 조사한 것을 바탕으로 자세하게 보기, 보고 들은 대로 쓰기, 더 알고 싶은 것 생각하기 등 글쓰기의 기본을 연습하기에 좋은 때입니다.

5, 6학년 교육과정은 논리적인 글쓰기를 합니다. 상대를 고려하는 글을 쓰게 하는 것도 눈에 띕니다. 3, 4학년 때 글쓰기 자신감을 길러주는 것에서 한 걸음 나아간 글쓰기입니다.

5, 6학년이 되면 아이들은 자기 주장이 강해집니다. 다른 사람과 의견이 부딪치는 일이 많아지면서 아이들 사이에서 갈등이 많아집니다. 이럴 때 논리적인 근거를 들어서 설득하고 글을 써서 해결하는 방법으로 현실적인 문제들을 다루면 좋습니다. 이런 글을 쓸 수 있으면 그때부터는 깊이 생각하는 글을 써보는 게 좋습니다. 1,000자 이상 긴 글을 다양한 주제로 써볼 것을 추천합니다.

교육과정대로라면 누구나 국어 수업 시간만으로 글을 잘 써야 맞습니다. 그러나 글쓰기 능력은 수업 시간에 몇 번 연습하는 걸로는 쉽게 길러지지 않습니다. 다양한 글을 많이 읽고 꾸준히 써보는 것만이 유일한 답이랍니다.

초등 국어과 쓰기 교육의 내용 및 요소

핵심 개념	일반화된 지식	학년(군)별 내용 요소			기능
		1~2학년	3~4학년	5~6학년	
• 쓰기의 본질	쓰기는 쓰기 과정에서의 문제를 해결하며 의미를 구성하고 사회적으로 소통하는 행위다.			의미 구성 과정	• 맥락 이해하기 • 독자 분석하기 • 아이디어 생산하기 • 글 구성하기 • 자료와 매체 • 활용하기 • 표현하기 • 고쳐쓰기 • 독자와 교류하기 • 점검과 조정하기
• 목적에 따른 글의 유형 • 정보 전달 • 설득 • 친교와 정서 표현 • 쓰기와 매체	의사소통의 목적, 매체 등에 따라 다양한 글 유형이 있으며, 유형에 따라 쓰기의 초점과 방법이 다르다.	• 주변 소재에 대한 글 • 겪은 일을 표현하는 글	• 의견을 표현하는 글 • 마음을 표현하는 글	• 설명하는 글 (목적과 대상, 형식과 자료) • 주장하는 글 (적절한 근거와 표현) • 체험에 대한 감상을 표현한 글	
• 쓰기의 구성 요소 • 필자, 글, 맥락 • 쓰기의 과정 • 쓰기의 전략 • 과정별 전략 • 상위 인지 전략	필자는 다양한 쓰기 맥락에서 쓰기 과정에 따라 적절한 전략을 사용하여 글을 쓴다.	• 글자 쓰기 • 문장 쓰기	• 문단 쓰기 • 시간의 흐름에 따른 조직 • 독자 고려	• 목적과 주제를 고려한 내용과 매체 선정	
• 쓰기의 태도 • 쓰기 흥미 • 쓰기 윤리 • 쓰기의 생활화	쓰기의 가치를 인식하고 쓰기 윤리를 지키며 즐겨 쓸 때 쓰기를 효과적으로 수행할 수 있다.	쓰기에 대한 흥미	쓰기에 대한 자신감	독자의 존중과 배려	

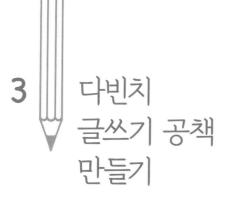

3 다빈치 글쓰기 공책 만들기

1994년 빌 게이츠는 무려 340억 원을 주고 36장짜리 공책 필사본을 한 권 구입했습니다. 레오나르도 다빈치의 필사본 공책이었습니다. 레오나르도 다빈치는 온갖 아이디어와 수많은 실험 결과를 모두 공책에 적었습니다. 다빈치가 썼던 공책에는 헬리콥터, 거중기, 글라이더 등 혁신적인 아이디어가 잔뜩 담겨 있습니다.

다빈치처럼 천재만 아이디어가 샘솟는 것이 아닙니다. 평범한 사람에게도 매일 수만 가지 생각이 앞다퉈 떠오릅니다. 평범한 사람은 아이디어를 흘려보내지만 천재는 아이디어를 공책에 적습니다.

아이에게 글쓰기 공책을 만들어주세요. 글쓰기 공책을 일주일에 한 쪽씩만 써도 글쓰기 실력이 쑥쑥 늡니다. 대학 입시 때 자기소개서에 어린 시절부터 써온 글쓰기 공책을 소개한다면 입학 사정관도 눈여겨볼 것입니다. 어릴 때부터 꿈을 가꾸고 실현해 왔다는 것을 분명 인정받겠지요.

준비물 공책

1. 연꽃기법으로 주제와 관련한 아이디어를 기록합니다.

① 주제와 관련해서 직접 보고 들은 사실만 씁니다. 인터넷으로 검색하거나 책을 읽어서 알게 된 정보는 출처까지 밝힙니다.

② 주제와 관련해서 생각났거나 느낀 점을 씁니다. 주제와 관련한 감정과 기분, 생각을 씁니다. 사실과 생각은 다릅니다. '맛있는 냄새', '예쁜 꽃'은 생각이고 '꽃에서 향기가 났다'는 것은 사실입니다. 사실과 생각을 구별할 수 있어야 논리적이고 정확한 근거를 들어서 글을 쓸 수 있습니다.

2. 500자 글쓰기 칸에 쓴 사실이나 정보, 생각이나 느낌 등을 이어서 짧은 글로 씁니다. 500자 정도 짧은 글을 쓴 다음 살을 붙이면 1,000자가 넘는 훌륭한 글 한 편이 나옵니다.

날짜: 2019. 00. 00. 날씨 :	500자 글쓰기
연꽃기법으로 글감 찾기	제목:

<table>
<tr><td></td><td></td><td></td></tr>
<tr><td></td><td>주제:</td><td></td></tr>
<tr><td></td><td></td><td></td></tr>
</table>

① 주제와 관련해서 직접 보고 들은 사실

② 주제와 관련해서 생각하거나 느낀 점

날짜 2018. . . 날씨 :

500자 글짓기

연꽃기법으로 글감 찾기

계절 안에는 눈, 바람, 가을 등 날씨가 있다.	가을은 내온몸을 얼어붙게 하는 겨울사람이다.	새학기는 봄처럼 처음을 알린다.
선생님께 혼나면 지울 이 된다	주제: 학교는 제절이다.	수업시간은 여름에 긴 낮시간처럼 느껴진다.
학교는 계절같이 항상 기분이 바뀐다.	체육시간은 날씨 좋은 내가 싶은 날 같다.	쉬는시간은 겨울의 짧은 밤시간처럼 느껴진다.

주제와 관련해서 직접 보고 들은 사실

여름에는 밤이 빨리 끝나고 낮이 늦게 끝난다. 해가 뜨면 덥다. 눈이나 비가오면 춥다. 혼나면 모두 조용해진다.

주제와 관련해서 생각하거나 느낀 것

친구들과 선생님이 누군지 기대된다. 쉬는 시간은 짧게 느껴진다. 체육은 재미있다. 선생님께서 혼내는것을 보면 무섭다. 날씨가 좋으면 나가고 싶다.

제목 : 학교는 계절이다.

학교에오면 기분이 바뀌는 것처럼 날씨도 항상 바뀐다. 새학기가 오면 봄처럼 처음을 알린다. 어떤친구 를 만나게 될지 선생님이 누구 일지 궁금해진다. 우리처럼 새싹들도 기대하는 마음을 품고 살며시 올라온다. 점심은 아침과 밤의 사이로 다르다. 한여름에 낮시간처럼 수업시간은 길게 느껴진다. 쉬는시간은 짧은 밤처럼 느껴진다. 내가 가장 좋아하는 계절은 가을이다. 가을처럼 좋아하는 시간도 점심시간이다. 가을같은 점심시간은 배부르고 선선한 운동장에서 친구들과 뛰어노는 시간이기도하다. 나는 가을같은 점심시간이 좋다. 아침부터 가슴을 콩닥거리게 하는 자는 체육 수업이다. 마치 밤새 내린 하얀눈이 소복히 쌓인 눈이 티껴 친구들과 눈사람을 빨리 만들고 싶은 것처럼 체육시간 이 기대된다. 해,비,눈 처럼 계절안에도 날씨가많다. 그와 같이 수업시간 안에도 겉은 많이 달라진다. 친구 들이 답답을 피워 혼나면 여름은 춥게되고 처음게 쌀쌀한 분위기가 된다. 그러다가 소리를 쳐서 처음없이개가 친구처럼 정신이 번쩍 깨어난다. 학교는 따뜻하게 나 춥고 밤처럼 시간이 빨리 지나가 거나 겨울 될때도 있다. 나의 기분은 날씨처럼 항상 바뀌고 나는 이런 계절같은 학교생활이 정말 즐겁다.

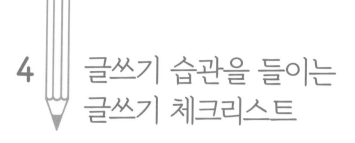

4 글쓰기 습관을 들이는 글쓰기 체크리스트

학교에서 공부를 잘하는 학생, 못하는 학생 모두 수없이 만나봤습니다. 공부 잘하는 학생치고 학습 습관이 불량한 경우는 없었습니다. 거꾸로 공부하는 습관이 없는 아이가 공부를 잘하는 경우도 없었습니다. 학습 습관은 학습 성취와 직접 연결되기 때문에 공부를 잘하고 싶다면 학습 습관을 먼저 잡아야 합니다.

저는 학습 습관을 지도하기 위해 '셀프 학습 체크리스트'를 개발해서 활용했습니다. CBS 〈세상을 바꾸는 시간 15분〉 강연에서도 소개했듯이 셀프 학습 체크리스트는 운동, 독서, 미션, 공부 네 가지를 학생이 스스로 계획을 세우고 지키는 것입니다.

셀프 학습 체크리스트를 꾸준히 실천한 학생들은 놀라울 정도로 달라졌습니다. 제가 가르쳤던 학생만 그런 게 아닙니다. 셀프 학습 체크리스트를 활용한 다른 선생님들도 똑같은 결과를 거두었습니다. 습관은 그야말로 천하무적입니다.

학생이 직접 작성한 셀프 학습 체크리스트

글쓰기도 똑같습니다. 습관보다 나은 훈련은 없습니다. 저는 책을 쓸 때 매일 일정 분량만큼 글을 씁니다. 낮에는 업무가 많고, 집에 오면 가족들과 시간을 보내야 하기 때문에 많은 분량을 쓰지는 못합니다. 대신 A4 용지 두세 장을 매일 씁니다. 적어 보여도 한 달이면 60장입니다. 보통 책 한 권이 A4 용지 180쪽 내외이므로 넉넉하게 잡아도 다섯 달이면 책을 한 권 쓸 수 있습니다.

다음은 제가 교실에서 활용했던 셀프 학습 체크리스트를 한 단계 더 발전시킨 글쓰기 체크리스트입니다. 글쓰기 체크리스트를 활용하면 글을 꾸준히 쓰는 데 큰 도움이 됩니다. 몇 달만 꾸준히 해도 독서와 운동, 공부 모두 습관으로 만들 수 있습니다. 몇 달 안 가 엄마 잔소리가 반으로 줄어듭니다. 이건 저희 반 학생들과 학부모님들 모두가 인정한 사실입니다.

	월		화		수	
독서						
운동						
글쓰기						
공부						

	목		금		반성
독서					
운동					
글쓰기					
공부					

5 공부가 쉬워지는 공책 정리와 학습일지 쓰기

공신 강성태가 방송에서 한 유명한 실험이 있습니다. 내 신 9등급인 학생들만 모아서 성적을 올리는 실험이었 습니다. 공신은 학생들이 집에 들어오면 A4 용지에 학교에서 배운 내용을 모 두 쓰게 했습니다. 처음에는 쓸 말이 없어서 한두 문장을 겨우 쓰던 아이들 이 서서히 분량이 늘면서 나중에는 대여섯 장도 거뜬히 썼습니다. 이 학생들 은 두 달 만에 모의고사에서 50점 이상 점수가 올랐습니다. 그가 학생들에 게 적용했던 방법이 바로 학습일지 쓰기입니다.

왜 이 학생들은 짧은 시간에 성적이 올랐을까요. 배움의 본질이 익히는 데 있기 때문입니다. 배우고 끝나면 잊어버리지만, 배우고 익히면 내 것이 됩 니다. 학습일지를 쓰면 뇌는 배운 내용을 문장으로 재구조화합니다. 스스로 익히는 과정을 거치면서 저절로 복습이 되지요.

수업 시간에 딴짓하는 아이들은 대부분 손장난을 하거나 딴 생각을 합니 다. 공책을 쓰게 하면 수업에 집중할 수밖에 없습니다. 더 열심히 듣고 더 열 심히 묻고 더 열심히 말합니다. 수업에 놀라울 정도로 빠져듭니다. 멍하니 앉아서 선생님이 해주는 말을 듣기만 하는 것보다 스스로 공책을 정리하고, 궁금한 것을 묻고 토론하는 것이 백 배는 유익합니다.

안타깝지만 우리나라는 희한할 정도로 수업 시간에 공책 필기하는 일을 소홀히 여깁니다. 다른 나라는 그렇지 않습니다. 저는 이탈리아, 프랑스, 영국, 독일, 스웨덴, 핀란드, 중국, 케냐 등 여러 나라에서 초등학생과 중·고등학생이 수업하는 모습을 참관했습니다. 제가 본 거의 모든 아이가 공책에 필기를 했습니다. 그것도 아주 열심히. 이탈리아에서 본 초등학교 1학년도 그랬고, 중국에서 본 초등학교 4학년도 그랬고, 독일에서 본 중학교 3학년도 그랬습니다. 심지어 케냐에서도 그랬습니다.

물론 교사마다 가르치는 방법이나 교육관이 다르니 1년이 가도 공책 한 번 펴지 않는 교실도 있을 겁니다. 상관없습니다. 설사 선생님과 함께 공책을 정리하지 않더라도 혼자서도 얼마든지 공책 정리를 하고, 학습일지도 쓸 수 있습니다. 저학년은 물론이고 고등학생도 오늘 배우면 내일 바로 써먹을 수 있습니다. 한 번만 잘 배워두면 두고두고 자산으로 남습니다.

제가 담임했던 6학년 아이들은 중학교에 가면 선생님들에게 공책 정리를 잘한다는 칭찬을 어김없이 들었습니다. 아이들 모두 1년 내내 공책을 정리했고, 학습일지를 썼습니다. EBS 다큐프라임 〈교육대동여지도 교사 고수전〉에서도 저희 반 아이들이 썼던 공책이 소개됐습니다. 방송에 나왔던 공책 정리와 학습일지를 소개합니다.

1. 먼저 공책을 크게 네 칸으로 나눕니다.
2. 가장 큰 칸에 선생님과 수업 시간에 공부한 내용을 짤막하게 정리합니다. 정리할 때는 번호를 매기면서 씁니다. 배운 내용을 짜임새 있게 구조화하는 요령을 배우는 것입니다.

3. 오른쪽 좁은 칸에 수업 시간에 궁금했거나 새로 알게 된 개념어를 기호를 붙여서 정리합니다. 개념어는 1부에서 살펴봤던 '개념어 사전'을 만들 때도 씁니다.

4. 아래 넓은 칸에 학습일지를 씁니다. 학습일지는 수업 시간에 배운 내용을 돌이켜보면서 무슨 내용을 배웠는지, 새로 알게 된 것은 무엇인지, 궁금하거나 더 알고 싶은 내용 등을 일기처럼 씁니다. 끝은 수업 태도를 점수로 매기게 합니다. 예를 들어 '수업 시간에 태도가 좋지 않았던 것 같아서 오늘 내 수업 태도는 70점이다', '질문도 많이 하고 수업 준비도 잘 해갔다. 내 수업 태도는 90점이다'처럼 씁니다. 이런 피드백을 스스로 할 줄 알아야 수업에 참여하는 태도가 좋아집니다.

5. 오른쪽 아래 좁은 칸에 배운 것 중 가장 중요한 내용으로 ○× 퀴즈나 단답형 퀴즈를 냅니다. 단원이 끝나면 이 퀴즈들만 모아서 스피드 퀴즈로 복습할 수 있습니다.

처음에는 자신 없는 과목 하나만 골라서 하루에 한 쪽씩 정리하고, 익숙해지면 여러 과목으로 늘려갑니다. 시험을 볼 때는 문제집이나 참고서를 따로 참고하지 않아도 이 공책 하나만으로 모든 공부가 끝납니다. 저희 반 아이들은 포스트잇과 4색 볼펜, 형광펜을 활용해서 공책을 참고서로 만들었습니다. 대학생 공책 부럽지 않았습니다.

동운이와 은율이, 건율이도 공책 정리와 학습일지 쓰기를 배웠습니다. 정리하는 방법을 배운 다음 학교에서 수업 시간에 공책 정리를 해왔습니다. 동운이 부모님은 동운이 공책을 보면서 무척 놀라셨고, 진즉 배웠으면 하고 아쉬워할 정도로 만족하셨습니다.

〈학습 내용〉	〈핵심 개념어〉
날짜 3/25 (학) 한국의 명절에 대해 알아보자.	?: 모르는 낱말
	!: 새로 알게 된 사실
1. 한국의 명절	※: 이 시간에 배운 가장
- 설날 - 추석	중요한 개념
- 정월대보름 - 단오	
2. 한 줄 정리	
한국의 명절은 □이다. 왜냐하면 ~ 이기 때문이다.	

〈학습일지〉	〈퀴즈〉
오늘은 한국의 명절에 대해서 배웠다.	Q. 한국의 대표적인 명절이라고
한국의 명절에는 설날, 추석, 정월대보름이 있었다.	하기 어려운 것은 무엇일까?
⋮	1. 설날 2. 한식

영어 | Date. | No.

9/19 학: Is this your watch?문장에대한 말덕는 대답을 할
수 있다.

우산=(영어로) umbrella   자전거(영어로) bike

깃발(영어로) flag   시계=(영어로)watch

문장
Q: Is this your umbrella? 이게 니 우산이니?
A: Yes, It is. 어, 내 거야.
A: No, It isn't. 아니,내거가 아니야.
   My umbrella is big. 내 우산은 커.
   My umbrella is red. 내 우산은 빨개.

학습일지

오늘은 영어시험에 시험을 봤다. 문제는 빠진
단어를 쓰는 것이였다. 다른 한 문제는
그림에 해당하는 크기와 색에 맞는 단어를
골라 쓰는 것이였다. 하지만 다 쉬웠다. 왜냐하면
난 영어 학원을 다니기 때문이다. 시험이 끝나고
영화 <스파이더맨 홈커밍>을 봤다. 수업 태도
시험에 집중했기 때문에 100점 만점에 100점이다.

그림을 보고 단어에
맞는 알파벳 써넣기
시계

W_tc_
(a,h)

302 2부 초등 글쓰기의 힘

과학 | Date. | No.

9/18. 학:물이 얼 때 부피와 우게 변화 살펴보기.

물이 얼어 얼음이 되면 부피와 무게가 어떻게 될지
예상하기.

부피	무게
예) 커진다.	예) 변하지 않는다

물이 얼기 전과 후의 부피와 무게 측정하기.

부피

열기전   언후   무게(g)

열기전   언후

예) 11g   예) 11g

·물이 얼면 부피가 늘어난다.

·물이 얼면 무게는 변하지 않는다.

학습일지	Q and A
오늘은 물이 얼 때 부피와 무게 변화를 배웠다.	물이 얼기 전과 언후의
물이 얼어 얼음이되면 부피와 무게가 어떻게	무게를 비교해 짜지은 것은?
될 지 예상을 했는데 나는 부피는 커지고	1. 열기전 언후 (2)
무게는 변하지 않는다고 썼다. 물이 얼기 전과 후의	11g 12g
부피와 무게도 측정했다 부피는 언후가 더 컸는데	2. 얼면 언후
무게는 똑같았다. 수업 태도	11g 11g

듣고 아파서 수업에 잘 임하지 않았기 때문에 수업태
도는 100점 만점에 30점이다.

선생님, 우리 아이도 할 수 있을까요?

이 책을 다 읽었지만 여전히 '우리 아이도 할 수 있을까' 궁금하신가요? 끝으로 두 편의 글을 보여드리고 싶습니다.

나의 특별한 친구

"으앙! 또 지우랑 같은 반이야?"

2학년 마지막 날, 엉엉 울면서 선생님과 헤어졌던 제가 지금은 지우랑 어떻게 지내는지 궁금하시지요?

지우와 1학년부터 3학년까지 같은 반이 되던 날, 저는 속상해서 많이 울었어요. 지우는 발달장애가 있는 친구여서 선생님께서는 저에게 지우를 많이 챙겨주라고 항상 말씀하셨죠. 하지만 지우를 챙기는 동안 저는 친구들과 놀지도 못했고 지우가 저만 의지하기 때문에 다른 친구들에게 부탁할 수도 없었어요.

2학년까지는 이런 게 귀찮고 힘들고 속상한 적이 많았어요. 그런데 3학년이 되고 나서는 친구들이 지우를 잘 보살펴줘서 '친구들이 나를 도와주는구나. 나도 지우를 잘 챙겨야겠다'라는 생각을 하게 되었어요. 그 뒤로 저는 지우를 잘 챙기게 되었고 다른 친구와는 조금 다르지만 특별한 친구가 생기게 되었어요.

그러던 어느 날 개구쟁이 지우가 장난을 쳤어요. 몰래 제 필통을 숨겨둔 거예요. 다른 친구들이 금방 찾아줬지만 지우의 표정을 보니 저에게 미안해 하는 것 같았어요. 그렇게 하고 시간이 되고 인사를 하려는데 지우가 눈물을 흘리고 있더라고요.

선생님이, "지우야, 왜 그러니?"라고 물어봤더니 필통을 숨긴 장난 때문이라고 했어요. 그때 얼른, "지우야, 나 괜찮아"라고 하며, '내가 너무 심하게 하지 말라고 말했나. 지우가 자꾸 미안해 하네' 생각했어요. 그 모습을 보니 지우가 순진하고 착한 아이라는 것도 알게 되었어요.

그 뒤로 지우가 장난을 칠 때마다 친절하게 왜 장난을 하면 안 되는지 알려주었고, 더 잘 보살펴주게 되었죠. 하지만 지우는 변하지 않고 항상 똑같은 장난을 쳐요. 그래도 점심시간에 지우가 내 다리를 들면서 함께 노는 게 이제는 즐거워요.

지우는 저에게 교훈을 준 특별한 친구이고 지우에게 저는 가장 친근하고 편안한 친구가 되었어요. 그러니까 선생님도 이제 저랑 지우 걱정하지 마세요. 앞으로도 지우랑 친하게 지낼게요.

스키 탄 날

스키를 타서 연습을 하다가 넘어졌는데 아빠가 와서 울면서 일어나는 연습을 1시간 동안 했다. 다음날은 비가 와서 와인동굴을 가서 치즈를 먹었다. 마지막 날에 리프트를 타고 내려와서 재미있었다.

두 글은 같은 아이가 썼습니다. 작년에 글쓰기를 배웠던 세 아이 가운데 막내이자 현재 초등학교 4학년인 건율이가 그 주인공입니다. 저에게 올 때만 해도 〈스키 탄 날〉 같은 글을 쓰던 아이가 이제는 학교 토론대회와 글쓰기 대회에서 상을 타고 혼자서 척척 긴 글을 씁니다. 더도 덜도 아니고 딱 이 책에 나온 만큼만 했는데 말입니다.

다른 아이도 얼마든지 할 수 있습니다. 방법을 모른다면 방법을 가르쳐주고, 자신이 없다면 자신감을 길러주면 됩니다. 안 해봤을 뿐, 못하는 게 아닙니다. 제가 3월 학기 초에 아이들을 만나면 가장 먼저 해주었던 말은 언제나 같았습니다.

"괜찮아. 선생님도 공부 못해봤고, 심지어 고등학교 때는 꼴찌도 해봤어. 그런 나도 이렇게 선생 하잖니. 노력하면 누구나 잘할 수 있어. 우리 같이 힘내자."

이 책은 '왜 읽어야 할까'에서 시작해 '어떻게 쓸까'로 맺은 책입니다. 공부라는 말을 듣는 순간 시험을 떠올리고 숨이 턱 막힌다는 아이들에게 진짜 공부하는 재미와 즐거움은 책을 읽고 글을 쓰면서 시작된다는 것을 가르쳐주자고 부모님들께 이야기하는 책이기도 합니다.

이 책이 사랑하는 자녀를 위한 독서 교육과 글쓰기 교육을 고민하는 부모님들에게 어제와 같은 오늘에서 오늘보다 나은 내일로 넘어가는 다리가 되어주리라 믿습니다.

제 인생에 독서와 글쓰기가 없었다면 지금의 저는 없습니다. 독서와 글쓰기는 제게 대학 합격증만 준 게 아닙니다. 오랜 시간 쌓인 독서와 수많은 습작은 학생들을 더 잘 가르치는 교사가 될 수 있게 해주었고, 오랫동안 꿈꾸었던 작가의 삶을 만들어주었고, 좋은 사람들을 많이 만나게 해주었습니다. 글을 쓰면서 개인적인 즐거움은 많이 내려놓았지만 앞으로도 세상을 이롭게 하는 선한 글을 쓸 수 있다면 더 바랄 게 없습니다.

성효샘의 책들을 아끼고 기꺼이 기다려주신 독자님들, 자녀에게 더 나은 삶을 보여주기 위해 오늘도 고민하셨을 이 땅의 부모님들, 아무 꿈도 없던 저에게 작가라는 비전을 심어주셨던 최명환 공주교대 명예교수님, 교육청에서 셀 수 없이 다양한 주제의 원고로 저를 단련하시는 김승환 교육감님, 응원과 격려를 아낌없이 보내주는 우리 비서실 식구들, 오래전 어린 저를 위해 도시락 편지를 쓰셨던 엄마, 하늘나라에서 이 모든 것을 지켜보고 계실 아버지, 사랑하는 남편과 생명 같은 두 딸 성연이와 유진이, 그리고 글을 쓸 수 있는 용기와 비전을 주신 나의 하나님.

사랑합니다.

고맙습니다.

2019년 7월

성효샘 씀

부록

한글,
찬찬히
재미있게
가르치기

1. 한글 공부에 앞서 준비할 것은

저는 아이들에게 한글을 가르칠 때 세종대왕 이야기를 들려주곤 했습니다. 아이에게 어떤 방식으로 이야기해야 하는지 잘 모르겠다는 학부모님들을 위해 준비했습니다. 한글 공부에 앞서 세종대왕 이야기도 꼭 들려주세요.

세종대왕과 한글 이야기

세종대왕은 조선 4대 임금입니다. 당시 조선은 중국인이 쓰는 한자를 문자로 썼습니다. 한자는 불편하게도 글자를 하나씩 외워야 합니다. '하늘 천, 땅 지' 하면서 매일 외워도 잊어버리기 일쑤죠. 양반으로 태어난 일부를 제외하고는 먹고살기 바빠 한자를 공부할 겨를조차 없었습니다. 글을 모르는 백성은 할 말이 있어도 한자를 모르니 따질 수도 없었고요.

보다 못한 세종대왕은 불쌍한 백성에게 글자를 만들어주기로 마음먹었습니다. 세종대왕은 새로운 글자가 세상에서 가장 배우기 쉬운 글자여야 한다고 생각했습니다. 그래야 바쁜 백성이 익힐 수 있으니까요. 그뿐 아니라 우리말에만 있는 고유한 소리와 백성이 쓰는 다양한 사투리까지 표현할 수 있어야 했습니다. 글자를 만드는 원리도 과학적이어야만 했지요.

세종대왕은 직접 문자 연구를 시작했습니다. 공부가 취미이고 독서를 밥 먹듯이 했던 훌륭한 세종대왕이 이십 년 넘게 연구한 끝에 드디어 세상에 문자를 내놓습니다. 이름은 '훈민정음(訓民正音)', 백성을 가르치는 바른 소리라는 뜻이에요.

언어학자들이 세계 최고라고 인정하는 문자, 인간이 입으로 내는 거의 모든 소리를 표기할 수 있는 표음문자인 훈민정음이 세상에 태어난 것이죠. 인류 역사에 세종대왕 말고는 백성을 위해 문자를 만들어준 왕은 없습니다. 이전에도 없고 이후에도 없답니다.

엄마표 한글 교구 만들기

성연이를 키울 때 글자 카드를 냉장고며 책상이며 곳곳에 붙여놓고 자주 보여줬습니다. 성연이는 글자 카드를 좋아하지 않았고 잘 외우지도 못해서 나중에는 모두 떼어버리고 책만 읽어줬습니다.

유진이에게 한글을 가르칠 때는 글자 카드를 쓰지 않았습니다. 그보다 한글음절표나 낱말 퍼즐을 더 잘 썼습니다. 비싸고 고급스러운 교구를 사는 대신 유진이와 함께 만들어서 글자 놀이를 했습니다. 유진이는 엄마와 함께 만든 한글 교구를 아주 좋아했습니다.

 ## 가정에서 직접 만드는 한글 교구

준비물 A4 용지 여러 장, 보드마카 빨간 펜과 파란 펜, 검정색 네임펜

1. A4 용지를 여러 장 코팅합니다.

2. 코팅한 A4 용지를 네임펜으로 4칸 나눕니다. 어울리는 글자를 써보게 합니다.

 예 닭, 넓, 앉 등

3. 코팅한 A4 용지를 네임펜으로 3칸 나눕니다. 어울리는 글자를 아이와 함께 찾아봅니다.

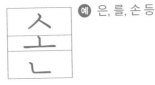 예 은, 를, 손 등

4. 코팅한 A4 용지를 네임펜으로 3칸 나눕니다. 어울리는 글자를 함께 찾아봅니다.

예 강, 인, 산 등

5. 코팅한 A4 용지를 네임펜으로 2칸 나눕니다. 어울리는 글자를 함께 찾아봅니다.

예 아, 이, 서 등

예 고, 소, 구 등

　아이들은 글자를 잘 몰라도 자기 이름은 알아봅니다. 아이들과 친숙한 이름자부터 한글 교구로 놀면서 재미있게 가르쳐주세요. 놀이에 익숙해지면 자음은 빨간 펜으로 모음은 파란 펜으로 씁니다. 글자가 자음과 모음이 조합되어 만들어진다는 것을 시각적으로도 쉽게 이해할 수 있습니다.

 글자 미로 만들기

(준비물) 코팅한 A4 용지, 보드마카(검정)

1. 코팅한 A4 용지를 준비합니다.

2. 보드마카로 배울 글자를 씁니다.

3. 종이를 꽉 채울 만큼 글자를 크게 씁니다.

4. 글자 테두리에 가시를 그려 넣습니다.

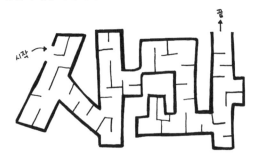

5. 시작과 끝을 표시하면 훌륭한 글자 미로가 됩니다.

　코팅한 종이에 보드마카로 그리면 몇 번이고 새롭게 글자 미로를 만들 수 있습니다. 엄마와 아이가 함께 만들어서 같이 풀어도 좋고 아이가 만든 글자 미로를 엄마가 풀어도 좋습니다. 글자를 처음 배우는 아이에게는 글자가 놀이여야 지루해 하지 않습니다.

 ## 숨은 낱말 찾기

(준비물) 잡지·신문지·인터넷 등에서 구한 사진, 매직, A4 용지

1. 잡지에서 그림을 하나 오립니다.

2. 오린 그림에 생각나는 낱말을 매직으로 씁니다.

3. 낱말을 응용해서 짧은 문장을 만듭니다.

　　(예) 마녀가 카레에 풍선을 넣었다.

4. 의성어나 의태어를 넣습니다.

　　(예) 마녀가 보글보글 끓는 카레에 풍선을 풍덩 넣었다.

5. 만든 문장을 큰 소리로 함께 읽습니다.

그림 출처: shutterstock.com

　잡지나 신문에는 다양한 사물과 인물 사진이 많습니다. 짧은 글을 만들거나 어울리는 의성어와 의태어를 찾아보게 하는 글자 놀이를 하면 좋습니다.

2. 한글 공부, 글자 소리부터 시작해요

　낱말 여러 개가 모이면 문장이 됩니다. 낱말은 음절로 쪼갤 수 있고, 음절은 본체와 종성으로, 본체는 다시 가장 작은 소리 단위인 음소로 나뉩니다. 글자 소리를 알아차리는 것을 음운 인식이라고 하는데, 보통은 음운 인식력이라고 부릅니다.

　📖 **감사**

　낱말: 감사

　음절: /감/, /사/ (2음절: 음절 수 = 글자 수)

　본체+종성: /가/(본체) + /ㅁ/(종성), /사/(본체만 있고 받침인 종성 없음)

음소: /ㄱ/, /ㅏ/, /ㅁ/ + /ㅅ/, /ㅏ/

복잡하지요? 하지만 굳이 이런 식으로 분석하지 않아도 한국에서 성장한 사람이라면 글자를 보면 소리가 저절로 떠오릅니다. '가'를 /가/로 읽는다는 걸 설명하지 않아도 알지요. 그동안 수많은 글자를 읽고 써오면서 소리와 글자를 일대일로 완벽하게 연결했기 때문입니다. 아이도 소리와 글자를 연결(음운 인식)할 수 있어야 글자를 정확하게 읽고 쓸 수 있습니다.

우리 아이는 음운 인식을 얼마나 잘할까

아이가 음운 인식을 잘하는지 확인할 수 있도록 학자들이 만든 평가 과제[31]입니다. 내용이 어렵지 않아 집에서도 쉽게 해볼 수 있습니다.

1. 다른 소리 찾기(oddity task)

질문: ('무릎', '머리', '가방' 그림 카드를 보여주면서) 이 중에서 다른 소리로 시작하는 건 무엇일까요?

답: 가방(제시한 단어 가운데 '가방'만 첫소리(초성)가 ㄱ입니다.)

질문: '물', '불', '옷' 가운데 다른 소리로 끝나는 단어는 무엇인가요?

답: 옷(제시한 단어 가운데 '옷'만 끝소리(종성)가 ㅅ입니다.)

2. 음운 숫자 세기(syllable and phoneme counting)

질문: '물'에는 소리가 몇 개 들어 있을까요?

답: 음절로는 /물/ 하나, 음소로는 /ㅁ/, /ㅜ/, /ㄹ/ 세 개

3. 소리 합치기(blending)

질문: '고', '양', '이' 소리들을 합하면 무슨 말이 되나요?

답: 고양이

4. 소리 나누기(segmentation)

질문: '분수'를 작은 소리로 나누면 어떤 소리가 들어 있나요?

답: 분, 수

질문: '수'를 더 작은 소리로 나눌 수 있을까요?

답: / ㅅ /, / ㅜ /

5. 음운 탈락(sound deletion or elision)

질문: '비옷'에서 '옷' 소리를 빼면 무슨 소리가 남나요?

답: 비

음운 인식 지도하기

음운 인식 평가하기로 아이가 음운 인식을 어느 정도 하는지 파악했을 것입니다. 만약 음운 인식을 잘 못한다면 몇 번이고 소리 내어 들려주어야 음운을 바르게 알 수 있습니다. 다음에 소개하는 방법들을 차근차근 따라하면 음운 인식 지도에 도움이 될 것입니다.

1. 음절 인식: 글자마다 손뼉 치기

한글은 음절 수와 글자 수가 일치합니다. 글자를 소리 낼 때마다 손뼉을 한 번씩 치게 하세요. 아이가 음절 수와 글자 수가 일치한다는 것을 쉽게 이해합니다.

강아지 - 3음절: 강(손뼉 한 번), 아(손뼉 한 번), 지(손뼉 한 번)

나무 - 2음절: 나(손뼉 한 번), 무(손뼉 한 번)

숲 - 1음절: 숲(손뼉 한 번)

2. 음절을 본체와 종성으로 나누기

글자에서 초성+중성까지 본체, 나머지가 종성입니다. 아이들은 흔히 본체가 같은 글자를 보면 헷갈려 하는 경우가 많습니다. 본체와 종성을 구별하게 되면 이런 오류가 줄어듭니다.

손 – 본체ㅅ+ㅗ, 종성ㄴ

솜 – 본체ㅅ+ㅗ, 종성ㅁ

질문: (천천히 소리 내면서) '손', '솜' 두 단어에 들어 있는 같은 소리는 무엇인가요?

답: '소'입니다.

질문: (천천히 소리 내면서) '분', '불' 두 단어에 들어 있는 같은 소리는 무엇인가요?

답: '부'입니다.

3. 음소 인식: 낱말 퍼즐로 가르치기

자음과 모음은 글자마다 소리가 다르게 납니다. 음소 인식은 글자에서 자음과 모음 소리가 다르게 난다는 사실을 알아차리는 것을 말합니다. 학자들은 아이마다 발달 속도가 다르긴 하지만 만 4세면 아이가 음소를 인식할 수 있다고 말합니다. 음소 인식은 앞에서 만든 낱말 퍼즐을 활용하면 쉽게 가르칠 수 있습니다.

질문: '방'에는 소리가 세 개 들어 있어요. 함께 찾아볼까요?

답: /ㅂ/, /ㅏ/, /ㅇ/ 소리가 세 개 들어 있어요.

질문: 소리 글자를 한 칸에 하나씩 넣어볼까요?

이렇게 '방' 소리가 나는 글자를 만들려면 소리가 세 개 필요하다는 것을 알게 되는 것이 음운 인식력입니다.

질문: '하에는 소리가 몇 개 들어 있을까요?

답: 두 개 들어 있어요.

질문: 어떤 소리인지 말해 보세요.

답: /ㅎ/과 /ㅏ/입니다.

초등학교 1학년 1학기 국어 교과서에서는 받침 있는 글자를 배우면서 낱말 퍼즐을 활용했습니다. 국어 교과서는 '자+받침ㅁ = 잠', '코+받침ㅇ = 콩' 두 낱말을 예로 들었습니다. 앞에서 살펴본 '본체+종성'으로 글자를 나눴다는 걸 알 수 있습니다.

저는 유진이에게 음소 인식을 가르칠 때 낱말 퍼즐 교구를 활용했습니다. 제가 단어를 부르면 유진이는 자음과 모음 글자를 찾아서 퍼즐 판에 끼워 넣었습니다. 나중에는 종이에 틀만 그려서 썼습니다.

3. 한글 공부, 원리를 알면 재미있어요 〜〜〜〜〜〜

세종대왕은 훈민정음을 크게 다섯 가지 원리로 창제했습니다. 먼저 '선택'의 원리입니다. 세종대왕은 하늘, 땅, 사람을 글자의 기본 틀로 선택하여 자음자와 모음자의 원형을 만들었습니다.

도형	자음 기본자	모음 기본자
동그라미	ㅇ	·
네모	ㅁ	─
세모	ㅅ	ㅣ

다음은 '확장'입니다. 세종대왕은 동그라미, 네모, 세모 모양을 자음 기본자로 만들고, 이를 압축해서 모음 기본자 ·, ─, ㅣ와 자음 기본자 ㅇ, ㅁ, ㅅ을 만들었습니

다. 또한 자음과 모음 기본자에 획을 더하여 다른 글자들을 만들어냈습니다. 인류 역사에서 획을 더하는 확장 원리로 창제한 문자는 훈민정음밖에 없다[32]고 합니다.

1. 모음자 확장 원리 설명하기

① 질문: ㅣ 왼쪽에 •를 더하면 무슨 글자가 될까요?

답: ㅓ가 됩니다.

② 질문: ㅓ에 •을 하나 더하면 무슨 글자가 될까요?

답: ㅕ가 됩니다.

③ 글자와 소리를 외울 때까지 반복해서 읽습니다.

아 야 어 여 오 요…

2. 자음자 확장 원리 설명하기

① 도화지에 크게 기본 자음자(ㄱ ㄴ ㅁ ㅅ ㅇ)를 씁니다.

② 기본 자음자에 획을 하나씩 추가합니다.

ㄱ → ㅋ

ㄴ → ㄷ → ㅌ → ㄹ

ㅁ → ㅂ → ㅍ

ㅅ → ㅈ → ㅊ

ㅇ → ㅎ

3. 전이의 원리 설명하기

ㅁ → ㅂ → ㅍ

획을 추가하는 원리대로라면 ㅁ도 위에 ㅡ가 하나 올라간 형태여야 합니다. 그런데 ㅂ은 ㅁ 양끝을 위로 잡아당긴 모양입니다. ㅍ도 ㅁ위에 ㅡ를 두 개 올리지 않고 ㅁ 양쪽 끝을 좌우로 길게 잡아당긴 모양입니다.

훈민정음은 모든 글자를 단순하게 획을 추가해서 만들지 않았습니다. 발상을 전환하여 글자를 변형하기도 했습니다. 학자들은 이를 전이의 원리라고 부릅니다. 이런 원리를 설명해 주면 한글을 만들 때 뜻과 원리가 있었다는 사실에 아이들이 몹시 놀라워합니다.

4. 글자 쌓기 놀이로 알아보는 통합의 원리

글자 쌓기 놀이로 자음과 모음이 결합하여 새로운 글자를 만들어내는 통합의 원리를 알아볼 수 있습니다. 훈민정음 기본 자음자는 천지인을 압축한 자음 ㅇ(모음 •), 자음 ㅁ(모음 ㅡ), 자음 ㅅ(모음 ㅣ)입니다. 순서대로 쌓으면 자음은 사람 모양, 모음은 탑 모양(흠)이 됩니다. 탑에서 1단은 '야, 여, 요, 유'를 나타낸 것이고, 2단은 '아, 어, 오, 우'입니다. 3단은 '•, ㅣ, ㅡ'를 의미합니다.

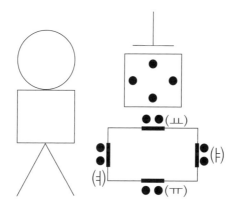

어른에게는 낯설지 몰라도 글자를 처음 배우는 아이들에게 통합의 원리는 직관적으로 한글을 이해하는 데 도움이 됩니다.

자음자와 모음자를 직접 가지고 놀면서 사람 모양으로도 만들어보고, 탑 모양으로도 쌓아보게 하세요. 한글이 만들어진 제자 원리를 깨치면 글자를 배우는 것이 한결 쉬워집니다.

4. 한글 공부, 국어 교과서로 자음자를 익혀요 ~~~~~~~~

　초등학교 1학년 아이들은 노는 것이 공부입니다. 교과서도 가만히 앉아서 배우는 게 아니라 놀면서 배우도록 합니다. 가정에서도 학습이라고 생각하지 말고 아이와 글자로 재미있게 놀아준다고 생각하면 좋겠습니다. 초등 1학년 1학기 국어 교과에서 다루는 자음 배우기를 교사용 지도서를 바탕으로 정리했습니다.

 자음 익히기: 재미있게 ㄱㄴㄷ

1. 생활에서 자음 찾아보기
① 그림을 보여줍니다. **예** 교실, 나무, 모니터
② 그림에서 연상되는 자음자를 찾아보게 합니다. **예** ㄱ, ㄴ, ㅁ
③ 자음자를 함께 읽어봅니다.

2. 자음자 이름 알기
① 자음자의 이름을 알아봅니다. **예** ㄱ(기역), ㄴ(니은), ㅌ(티읕)
② 크게 소리 내어 자음자를 읽어봅니다.
③ 자음자 카드를 보고 소리 내서 읽어봅니다.

3. 자음자 퍼즐 맞추기
① 도화지를 6등분이 되게 접습니다.
② 도화지에 자음자를 크게 씁니다.

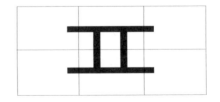

③ 도화지를 6조각으로 오려서 나눠줍니다.

④ 퍼즐을 맞춰보게 합니다.

4. 자음자 몸으로 만들기

① 손으로 자음자 모양을 만들어봅니다.

② 몸으로 자음자 모양을 만들어봅니다.

③ 엄마와 함께 손과 몸으로 자음자 모양을 만들어봅니다.

5. 자음자 소리 알기

① 자음자 소리를 ㄱ부터 차례대로 따라서 읽어봅니다.

　예 가지, 나무딸기, 도토리, 레몬

② 자음자를 공책에 써봅니다.

※자음을 지도할 때 주의할 점

① 자음은 이름을 알면 글자 소리를 추측할 수 있습니다.[33] 예를 들어 ㄱ은 '기역'으로 읽습니다. 첫소리 /ㄱ/가 글자 소리입니다. ㄴ은 '니은'으로 읽고, 첫소리 /ㄴ/가 글자 소리입니다. 원리를 설명한 다음 나머지 글자들을 천천히 함께 읽습니다.

② 다른 글자 소리를 추측하게 합니다.

　질문 : ㅈ(지읒)은 어떤 소리가 날까?

　답 : /ㅈ/

③ 소리를 따라 하게 합니다.

④ 글자와 소리가 완전하게 대응하도록 이 과정을 반복합니다.

⑤ 모양이 비슷한 글자는 헷갈릴 수 있으므로 시간을 두고 가르칩니다.

　예 ㅈ과 ㅊ, ㄷ과 ㅌ 등

5. 한글 공부, 국어 교과서로 모음자를 익혀요 〜〜〜

한글은 소리를 표기하기 위해 만든 표음문자입니다. 여러 연구에서 자모 이름과 음 소리를 익히는 학습을 받은 아동이 읽기와 글자 쓰기 능력에서 그렇지 않은 아동보다 뛰어난 것으로 나타났습니다.

초등 1학년 1학기 국어 교과서에서 모음자를 배우는 부분을 엄마와 함께하는 놀이로 정리했습니다. 자음을 배울 때처럼 글자로 재미있게 놀아주세요.

✏ 음자 익히기: 다 함께 아야어여

1. 생활에서 모음자 찾아보기
① 그림을 준비합니다.
② 그림에서 연상되는 모음자를 찾아봅니다.
③ 모음자를 함께 읽습니다.

2. 모음자 이름 알기
① 모음자의 이름을 알아봅니다. 　예 ㅏ(이름: 아), ㅑ(이름: 야)
② 입으로 크게 소리 내어 모음을 읽습니다.
③ 몸으로 모음자를 만듭니다.
　　예 ㅏ(반듯하게 서서 한쪽 팔을 수직으로 올려요)
　　　 ㅣ(반듯하게 손을 몸에 붙이고 서요)

3. 모음자 찾기
① 시장 사진을 준비합니다.

② 사진에 나오는 물건 이름을 말합니다.

　　예 파, 오이, 가지, 고구마

③ 찾은 물건 이름에서 모음자만 고릅니다.

④ 모음만 사인펜으로 진하게 덮어 씁니다.

　　예 파

4. 모음자 카드 놀이

① 하나, 둘, 셋 외치면서 동시에 모음자 카드를 내밉니다.

② 엄마와 내가 뽑은 모음자 카드를 큰 소리로 읽습니다.

*크게 인쇄해서 활용하세요

5. 같은 모음자가 들어간 단어 찾기 놀이

① 엄마가 같은 모음자로 시작하는 낱말을 두 개 말합니다.

　　예 가방, 파도(ㅏ로 시작)

② 같은 모음자로 시작하는 낱말을 아이가 말합니다.

　　예 아기, 바람(ㅏ로 시작)

6. 모음자 점판 놀이

① 점판을 준비합니다.

② 점판에 고무줄로 ㅣ, ㅡ를 여러 개 만듭니다.

③ 엄마가 불러주는 모음자를 아이가

만들어봅니다.

　예 야(ㅣ에 - 두 개 연결)

　　오(ㅡ에 · 한 개 연결)

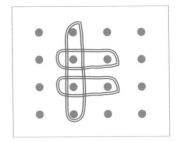

7. 모음자 써보기

① 공중에 모음자를 씁니다.

② 왼쪽부터 씁니다.

　예 아: ㅇ → ㅣ → ·

　　여: ㅇ → · → ·→ ㅣ

③ 공책에 모음자를 씁니다.

8. 낱말 카드 만들기

① 낱말을 읽어줍니다.

　예 도토리, 새우

② 모음이 빠진 낱말 카드를 보여줍니다.

③ 모음을 채워넣습니다.

④ 완성된 낱말을 큰 소리로 함께 읽습니다.

6. 한글 공부, 한 글자 낱말을 읽어요 〜〜〜〜〜〜

자음자와 모음자를 익힌 다음은 낱말을 읽어야 합니다. 낱말을 읽으려면 앞에서 살펴본 것처럼 '언어 능력(음운 인식)'과 '자모글자 지식(자음자와 모음자 알기)' 두 가지 능력을 갖추어야 합니다. 혹시라도 놓친 단계가 없는지 꼼꼼하게 챙겨주세요.

연구에 따르면 낱말 읽기는 크게 네 단계로 발달합니다. 첫 단계는 자모글자와 소리 관계를 이해하기 전 단계로 글자에 흥미를 보이는 때입니다. 이때는 그림과 글자를 덩어리처럼 이해하기 때문에 유튜브 로고를 보고 '캐리 언니'라고 읽지만 실제로는 아직 글자를 읽지 못 합니다. 두 번째 단계는 글자와 소리 대응을 일부만 이해합니다.

세 번째 단계에서는 자모글자를 알고 정확하게 읽을 수 있습니다. 자음자와 모음자 소리를 알면 처음 보는 글자여도 읽을 수 있습니다. 네 번째 단계는 자모글자와 소리 통합 단계입니다. 음운 변화가 있는 낱말이라도 비슷한 단어를 읽었던 경험을 살려서 소리를 추측해서 읽을 수 있습니다.

자모글자를 알아서 정확하게 읽을 수 있다고 해도 곧바로 유창하게 읽진 않습니다. 정확하지만 느리게 읽으면 유창한 읽기가 아닙니다. 유창성이 떨어지면 읽는 속도가 느려 읽기 이해력도 함께 떨어집니다. 유창성을 기르려면 반복해서 같은 문장을 읽는 것이 좋습니다.

읽기 정확성: 또박또박 틀리지 않고 읽기
읽기 유창성: 빠른 속도로 글자를 보자마자 읽을 수 있는 능력

한글은 초성과 중성이 만나서 글자가 되는 경우(차, 수, 보 등)가 62%로 가장 많습니다. 자음+모음+자음인 경우(감, 상, 손 등)는 25%, 모음만 있는 경우(아, 오, 우

등)가 11%, 모음+자음인 경우(온, 앙 등)가 2% 비율을 차지합니다.[34] 낱글자 읽기를 지도할 때도 비율이 높은 순서로 가르치는 게 효율적이겠지요.

✏️ 글자 만들기 지도하기

1. 초성+중성 글자 지도하기

ㅁ은 어떻게 읽지요?

/ㅁ/라고 읽어요.

ㅏ는 어떻게 읽지요?

/아/라고 읽어요.

마(글자를 가리키며)는 어떻게 읽을까요?

/마/라고 읽어요.

천천히 함께 읽어볼게요.

2. 자음+모음+자음 글자 지도하기

고는 어떻게 읽을까요?

/고/라고 읽어요.

고에 받침 ㅇ을 놓아볼게요. 어떤 글자가 될까요?

공

이 글자는 어떻게 읽을까요?

/공/이라고 읽어요.

이번에는 이 글자에서 받침을 다른 걸로 바꾸어볼게요. 읽어보세요.

(곰, 곤, 골 등 다양한 받침으로 바꾸고 소리 내어 읽어본다.)

7. 한글 공부, 여러 글자로 된 낱말을 읽어요 〰️

한글은 다음절 낱말을 익히는 것이 어렵습니다. 반면 낱글자 익히기는 쉽지요. 한글 사용 설명서 격인 『훈민정음해례본』에서도 "한글은 아무리 우매한 자여도 열흘이면 깨우칠 수 있는 글자"라고 했습니다. 낱글자는 글자 소리만 알아도 읽을 수 있지만 낱말 안에서 음운 변화가 풍부한 다음절 낱말 읽기는 생각보다 훨씬 어렵습니다.

다음절 낱말 읽기는 유창하게 읽기를 위해 아이가 꼭 넘어야 할 첫 번째 고개입니다. 이때부터는 글을 많이 읽은 아이가 절대적으로 유리합니다. 책을 많이 읽어주고 평소에 다양한 주제로 이야기를 자주 나누는 게 좋습니다.

합성어 익히기

우리말에는 합성어가 많습니다. 낱글자 여러 개가 만나서 새로운 낱말을 만들어 낸다는 이치를 알면 아이들은 글을 읽을 때도 낱말을 조금 더 주의 깊게 살펴보게 되지요. 글자에 관심이 많은 아이라면 새로운 낱말이 만들어지는 이 원리를 몹시 신기해 합니다.

1. 우리말로 된 합성어 지도하기

김+밥 = 김밥 /김빱/   꽃+잎 = 꽃잎 /꼰닙/

김치+냉장고 = 김치냉장고 /김치냉장고/

책가방 = ?

2. 한자어로 된 합성어 지도하기

월요일 = 월+요일 /워료일/   화요일 = 화+요일 /화요일/

폭풍 = ?

3. 같은 말로 시작되는 합성어 지도하기

첫사랑 = 첫+사랑 /첟싸랑/　　　첫눈 = 첫+눈 /천눈/

첫인상 = ?

4. 같은 말로 끝나는 합성어 지도하기

풀무질 = 풀무+질 /풀무질/　　　쟁이질 = 쟁이+질 /쟁이질/

낚시질 = ?

투명성 높은 낱말 읽기

토끼 /토끼/, 여우 /여우/

언어학자들은 '토끼'나 '여우'처럼 글자 그대로 소리가 나는 경우를 투명성이 높다고 말합니다. 투명성이 높으면 소리 변화가 없기 때문에 보이는 철자 그대로 읽기만 하면 됩니다. 일단 기본 철자만 배우면 읽는 것이 크게 어렵지 않습니다.

투명성이 높은 언어			투명성이 낮은 언어	
핀란드어　독일어　네덜란드어			프랑스어　영어	
그리스어　스웨덴어			덴마크어	
이태리어　포르투갈어				
스페인어				
노르웨이어				

철자-소리 대응 관계의 연속성(Seymour et al., 2003)

언어학자 김영숙은 『찬찬히 체계적·과학적으로 배우는 읽기&쓰기 교육』에서 필립 시모어(Philip Seymour)의 연구를 소개했습니다. 연구에 따르면 투명성이 가장 높은 언어는 핀란드어였고, 투명성이 가장 낮은 언어는 영어였습니다.

투명성이 높은 언어인 독일어권에서는 아이가 체계적으로 읽기를 배웠을 때 90% 이상이 1년 안에 낱말을 정확하게 읽는다고 합니다. 투명성이 낮은 언어인 영어는 이보다 2.5배 이상 시간이 걸려도 90% 이상 정확하게 읽기 어려웠다고 합니다.

독일어는 철자만 알면 읽을 수 있는 투명성이 높은 언어입니다. 독일어 a는 언제나 똑같이 /a/로 소리 나고, b는 언제나 /be/로 납니다. 고등학교 때 독일어를 배운 저는 독일어 문장을 보면 무슨 뜻인지는 몰라도 '읽기'는 합니다.

영어는 그렇지 않습니다. apple, cake, banana 낱말에서 a 소리가 다 다르게 납니다. 수많은 단어를 읽고 외우고 써보면서 영어에 대한 언어 경험을 쌓아야만 비로소 처음 보는 낱말도 더듬거리면서 읽을 수 있습니다. 투명성이 낮은 언어이기 때문입니다.

학자들은 한글이 읽기는 비교적 투명하고, 쓰기는 투명성이 떨어진다고 봅니다. 읽는 것은 쉽게 배워도 정확하게 쓰는 것은 어렵다는 뜻입니다. 학교에 가서 글자를 배웠던 성연이는 읽기는 잘해도 쓰기는 어려워했습니다. 성연이뿐 아니라 대다수 한국 아이들이 비슷한 경험을 합니다. 읽는 것이 쓰는 것보다 쉽게 느껴지지요.

한글은 투명성 높은 단어와 그렇지 않은 단어가 섞여 있습니다. 투명성 높은 낱말로 읽기 자신감을 단단히 쌓은 다음 투명성이 높지 않은 낱말로 넘어가는 식으로 단계적으로 가르치는 게 좋습니다.

국어 교과서에 나오는 투명성이 높은 낱말

- 나, 너, 우리
- 엄마, 아빠, 오빠, 누나, 언니, 가족
- 자두, 딸기, 오이, 파, 양파, 대추
- 고양이, 강아지, 햄스터
- 선생님, 친구, 교실

투명성 낮은 문장 읽기

학교에서 밥을 먹고 집에 갔다.

/학꾜에서/ /바블/ /먹꼬/ /지베/ /간따/

이 문장은 읽기 어렵습니다. 낱말에 모두 소리 변형이 있으니까요. 그렇지만 자주 쓰는 낱말로 된 이 문장을 틀리게 읽는 아이는 드뭅니다. 잘 읽으려면 자주 말하고 자주 듣는 언어 경험이 뒷받침돼야 한다는 것을 알 수 있습니다.

어릴 때 가정에서 책을 많이 읽어주지 않았거나 난독증을 겪는 아이라 해도 크고 정확한 발음으로 소리 내서 읽는 언어 경험이 많아지면 읽기도 점점 나아집니다. 소리 내서 최대한 많이 읽어주고, 함께 책을 읽는 경험을 쌓는 게 중요합니다.

| 미주 |

1) 『그 많은 똑똑한 아이들은 어디로 갔을까』(권재원, 2015, 지식프레임)

2) 한국학습장애학회(김윤옥, 변찬석, 강옥려, 우정한 등)에서 개발한 난독증 특성 체크리스트. 38점 이하는 난독증 부적합, 39~42점은 난독증 저위험 의심, 43~57점은 난독증 고위험 의심, 58점 이상은 난독증 적합으로 본다.

3) 『찬찬히 체계적·과학적으로 배우는 읽기&쓰기 교육』(김영숙, 2017, 학지사)

4) 『뇌가 좋은 아이』(KBS 읽기혁명 제작팀, 신성욱, 2010, 마더북스)

5) 『1만 시간의 재발견』(안데르스 에릭슨·로버트 풀, 2016, 비즈니스북스)

6) 『어떻게 읽을 것인가』(고영성, 2015, 스마트북스)

7) 『책을 읽으면 왜 뇌가 좋아질까? 또 성격도 좋아질까?』(한상무, 2017, 푸른사상)

8) 『책 읽는 뇌』(매리언 울프, 2009, 살림)

9) 『북 러버스 다이어리』(타커스 편집팀, 2016, 타커스)

10) 『CEO 아빠의 부모수업』(김준희, 2016, 나무를심는사람들)

11) 『부모공부』(고영성, 2016, 스마트북스)

12) 『아웃라이어』(말콤 글래드웰, 2009, 김영사)

13) 『책을 읽으면 왜 뇌가 좋아질까? 또 성격도 좋아질까?』(한상무, 2017, 푸른사상)

14) "글자, 언제 배워야 효과적일까?"(EBS, 2015. 01. 15자 기사)

15) 『뇌가 좋은 아이』(KBS 읽기혁명 제작팀, 신성욱, 2010, 마더북스)

16) 『독서교육, 어떻게 할까?』(김은하, 2014, 학교도서관 저널)

17) "초등교사 78% '한글 문해 지도 배운 적 없다'"(EBS, 2015. 05. 28자 기사)

18) "초1 교사 90% '학교 수업만으로 한글 못 깨쳐'"(연합뉴스, 2017. 10. 08자 기사)

19) "The Role of Instruction in Learning To Read: Preventing Reading Failure in At-Risk Children". *Journal of Educational Psychology*, vol.90 no.1(Foorman, Barbara et al., 1998)

20) 『읽기 부진 아동과 읽기 우수 아동의 단어 재인』(김명희, 2003, 단국대학교 교육대학원 석사논문)

21) 『균형 있는 읽기 지도를 통한 초등학교 읽기 지도 방법 연구』(조연주, 2008, 서울교육대학교 교육대학원 석사논문)

22) 『찬찬히 체계적·과학적으로 배우는 읽기&쓰기 교육』(김영숙, 2017, 학지사)

23) *Meaningful Differences in the Everyday Experience of Young American Children*(Betty Hart & Todd Risely, 1995, Paul H. Brookes Publishing Co.)

24) 『독서교육, 어떻게 할까?』(김은하, 2014, 학교도서관 저널)

25) 「학습만화를 활용한 효율적인 독서지도 방안」, 『한국문헌정보학회지』 43권 1호(최영임, 한복희, 2009, 한국문헌정보학회)

26) 『세계 명문가의 독서교육』(최효찬, 2010, 바다출판사)

27) "안 읽더라도 집에 책 쌓아놓아야 하는 이유"(신현호, 《한겨레》, 2018. 11. 17자 칼럼)

28) 『찬찬히 체계적·과학적으로 배우는 읽기&쓰기 교육』(김영숙, 2017, 학지사)

29) 「동화의 반복 들려주기가 유아의 이야기 구성 능력에 미치는 효과」, 『열린유아교육연구』 8권 4호(손혜숙, 2004, 열린유아교육학회)

30) 『플루언트』(조승연, 2016, 와이즈베리)

31) 『찬찬히 체계적·과학적으로 배우는 읽기&쓰기 교육』(김영숙, 2017, 학지사)

32) 『글쓰기 원리 탐구』(최명환, 2011, 지식산업사)

33) 『초등학교 1학년 1학기 국어과 교사용 지도서』(교육부, 2018)

34) 『찬찬히 체계적·과학적으로 배우는 읽기&쓰기 교육』(김영숙, 2017, 학지사)

초등공부, 독서로 시작해 글쓰기로 끝내라

초판 1쇄 2019년 8월 8일
초판 13쇄 2023년 12월 15일

지은이 | 김성효
펴낸이 | 송영석

주간 | 이혜진
편집장 | 박신애 **기획편집** | 최예은 · 조아혜
디자인 | 박윤정 · 유보람
마케팅 | 김유종 · 한승민
관리 | 송우석 · 전지연 · 채경민

펴낸곳 | (株)해냄출판사
등록번호 | 제10-229호
등록일자 | 1988년 5월 11일(설립일자 | 1983년 6월 24일)

04042 서울시 마포구 잔다리로 30 해냄빌딩 5 · 6층
대표전화 | 326-1600 **팩스** | 326-1624
홈페이지 | www.hainaim.com

ISBN 978-89-6574-956-1